诗
想
者

H I P o e m

生　活　，　还　有　诗

# 南怀瑾的最后 100 天

（增订版）

王国平　著

GUANGXI NORMAL UNIVERSITY PRESS
广西师范大学出版社
·桂林·

特约策划/ 刘　春
责任编辑/ 吴福顺
责任技编/ 王增元
装帧设计/ 璞　闾

**图书在版编目（CIP）数据**

南怀瑾的最后100天 / 王国平著. -- 增订版. -- 桂林：广西师范大学出版社，2023.8（2023.10重印）
ISBN 978-7-5598-6077-4

Ⅰ. ①南… Ⅱ. ①王… Ⅲ. ①南怀瑾（1918-2012）—传记 Ⅳ. ①K825.46

中国国家版本馆CIP数据核字（2023）第096473号

广西师范大学出版社出版发行
（广西桂林市五里店路9号　邮政编码：541004
网址：http://www.bbtpress.com）
出版人：黄轩庄
全国新华书店经销
广西民族印刷包装集团有限公司印刷
（南宁市高新区高新三路1号　邮政编码：530007）
开本：880 mm × 1 240 mm　1/32
印张：11.75　　　字数：260千
2023年8月第1版　　　2023年10月第2次印刷
定价：88.00元

# 引子：南缘

## 缘　一

我最早与南怀瑾先生结缘，是在 1997 年。

更早一些时候，我从一所中专学校——四川省机械工业学校（今四川工程职业技术学院）的机电维修专业毕业后，分配至位于四川省都江堰市的四川都江机械厂。那时，中专已经成了时代的鸡肋，高不成，低不就。于是，我被分配至车间，先后做过机修工、车工、铣工、搬运工、清洗工、描图员……

车间强负荷劳动带来的身体疲惫倒在其次，曾经的远大抱负和满腔热血，在冰凉的铁坯与现实面前渐渐冷却，此时，内心的焦虑、纠结、彷徨、迷茫和空虚才是致命的痛苦。

为了打发时间，更是为了寻找精神的家园，安抚浮躁的内心，我从既是学长又是同事的申先会那里借得一册南怀瑾先生的《金刚经说什么》，翻开封面，就被印在勒口的四句偈子“凡所有相，皆是虚妄，若见诸相非相，即见如来”深深打动，无异于醍醐灌顶，一读便不忍释手，从此开始关注佛教与佛学。

## 缘　二

1997 年，当我在都江堰市灵岩山脚阅读那些闪耀着禅性光芒的文字时，我没有想到，50 多年前，中央军校青年教官南怀瑾与一代禅门大德袁焕仙已经在这里意外相逢，在一座叫作灵岩寺的唐代寺庙里成就了一段旷世佛缘。

而我有缘得以知道这段往事，则是因为我的一位忘年交——著名考古学家、道教学泰斗王家祐先生。

多年前，我与王家祐先生一见如故。他虽然整整比我大了 50 岁，但先生不以年长与博学自傲，始终与我以平辈论，称我“王哥”，视我为忘年之交。2005 年 7 月 11 日，我与王家祐、李复华诸先生在河边喝茶，王先生诙谐幽默，妙语连珠。闲谈中，他突然问我：“王哥，你晓不晓得我在灵岩山上读过书哦？以前灵岩寺中有个灵岩书院，是著名学者李源澄先生办的，我在里面读了几个月书。有次我还看见南怀瑾也在山上，每天背把剑，在空地上习武……”

王家祐先生的一席话当场就震惊了我。

那时，我只知道对南先生的学问佩服得五体投地。因为当时消息闭塞，网络远不如现在发达，加之图书上也不流行印上作者简介，所以，我一直以为这个叫南怀瑾的作者肯定是一位已经离我们远去的大师，而万万没有想到，他竟然与王家祐先生是同时代人。

我当时表面平静，内心狂喜：难道先生还在人世？

## 缘　三

从此，我开始搜寻南先生与灵岩山的那段如烟往事。从故纸堆里，我找到了关于南先生与灵岩寺的只言片语。然而，这些遗落在历史深处的痕迹，足以让一座山重新醒来。

这么多年来，我一直在默默地关注南先生，有了一些难得的收获，同时也有一些往事因为岁月的远去而日渐模糊。我先后拜访了四川省博物院研究员、著名学者王家祐先生，蒙文通先生之子、四川大学教授蒙默先生，袁焕仙先生弟子李更生先生，等等。

这里，我不得不多谈两句李更生先生。2006 年 12 月 25 日，我在朋友的引荐下，去医院拜访重病住院的李更生先生，96 岁的他在病床上艰难地回忆起了灵岩山和维摩精舍的往事，尽管谈话极为吃力，但他显得非常高兴，仿佛在等一个相约多年的朋友。第二天凌晨，睡梦之中我就接到电话，李更生先生安详离世。

虽然拜访了很多人，但是皆不能完整忆及当年往事。

谁能理得清这段历史？

岁月荏苒，往事如烟，放眼望去，可能唯有当年的当事人南怀瑾先生能钩沉这段近 60 年前的旧事了。而先生乃一代大家，学贯古今，名动宇内，拜访者络绎不绝，且不乏高贤大德、名流鸿儒，晚生如我，心旦哪敢萌生一见之缘。

而世间最无敌者，非缘分莫属也！

## 缘　四

2008 年，我根据采访与收集的相关资料，开始动笔写作《未进山门先一笑——20 世纪 40 年代佛学大师袁焕仙、南怀瑾在灵岩寺的佛事活动》的书稿，中途不断补充，两年后完成。

这部不到两万字的书稿，成为我与南怀瑾结缘的重要缘起。

## 缘　五

因缘际会，我得以前往太湖之滨拜访南先生。

时在 2011 年 9 月 2 日，灵岩枫叶始红。

此时，距离当年在佛教界哄传一时，被誉为新时期中国居士禅兴起的标志之“灵岩打七”已过去了近 70 年。

在太湖大学堂，我与南先生相谈甚欢，于我而言，更是受益匪浅。我随身带去的，除了《都江堰市灵岩寺百年影像》《维摩精舍丛书》，就是我写的那部书稿。

可惜，谈话中一直没有机会将书稿呈送给南先生指正。我当时就想：唉，可能没有机会请南先生厘清灵岩法会那段历史了。

然而，缘分又一次眷顾了我。

那天晚上临走前，我试探着说：“南老师，我写过一些文字，是关于袁太老师和您在灵岩寺活动的情况，有些资料无从考证，想请您批评斧正。”

南先生高兴地说："好呀！带来没有，带来的话拿给我看看。"

于是，我将随身带着的书稿恭恭敬敬地呈给南先生。

## 缘　六

我想南先生太忙，有太多的大事要事去做，收下书稿，可能是出于对我这个晚学的关爱，不一定有时间阅读和处理。

然而，令我意想不到的是，11 天后收到了南先生的来信。

2011 年 9 月 13 日，我万分激动地打开南先生让秘书回复我的电子邮件，南先生在信中指出了我的那部书稿中的一些史实失误，甚至包括一些时间的误差，可以想见，南先生在百忙之中的阅读是何等认真与仔细，这让我非常感动。

南先生在信中说："……现在我非常欣赏你的才华，你还年轻，我目前有一件事，希望你能够写一篇真实的记录……"原来，南先生希望我能再次去太湖大学堂，待一段时间，做一个他关于袁焕仙灵塔的口述记录。受此邀请，我在激动的同时，又担心辜负先生的信任。

## 缘　七

2011 年 10 月 24 日，我再次来到了太湖大学堂，在此小住三日，每天昼观太湖风情，暮聆南先生教诲，获益匪浅。

南先生为我深情地忆起了袁焕仙灵塔的修建过程，又提供了一些相关资料，希望我能写一篇纪实文学。

临走前，南先生说："你的文字风格是我很喜欢的那种，写得文情并茂，引人入胜，大有当年还珠楼主写《蜀山剑侠传》和《青城十九侠》的味道。其实这次请你来，我是想跟你谈一件更重要的事。这些年来，很多人都想写我的传记，我都没有同意。因为我怕他们把我的传记写得太实太死，写得不食人间烟火。我想要的传记是：既要尊重历史事实，又要有文学性、趣味性、可读性，这样子才好玩。我觉得你可以完成这项工作。就是不知道你的时间允不允许，可能需要一年，我每天讲一段我的经历，（你）先把它整理出来，然后根据口述，再写成传记，肯定会非常好看。你先回去，跟单位的领导报告一下，看能不能请这么长的假……"

大家可以想象我当时内心的欢喜。

有机会在南先生身边亲近一年，这需要多大的缘分与福报啊！

## 缘　八

从太湖大学堂回来后，我立即向单位汇报了此事。听说能有机会为南先生做口述历史，创作《南怀瑾传》，单位领导也非常高兴，认为这既是我的莫大荣幸，更说明都江堰市在南先生心目中的地位之重要，因此给予积极支持。

这期间，南先生还安排人给我快递了一部紫禁城出版社2004年出版的口述历史图书《宫女谈往录》，说这部书为口述历史提供了一个非常好的文本。作者采访了晚清慈禧太后呼作“荣”的一位宫女，她13岁进宫随侍慈禧，前后长达8年之久，18岁由慈禧指婚，赐给一个太监，随着时世动荡，她也颠沛流离，生活愈加凄惨。在书中，宫女荣儿断断续续道出了当年宫中生活的点点滴滴，有宫女的生活细节、慈禧老佛爷的起居、光绪皇帝鲜为人知的故事，以及太监做人的羞辱和煎熬，等等。这些谈话内容正史不载，野史难寻，具有对正史做补充和诠释的价值，并极具可读性。故南先生推荐给我阅读，以作他所追求的传记要具有“文学性、趣味性、可读性”之借鉴。

如今，南先生已远行，《宫女谈往录》仍放在我的案头。

## 缘　九

2012年4月21日，我再次应南先生之邀去太湖大学堂。

当天晚饭后，南先生让我和他一起到了六号楼三楼。南先生对口述历史和传记创作进行了更全面的安排，包括吃饭、住宿、交通、采访、撰稿、审稿、发表、出版等诸多事宜。

最后他说：“这件事就这么定了，袍哥人家，说了话就算数，也不需要立什么字据。”

下楼时，南先生又说：“国平啊，你要抓紧时间，我等你来。”

两个月后的 6 月 26 日，我带着笔记本电脑、换洗衣物和一颗对南先生的仰慕与尊崇之心，来到了太湖大学堂，开始了人生中最值得珍藏的一段岁月，那是 100 天的美好时光。

# 目　录

001　第一章　一湖涛声忆初逢

015　第二章　太湖三万六千顷

021　第三章　月在清波说向谁

033　第四章　只缘一会灵山后

071　第五章　师为教育试耕田

084　第六章　声情并茂唱川剧

091　第七章　又向荒唐演大荒

100　第八章　我为南师做川菜

113　第九章　于细微处识南师

125　第十章　“人民公社”故事多

134　第十一章　心随帆渡蜀山青

149　第十二章　南师“骗”人办女学

158　第十三章　南师眼中三首诗

168　第十四章　楼成人去散亦聚

179　第十五章　中西交流一使者

187　第十六章　一瓢一笠走他乡

194　第十七章　隔海忆旧已沧桑

200　第十八章　五百年来第一人

216　第十九章　一百年来春梦痕

234 第二十章　肠断沧溟魂梦中

257 第二十一章　十年生死两茫茫

276 **主要参考资料**

附　录

278 附录一　南怀瑾先生年谱（简谱）

302 附录二　南怀瑾先生经典语录

319 附录三　南怀瑾先生荐书

322 附录四　与南怀瑾先生有关的试题（部分）

# 第一章　一湖涛声忆初逢

## 一

2012 年 6 月 26 日，星期二，晴。

这注定是一个将被我一生铭记的日子。

这一天，我背着简单的行囊，向一个名为“太湖大学堂”的地方而去，随身携带的是：一台笔记本电脑、一支录音笔、几件换洗的衣物和几本书。那是为记录口述历史和创作传记而准备的图书，计有《宫女谈往录》《胡适口述自传》《曾国藩》《大国学：季羡林口述史》《变革社会中的人生与学术》和三卷本民国人文史诗著作《南渡北归》。

上午 9 时 15 分，我如约和四川省历史学会会长、著名历史学家、口述史学家谭继和先生在他家中见面，请教有关口述历史的问题。谭先生得知我要去江苏做南怀瑾先生的口述历史，非常高兴。他谈到我上次做的南先生关于四川部分的口述历史，说非常好，他在那篇文章发表前就专门向何郝炬和章玉钧做了报告，大家都很感兴趣，文章在《当代史资料》上发表后，产生了很好的反响。

谭先生接着说：“南先生是海内外人所共仰的大学者、

大宗师，在儒、释、道等诸多领域造诣精深，有大成就，他的口述非常重要，无论是对个人，还是对历史，都有重要意义，一定要认真对待，严肃治史。希望你这次去南先生那里，静下心来工作。同时，要特别注重两个问题：一是请南先生谈他的重要学术思想之缘起，二是要请南先生谈重要学术活动的组织。这是其他学者容易忽视的问题。”谭先生说，他以前就一直想做有关恩师徐中舒先生的学术思想整理，由此可见，这个内容之重要。

随后，谭先生从书架上取下一本自己的学术代表作《巴蜀文化辨思集》，签名后，托我送给南师。

10 时 40 分，去成都双流机场。

12 时 10 分，飞机起飞。

坐在飞机上，看着舷窗外的云卷云舒，我心潮澎湃，今日之行仿佛还在梦中。过去，自己想都不敢想的事，现在竟已成真。此时，飞机托起的，不仅有我的体重，更有巨大的喜悦。

15 时 50 分，抵达上海虹桥机场。

17 时 50 分，抵达太湖大学堂。在七号楼总台，我刚一报名字，服务员就说：“你就是王先生！房间已经为您准备好了，就在 6211 号房间。”随后，南师的学生牟炼打来电话，说马上到餐厅吃晚饭，南师已经在等着了。我匆匆放好行囊后直奔餐厅。

南师一袭白衣，精神矍铄，正在与同桌的人说话，不时传来欢笑声。这时，牟炼告诉南师：“国平来了。”南师高兴地对我说：“来了好，路上还顺利吧！”然后让我坐下来吃饭。我选了个位置落座，左边是少林武术大师王洪欣。

晚餐桌上。南师仔细询问路上的情况，并非常热切地询问寻找做家常川菜厨师的情况。早在一个月前，曾在四川待了十年、喜欢吃川菜的南师便让人发短信给我，希望在都江堰市找两位会做家常菜的乡下老太太，来太湖大学堂做川菜。可惜，这么简单的事情偏偏还没有完成，老太太们都觉得太远了，不肯来。南师听说后说："没事，慢慢找。"

晚饭后，闲聊至21时，南师对我说："国平啊，从今天起，我们就是一家人啦，你在这里不要客气，跟在自己家里一样。你刚来，很累啦，先休息几天，我们开始口述，好不好？"

南师取下拐杖时又说："你初来这里，可以到处走走，附近的几个小镇都是江南名镇，有时间的话，可以慢慢地去看看。"

回房间的路上，王爱华告诉我："国平，你很有福气啊，你住的6211房间，正是老师初来太湖大学堂时住过的房间，老师把他以前的房间腾出来给你住，说明老师很看重你啊！"

听了爱华姐的话，我的心里充满了欢喜，已经无法用语言来描述此时此刻我内心的那一份感动。

爱华姐告诉我，房间里的很多家具，都是老师自己设计的，包括床的长度与宽度、书桌的高度、椅子的弧度、窗户的样式等，都是南师亲自测量，绘制设计图纸，指挥制造而成。

靠在床上，虽然有些疲倦，我却久久难以入睡，在太湖轻柔的涛声里，我与南师第一次相见的场景像一帧帧电影画面又慢慢地浮上了心头……

## 二

那是 2011 年 9 月 2 日。

此前，在得知要见南师之后，我不胜欢喜，特地连夜赶制了一本画册——《都江堰市灵岩寺百年影像》，册子收录多帧老灌县（今都江堰市）及灵岩寺的照片。其中既有清宣统元年（1909）英国植物学家、探险家尔尼斯特·亨利·威尔逊先生拍摄的都江堰，清宣统二年（1910）德国建筑师恩斯特·柏石曼先生拍摄的灵岩寺藏经洞，亦有民国六年（1917）美国社会经济学家、摄影家西德尼·戴维·甘博拍摄的灵岩寺千佛塔，民国三十二年（1943）加拿大传教士文幼章拍摄的灵岩寺摩崖石刻……更有我的同事、青年摄影家何勃于 2011 年 8 月 31 日拍摄的灵岩寺新景多帧。春夏秋冬，尽在其中。

不算很厚的画册里，却装着 100 多年的悠悠岁月。

当时还带有三部《维摩精舍丛书》和《未进山门先一笑——20 世纪 40 年代佛学大师袁焕仙、南怀瑾在灵岩寺的佛事活动》的书稿。

9 月 1 日夜，抵达上海，心不能静，夜难成寐。

2 日午饭后，乘车去吴江太湖大学堂。

车行平稳，未近太湖，我心已荡起无数涟漪……

## 三

2 日晚上 18 时许，终于见到了我仰慕已久的南师。

南师慈眉善目，精神矍铄。着灰色对襟装，虽 94 岁高龄，仍脚步轻盈，风度翩翩，飘然而至，尽管手持拐杖，却几乎不拄。极具大家风范，却无大家之倨傲。

在座者除南师外，还有终南山的住持等 10 余人。一听说我们来自四川灌县，南师非常高兴，笑说："我在成都华西坝待了 8 年，当年还在灌县的灵岩寺学佛，原来的灌县县长萧天石是我的老朋友。大家不用客气，到了我这里就是'不吃白不吃'。来，抽烟喝酒，才好摆龙门阵嘛。"

听了南师一席话，大家都笑了起来，拘谨的气氛一扫而空。

说到四川，说到灌县，说到灵岩寺，南师的话匣子一打开，他就深深走入了回忆。娓娓道来，为我们轻轻展开了一幅幅民国时期四川的风土人情画卷……四川人的幽默和仗义、川西坝子的宁静与富庶、灵岩寺的云烟和书声、青城山的剑侠与滑竿、朋友们的热心和真诚，被先生一一从记忆的唱盘里拣了出来。

而南师的记忆力之惊人，也是我始料不及的。讲述 60 多年前的往事，先生如数家珍，仿佛那些人和事就发生在昨天。我想，不为其他，只因为先生这么多年来一直在深深地想念着成都，想念着四川，想念着匆匆而又珍贵的在川十年。

## 四

南师说："四川、重庆我都待过，川西、川南、川东、川北都去了很多次。原西康、云南、贵州的边境都是出土匪的地方，我还当过一段时间的土匪头子……我在四川待了近10年，成都的五老七贤，有几位是我的老朋友，其中有个80多岁的刘豫波老先生，他的一个小砚台都还在我手里。四川的朋友是那么值得怀念。"

南师讲到了四川的文化，他认为："四川文化一大景观就是，喝喝茶，打打麻将，摆摆龙门阵。"然后又特别补充道："一个文人必须到过四川，一生才不会有遗憾。"

说到四川人的性格，南师立即竖起了大拇指，说："四川人非常讲义气，真痛快、真义气、真耿直，袍哥大爷讲的是：你哥子，我兄弟，你不吃，我怄气。"

南师说："四川人很幽默，而且各行各业都有自己的歇后语，连抬滑竿的都有一套。以前我们上青城山就坐的滑竿。"然后，南师又给在座的其他人讲什么是滑竿，原来滑竿是过去四川地区人们代步的主要工具。滑竿起源较早，是简易的轿子，因用滑溜溜的竹竿绑扎而成而得名。滑竿制作简单，砍两根2米长的斑竹，在两端各绑上60厘米的短杠作为抬肩，中间用竹片和绳子编成软扎，前面系上一个脚踏，就成滑竿了。滑竿轻巧灵活，大道小道皆可行走，尤其适合川西地区。南师说："譬如前面抬滑竿的师傅报一声'天上一个亮'，后面的就应'地下有个水凼凼'。意思是前面路上有个水坑。

前边的说‘左边立起大’，后边的讲‘让它不会说话’，意思是左边有一头牛。前边的说‘下下坡’，后边的就讲‘慢慢梭’，意思是下坡的时候，不能走快了，要慢慢儿地梭[1]下去。我以前记了一大本子四川话。譬如叫花子要饭，遇到有狗对他叫，他就会说‘黄狗白犬你莫咬，你我前生命不好’，意思是，你叫什么嘛，我们都是前生做错了事，我变叫花子，你变成狗，都是命苦。”

“四川人也喜欢民间文学，我们以前在川南乡下旅馆，幺店子，一碗豆花，一碗海椒，门口挂个旗帜‘未晚先投宿，鸡鸣早看天’，也有小二会站着喊‘未晚先投二十八（宿），鸡鸣早看三十三（天）’的歇后语。这些我以前都记在本子上，现在老了，都忘了。哎呀，四川人太幽默了。还有人说颠倒诗：‘半夜起来贼咬狗，拿个狗来打石头。从来不说颠倒话，阴沟踩到脚里头’。”

南师还讲到一件四川人想做皇帝的事。当时他任中央军校教官，住在成都“皇城”里头。一个礼拜天，他当值星官，带了十七八个学生值勤，看着无事，他就准备出去转转。学生们说：“南教官，您忙您的，我们值就是了。”于是，南师就上街去了，先到军校对面的街上，觉得没啥转头，就到其他街走一走，这个时候看到老百姓都站在街两边看热闹。五辆人力车拉着人正在街上飞快地跑，第一辆人力车上高高地举了杆杏黄旗，写了四个大字——“替天行道”，后面车

---

1. 梭，四川方言，溜的意思。

上红旗、绿旗飘。南师问老百姓：“那些人是做什么的？”回答说：“遂宁来的，想当皇帝，正攻‘皇城’。”这一下，南师赶快回“皇城”，刚走到“皇城”门口，就看到五辆人力车一直往“皇城”大殿冲。不一会儿，南师就听到枪响了。他问守卫的士兵：“你们怎么开枪了？”士兵回答说：“他们冲过我们的防线，我们就开枪了，先把人打死了再说，情况不明啊！”南师进去一看，人都被打死了。干什么？想登上龙椅做皇帝。“这一段经历，给我的印象非常深刻。”南师如是说。

## 五

南师认为，爱摆龙门阵是四川人的一大特色。

他点起一支烟，边抽边与我们摆龙门阵：“四川人爱摆龙门阵啊。我在四川的很多老朋友，都会摆龙门阵，听的故事很多。青城山当时有一个传说中的神仙叫周凌霄，据说会飞剑，死了，他女儿还在。还有人告诉我：‘我给你介绍一个师父，青城派的，姓徐。’那个师父叫徐庶，就是《三国演义》里的那个徐庶，我一听就不去了。那个时候流行飞剑，你们不要笑。”

南师自己倒笑了，他说：“剑术是一种很神秘的东西，川、康、渝一带这种神话非常多。当时还有人写信给蒋委员长，说日本飞机怕什么，只要学了‘剑仙’的飞剑，用飞剑把飞机射下来，日本鬼子就完了。抗战精神可嘉，乱七八糟迷信的神话也太多。我有一个朋友原来在西康的，后来我在台北碰到了，他请我吃饭，我问他：‘听说你每次给蒋先生写完报告后，一定要在信尾写上，又在哪里碰到一个神仙了，又在哪里碰到一个剑仙了，叫老头子采用，可以来打日本人的飞机。’他说：‘有啊，你怎么知道的？’我说：‘我当然知道，你当时不就摆了龙门阵的嘛。’然后问他：‘你为什么要这么做呢？’他说：‘我怕蒋委员长“忌才”啊，我以前写了很多报告，言必有中，蒋先生都言听计从啊，我就一定会在后面写一些怪话，表现得怪诞不经，这样我就安全了。’”

南师还提到，四川有个大学者叫刘师亮，他是蜀中著名的奇才子，著作有《师亮谐稿》《师亮对联》《时谚声律启蒙》等，还有《汉留史》和1000余首诗词。他以“蜀中幽默大师”之誉闻名于世，他的一些作品和趣事，至今还在民间流传着，连谢无量都很佩服他的才学。

## 六

而谈到灌县的灵岩寺，南师更是陷入了深深的回忆之中。

因为早在1942年前后，南师就经常利用周末甚至请假去灵岩寺。后来，他也是在灵岩寺认识了一代禅门大德袁焕仙先生，更因此成为维摩精舍的首座弟子。

南师回忆道，灌县灵岩寺当时的住持是传西法师，那个时候还是华西大学的教授。一个和尚在华西大学讲课，讲的内容是“情与爱的哲学”，真是轰动一时。那个时候，灵岩山住的都是什么人？钱穆、冯友兰、李源澄、王恩洋、郭本道、曾子玉、程天放……李源澄当时在灵岩寺下院铁佛寺办有一个书院，老师就他一个人，“艰苦卓绝，始终不退”。

说起当年从成都赶车去灵岩寺，南师就连声感慨：“当时从成都到灌县有一条马路，也有了汽车，只不过路太烂了，坑坑洼洼的，跑得慢，票价记不得了。当时在四川大后方流行一首诗，是根据古诗改编的。原诗是这样写的：‘一去二三里，烟村四五家。亭台六七座，八九十枝花。’经过四川人一改，就成了‘一去二三里，抛锚四五回。前行六七步，八九十人推’。”

说着话，南师拿起桌子上的杯盏摆起了地形图：“东岳庙在这里，铁佛寺在这里，灵岩寺在这里。燕京大学的著名教授郭本道当时把燕京大学图书馆的全套线装《道藏》搬到这里。不带过来不行啊，不带过来就会被日本人拿走。这些书原来我看不到，这次看到了。平时我们哪里有机会看到那么多书啊！冯友兰先生当时也在山上住了三个月，他下山以后在重庆出版了《新原人》。我还有一个老朋友，也在灵岩寺待过，跟着传西法师，现在90多岁了，在成都文殊院住着呢，叫净天老和尚。听说他到现在还记得我，还称我‘南教官’，呵呵呵……”

南师动情地说：“灵岩寺本来是个小庙，抗战时期，一群避难的文化界朋友都来到这里，他们都是传西法师的朋友。灵岩山不住和尚，却住了一批文化人，老实讲啊，包括冯友兰、钱穆、袁老师、贾题韬，都欠传西法师的情。我们吃他的，住他的，被他供养，我们也笑他，专门供养我们这一群文人。传西法师说，不管啦。他还非得要供养。我们40年代在灵岩寺住了那一段时间，有感情啊！后来不知传西法师结局如何，我一直在打听。”

我恭敬地答道：“听蒙文通先生的儿子蒙默先生说，传西法师是在‘文革’时去世的，据说送行的人有两三千。”

南师一听，非常高兴，拍着我的肩膀说：“我真要感谢你，他是我的老朋友。当时我们这些人，不论左派、右派，都得到他的照顾，都欠他的情。”

我说：“对，传西法师是大学者欧阳竟无的弟子。”

南师很诧异，说：“你怎么都知道？太了不起了。”

后来，我将画册《都江堰市灵岩寺百年影像》递给南师，他非常高兴，不住地道：“老弟，你的这个事情做得太好了。”画册的扉页便是南师从峨眉大坪寺闭关后回灵岩寺时吟的一句诗：“前从灵岩去，今自金顶回。”随后是著名学者、书法家、文学史家谢无量先生写灵岩寺的一首诗：“远游何必上青城，一到灵岩便有情。未进山门先一笑，满山红叶读书声。”

南师一边翻看那些发黄的照片，一边说：“我们就是从这个水池里挑水喝的，好像叫灵窦泉吧，第五洞天的牌坊还在哦？我记得当时山上还有块石头，石头上刻了一句话：‘愿天常生好人，愿人常做好事。’”南师话音刚落，一帧刻着“愿天常生好人，愿人常做好事”的石刻的照片就映入了他的眼帘。轻轻摩挲着画册，南师仿佛又回到了70年前晨钟暮鼓的灵岩寺中。

## 七

谈到灌县，南师也谈到了他的拜把子兄弟、时任灌县县长的萧天石先生。南师说萧天石早年毕业于黄埔八期，他的哥哥萧赞育是黄埔一期的学生，为蒋介石“十三太保”之一，是他推荐萧天石当上了灌县县长。后来萧天石打坐出现了耳鸣，再后来耳朵就听不见了。南师就带他去找成都东门外圣佛寺的光厚老禅师。南师说光厚禅师不简单啊，四川人都称他为“四川现代的活罗汉”。那时候，光厚禅师每日上午为人医病，其行医，不把脉，不开方，病人不吃药。南师把他的治疗方法命名为“以大拇指头烧病”。光厚禅师说大拇指中心是他修炼的三昧真火“火门”，真火自此火门出，按在病人穴道上，一按一扬，一扬一按，好像蜻蜓点水一样。每一穴道，病重的人按二三十下，病轻的人按几下就可以了。

南师摆龙门阵摆得高兴了，就在我身上做起示范，翘起大拇指模仿光厚禅师按起穴位来。他说，每按一下，光厚禅师便问一声：“痛不痛？”病人都会痛得尖叫：“哎哟！

哎哟！”仔细一看，被按的穴位处皮肤就红了一块，神奇得很。

在三个小时的拜访时间里，因为南师的风趣语言和谈及四川人的诙谐幽默，整个现场欢声笑语不断。

临走前，意犹未尽的南师又摆了一个四川的龙门阵：有一天，他和袁老师一起去喝茶，就在成都东门的牛市口。南师和袁老师两个人边喝茶边摆龙门阵，谈佛论道。这时，旁边桌子上也坐了几个人在喝茶。突然，一个人站起来，一只脚踏在板凳上，一巴掌拍在桌子上，说道：“狗日的，当年老子也是读过书的，后来家里穷啊，没有办法才学杀猪啊！那个猪杀死之后，就在猪腿上割一刀，用嘴巴对着刀口吹气，把猪吹胀，拿热水烫了之后才好刮毛，格老子我东一吹，西一吹，就把我一肚子的学问吹到猪肚子里去了。”你看四川人会不会骂人啊？袁老师听了，拿起一杯茶敬他说：“你哥子，骂得好！骂得好！”那个人说：“哦，我哪里是骂人哦，我讲的是真话……”

分别前，我问：“南老师，你想念四川吗？”

南师深情地说：“我跟这位刘（雨虹）老师多么怀念四川啊。四川是晚年最好居住的地方，比昆明、杭州……哪里都好，优哉游哉。”

我连忙说：“很想请您再回四川走走。”

南师说：“感谢你邀请我回四川。对不起，人怕老，老了以后，当年的老朋友一个个都没有啦，找不到老朋友了，跟很多人坐在一起，都无话可谈了。我从美国回到香港以后，还寻访到了一些四川的老朋友，然后每年过年的时候，我会给他们送礼金。现在很多老朋友都走了，还只剩一两个了……”

……

此时，万籁俱寂，唯有太湖涛声与南师笑语犹在耳畔。

# 第二章　太湖三万六千顷

## 一

到太湖大学堂的第二天，即首次遇见了江南的梅雨，实际上，自 6 月 14 日入梅以来，这样淅淅沥沥的雨已下过多场。

假如没有梅雨，江南就不再是江南。

假如没有南师，庙港也不再是今天的庙港。

早晨 8 时，起床，早饭。在餐厅，南师的长随学生李淑君告诉我，每天的三餐时间为：早晨 7：30—8：30，中午 12：00—13：00，比较特殊的是晚上，因为南师要与大家一起吃饭，17：50 开始进餐厅，18：00 准时开席，每餐皆会敲钟提醒。

早饭后，南师的长随学生宏忍法师来看我，带来一罐话梅、两盒茶叶和一个封面印有“南”字样的内装 1000 元的红包。宏忍法师说：“老师说你初来，略表心意，用以采购笔墨纸砚等文具的！”

## 二

想起昨晚南师的提醒，正好我的电脑也需要重装系统。经打听，庙港有一个集市，一般生活用品可以在那里买到。庙港古属扬州，春秋时属吴国，秦始皇统一中国后建吴县，庙港属吴县。五代后梁开平三年（909）设吴江县，庙港属吴江县，宋代吴江县下共分 29 都，庙港地区为五都。旁边还有七都、八都等镇，2003 年庙港并入七都镇，调整为庙港村。庙港之所以称为“庙港”，是因为历史上这里宗教文化昌盛，寺、庙、庵、亭遍布全村，尤以沿湖塘一带为多，有“一港有庵，一港有亭”之说。赵朴初先生以“太湖禅林”来概括这一独特的文化景观。

在庙港历史上众多庙宇中，老太庙是香火最盛的一座，此庙供奉的是出生于庙港的邱老太爷，明万历年间敕封为平沙侯，后加封平国王。在庙港百姓心目中，邱老太爷是他们的守护神，相传船入太湖，遇大风大浪，只需呼喊几声邱老太爷的小名“邱癞痢”，即可安然无恙。可惜这座庙宇于 1958 年被拆除，今仅存古银杏一棵。庙港还以盛产太湖螃蟹而闻名。

我打着伞，冒雨步行 20 分钟到了离太湖大学堂最近的庙港集市。集市不大，10 分钟能完全贯穿。从太湖延伸出的一条小河，为庙港划分南北。

这个庙港虽小，名气却大得很，史称“儒林里”，“以其自宋、元来，人文独盛，衣冠甲第冠于一邑”。

在前往庙港的途中，我意外地看见了“费孝通江村纪念馆”的路牌。仔细一打听，才明白这里正是奠定费先生盛名之地。

我的师长、著名人类学者、民族学家李绍明先生曾经做过费先生的助手，因此我格外关注这个小村。原来，早在1938年，费先生在伦敦经济学院完成了他的博士论文《江村经济》，英文名翻译过来为《开弦弓，一个中国农村的经济生活》，详尽的资料和客观系统的描述，为国际人类学家、社会学家及广大读者了解中国提供了重要的帮助。论文发表后，受到了人类学界和社会学界的重视，使得靠桑蚕为生的开弦弓村从此成为国际社会学界研究中国农村的首选之地，也把费孝通的命运与这座普通的江南水乡和历经沧桑的中国农村工业紧紧连在了一起。

如今，庙港又将南师的晚年与江南紧紧连在了一起。

我信步而行，感悟庙港的魅力。太湖水漫延到庙港的四周，细小的河道里停满了修长的渔船，一筐筐的太湖蟹从船上搬下来，偶尔有一两只调皮的蟹挥舞着螯脚，试图挣脱笼子重获自由。

意外的是，居然在庙港集市上，看见了两家四川卤菜摊，一打听，居然来自绵阳，与我为老乡。尽管卤菜已经被庙港人民的味觉改良了，但是他乡遇“故人”着实让我开心了很久。

中午12点刚过，我正在联想电脑店重装电脑系统，接到宏忍法师打来的电话，问中午怎么没有在饭桌上看见我。我说明缘由，表示可以在庙港随便吃点东西，宏忍法师不同意，告诉我现在食品安全有问题，要我别在外面吃饭，并说厨房已经为我留饭了，然后派车来将我接回餐厅。

下午，看书，上网。朋友们都很关注我在南师身边的生活和工作情况，但是，我才刚到，一时半会儿也无法回答大家的问题。

## 三

晚餐时，南师的学生、绿谷集团的老总吕松涛先生再次提到厨师的问题。南师喝了一口汤，回味了一阵子后说："厨师最好是蒲村场的，就要乡下收拾得干净整洁的老太太。"

为什么选蒲村场的呢？这个蒲村场可是大有来头。

原来，20 世纪 40 年代，南师在都江堰市灵岩山参禅时，就经常去现在已划入蒲阳街道的蒲村场（1940 年改蒲阳镇），这里曾是中国空军幼年学校所在地。

进入全面抗战以后，规模不大的中国空军就在人员与装备上遭受了重大损失，已到了难以为继的地步。考虑到长期抗战的需要，借鉴苏联、德国和日本从少年就开始培养空军飞行人员的经验，1939 年国民政府军事委员会副总参谋长白崇禧和航空委员会主任周至柔、委员张治中等建议成立少年航空学校，当局采纳建议，后将学校正式命名为空军幼年学校，并任命毕业于美国西点军校的汪强将军主持筹备事宜。

1940 年 12 月 26 日，空军幼年学校在四川灌县蒲阳镇正式成立，蒋介石任校长，汪强任教育长。学校于 1945 年抗战结束后停止招生，共招收 6 期学生计 2101 人。

后来散居在世界各地的学生，其中许多都成为时代的重要人物，如国际电脑界人工智能和模式识别两大领域的大师傅京孙、著名材料学专家何焯彦、著名水利学家何达明、著名原子能科学家涂剑穆、著名航空学家华锡钧等，还有曾任中国台湾地区“行政院长”、“国防部长”与“空军总司令”、上将的唐飞。另外被台湾授中将、少将军衔者不下百人。李济深、白崇禧也纷纷将自己的儿子送进蒲阳空军幼年学校就读。据说，曾经很长一段时间，台湾空军的官方语言为都江堰市的“蒲阳话”。

当时，空军幼年学校的许多教官都是南师的朋友。因此，南师经常到蒲阳镇会友。而且，学校附近还有一座寺院叫般若寺，寺中有一个老和尚非常风趣。在饭桌上，南师讲了这个老和尚的两件趣事。

一天，老和尚问南师：“你们在这里办学校做啥子？”南师告诉他：“为了抗日！”老和尚一脸茫然：“你们为什么要抗日啊？你看日头天天都照耀着我们，温暖着我们，你们还要抵抗它。”引得南师和友人哈哈大笑。

还有一次，因为山居偏远，关心抗战的南师很想找张报纸看看最近战况，于是就问老和尚：“你们这里有报纸吗？”老和尚想也没想就回答：“有啊！”南师大吃一惊，难道这么偏僻的深山老寺，也订有报纸？便迫不及待地问：“报纸在哪里？”老和尚伸手指了指山林，害怕地说：“一共有三只，要吃人，凶得很！”已经习惯四川话的南师这才明白，原来四川话中“纸”和“子”的卷舌音和平舌音不分，老和尚误把传递新闻的“报纸”听成了要吃人的“豹子”，害得南师空欢喜了一场。

晚饭后，牟炼读了一篇关于太湖大学堂附设吴江太湖国际实验学校毕业典礼的文字。慢慢地，我也知道了，饭后分享一些文章、有趣的段子和有价值的影像，也是太湖大学堂的课程之一。

临走时，南师关切地问了一句：“‘神九’对接成功没有？”

这让我大吃了一惊，我一直以为，南师可能是“两耳不闻窗外事，一心只读圣贤书”的学者，没有想到，他居然会如此关心现代科技。看来，我对南师的了解还远远不够。

# 第三章　月在清波说向谁

## 一

上午无事，宏忍法师带我去洗衣房，告知我全自动洗衣机的用法，我将换洗的衣服拿去洗了后，在晒衣的场所晾晒。

来太湖大学堂第三天，我才有时间完整地转一下这个地方。

太湖大学堂位于江苏省吴江市（今苏州市吴江区）七都镇庙港村，距上海西南约110公里，距苏州约70公里，坐落于太湖之滨。这是由南师主持创办的教育基地，旨在传播中国传统文化，同时与现代自然科学、人文科学相结合，发展认知科学与生命科学的研究。

大学堂是南师晚年居住与讲学的地方。大学堂占地200余亩，两面临太湖，气势恢宏，宁静肃穆。傍晚的落晖静静地洒在草坪上、花丛里和松枝间。人们在大学堂里读书、漫步或者修身，见面之时，点头微笑，彬彬有礼。太湖水声隐隐，和着松涛及学堂里时时传出的读书声，成为这片大地上最美妙动人的交响曲。

暮色四合，而太湖水声依旧，夜夜拍打着大学堂的宁静。

## 二

我在想，南师晚年定居太湖大学堂，应该是命中注定的缘分。

早在1960年代，南师居住于台湾蓬莱新村时，客厅中高悬着著名书法家、《中央日报》社社长、台湾中国书法学会理事长程沧波所写雪窦大师的禅诗：

> 居士门高谒未期，
> 闲隈岩石且相宜。
> 太湖三万六千顷，
> 月在清波说向谁。

南师喜欢这首诗。学生林曦曾向南师请教，为何对这一首诗情有独钟。南师总是笑笑说："你将来会明白。"直到太湖大学堂建成，林曦才恍然大悟。

据后来一次闲聊时南师所讲，庙港是中国的"太庙"。很多人不解，因为太庙通常是古代帝王祭祀祖先的地方，他为什么说这里是中国的"太庙"呢？南师解释道："太湖边的庙港，可不就是'太庙'——中国文化的'太庙'。"

他点燃香烟，慢悠悠地说，这里原来是一个鸟不生蛋的地方，是太湖边一个低洼的水塘。名不见经传的江南小城吴江，能从当时激烈的"南怀瑾争夺战"中胜出殊为不易。澳门、杭州、上海、北京，谁都想请南师定居，哪一个名头都比吴江响亮。

关于南师选址建成太湖大学堂的过程，有这样一段缘分。

为选址建校，南师曾在杭州、上海考察多处，因为各种因缘不凑而未果。时不我待，南师年迈，他不能再等了。于是，他力排众议，决定选择一个地方就马上启动建设。

那是1999年11月18日，南师应朋友之邀，顺道来吴江看看。路上，朋友通知了当时的吴江市委书记汝留根："南先生要来吴江，有5分钟的时间见面。"

汝留根听后连忙说："那你来市委啊！"

朋友答："不行，我找不到路。"于是商定在吴江宾馆见面。短短的时间里，吴江宾馆前的甬道上已经铺上了长长的红地毯，两边摆满了鲜花，报社、电视台的记者都已赶到，汝留根率领吴江四套班子领导已经在此恭候了。

当南师下了汽车，走上长长的红地毯时，他为吴江市领导的诚意深深感动。而当汝留根向南师递上自己的名片时，"汝留根"三个字更像一根思乡的琴弦拨动了漂泊一生、四海为家的南师的心。当这个名字映入他的眼帘时，他笑说："汝留根、汝留根，你是要我把根留在这里吗？"

不想竟然一语成真，南师随后落户吴江市庙港村，在这里一住6年，直至去世。

南师在太湖大堤上走了一圈，其实太湖大学堂的位置当时只是一片低洼地带，只有5个大水塘。然而，周围烟波浩渺的太湖却触动了南师的情怀。他看后来了感觉，说："将来在这里骑着小驴子，读书修行，一定非常美好。"

当时忙于招商引资的汝留根，对南师了解并不多，争取让南师留下来更主要是出于吸引台资的需要。“台湾的企业家对他很崇拜，他如果来吴江，对我们招商引资有好处。”尽管土地资源紧张，但认定南师是个“宝”的汝留根大方表态：“要多少给多少。”

据汝留根回忆，政府给南师的土地价格是4万元／亩，这个价格实属亏本，时任苏州市委书记的陈德铭觉得太低，两次致电汝留根过问此事。直到听说杭州市一主要官员因“没能引来南怀瑾被省领导批评”后，汝留根这才为当初的坚持感到骄傲。

后来，南师曾多次半开玩笑地说：“就是汝大书记的名字把我骗来的。”汝留根赶紧解释：“我要是能骗得了你，就不得了了！”

于是，时年82岁的南师拍板买下300亩滩涂地，经过6年的建设，填土、种树、修路、造桥、养花、喂禽，一座气势恢宏的现代学堂拔地而起。

大家都说，太湖大学堂的建设是南师一手筹划、推动的，从动意、设计、建造到开课、维系，都是他一马当先、勇往直前，大家不过在后面跟着做些工作而已。从建筑设计到装潢设计，中外设计师的多个方案不能令他满意，他就让人买积木来自己动手搭建筑模型，最终由建筑师去画图落实，直到满意为止。从整体宏观风格到内外装潢，几乎每一个细节，包括房间桌椅如何摆放，挂什么字画，乃至大学堂的一草一木、一砖一瓦，无不倾注了他的心血，无不体现了他融合东西方文化精华的理念。

## 三

涛声依旧，时光如风，附近的村民记得，2006 年，这一片曾经的芦苇荡因一个人的到来，发生了翻天覆地的变化。

6 年前，南师来到太湖之滨，开始兴建太湖大学堂。2006 年初夏，历经 6 年土木，始有规模，楼宇庄严，芳草萋萋，精英汇集。

6 年前，这里是一片芦苇荡。6 年后，按照当地人的说法，这里变成了一块风水宝地。南师曾经多次打趣地说："以前这里可是鸟不生蛋的地方，现在来了很多鸟争着在这里生蛋。"

曾经有人问南师："您怎么不去北京啊？"

南师说："我不去，有位领导人邀请我，我说站在江边过不去桥啊。走在桥上又怕掉到江里啊。我不去，我是南方人啊！"

关于"人杰地灵"一词，南师曾说："王勃有云：人杰地灵。一块地方好，'人杰'要排在'地灵'前面。"

2006 年 7 月 1 日，热爱传统文化的人们有福了。

因为这一天，太湖大学堂正式启动。

也正是在这一天，被誉为"金温铁路催生者"的南师带着浓重的温州口音说："人间须大道，何只羡车行。区区一条铁路算什么。现在这个地方，我想修一条'人走的路'。"

南师要修一条心路，一条使中华民族通向希望的心路：重续文化断层，继往开来。有形的路再难也易修，而修这条心路比有形的路要艰巨千万倍。

还是这一天，年近九旬的南师在太湖大学堂首次开讲，内容是“禅修与生命科学”。他纵论古今的渊博学识和拉家常式的平易风格，吸引了各方人士，有些人甚至专程从美国、东南亚赶来。“读中国古典的书，千万不要以17世纪以后，大家学了一点西洋文化文字逻辑的皮毛来看它，那就牛头不对马嘴，愈读愈远愈糊涂了。”在讲到《黄帝内经》时，南师这样警示大家。听课名单上原来只有十几人，最终满堂达到80多人。

南师也讲述了他花如此大的心血创办太湖大学堂的原因。正因为“这是最好的时代，这是最坏的时代”。

南师在数十年前就曾经讲道：“今日的世界，由于西方文化的贡献，促进了物质文明的发达，如交通的便利，建筑的富丽，生活的舒适，这在表面上来看，可以说是历史上最幸福的时代。但是人们为了生存的竞争而忙碌，为了战争的毁灭而惶恐，为了欲海的难填而烦恼，这在精神上来看，也可说是历史上最痛苦的时代。在这物质文明发达和精神生活贫乏的尖锐对比下，人类正面临着一个新的危机。”这段话，我也多次听南师阐释过。

两千多年前，孔子感叹当时的时代“礼崩乐坏”，诸侯为了膨胀的欲望而使整个社会逐渐陷入混乱不堪的局面。于是孔子奔走四方，随缘教化，想要借助优秀的文化传统恢复社会的秩序。

南师怀有的，也是相同的理想：接续中国文脉。他曾忆及在峨眉闭关时的往事：“我坐在那里正中央，老和尚们都是老前辈，分两排坐在旁边。我把手拍在地上，那也都是真的，一股冲动，我说：‘我要到峨眉来闭关，峨眉是普贤菩萨的道场，对不起！向菩萨请求，我在这里闭三年关，也向山神、诸佛、龙天护法打个交道，如果我所得的、所证的这个佛法是真的，请给我一个证明！如果是假的，就不给我证明，明天我就下山，佛法无灵。’我闭关出来，有一个愿望，不管我出家、在家，弘扬正法！同时，一手扶持儒家，一手扶持道家，弘扬人类文化，就是这个愿望。我生生世世都是这个愿望……”

南师表示，他想运用认知科学、生命科学与东西方文化精华结合的研究和传播，消除这个时代所面临的危机。他说：“我们虽失望，但不能绝望，因为要靠我们这一代，才能使古人长存，使来者继起。为了想挑起这承先启后的大梁，我们一方面要复兴东西方固有文化的精华，互相截长补短，作为今天的精神食粮；一方面更应谋东西方文化的交流与融会，以期消弭迫在眉睫的人类文化大劫。”这是南师心中的宏愿。

关于太湖大学堂的定位，南师有一套自己的标准：第一，非一般学校性质，与中外大学或文化团体签约，针对特定主题进行合作。第二，致力于新时代中华传统文化的研讨与发扬，倡导深化基础教育及社会教育的重要性。第三，放眼世界，推动中西人文科技文化实质的融会贯通。第四，太湖大学堂不是宗教场所，对于宗教文化，重点在学术及实证，故不举办宗教性活动。

在上海和太湖大学堂期间，南师公开授课 50 多次，有数千中外学生当面聆听过南师精彩纷呈的演讲。演讲内容涉及中国传统文化与认知科学、生命科学，中国传统文化与经济管理、大众传播、金融监督，东西方文化与认知科学、生命科学，现代工商与人文、会计，国学与中国文化，国学经典导读，《黄帝内经》与中医科学，当代教育问题，女子德慧修养，中学西学体用问题，新旧文化企业家反思，人性的真相，如何提高身心修养，人生的起点与终站，神通与特异功能问题，答问青壮年参禅者，如何学佛，释读《达摩多罗禅经》《成唯识论》等佛学经典……真是包罗万象，无所不有，学识涵盖儒释道、禅净密，融汇诸子百家、医卜天文、西方文化、前沿科技，涉足社会各行业，教化男女老少、中西精英、三教九流。南师的每场演讲，智慧通达，幽默风趣，率性真诚，慈悲可爱，让不同国籍、种族、党派、职业、年龄、性别的各色人等，都有“一次聆听，终身受用”的亲切感受。

“凡事我但尽心，成功不必在我。”对于太湖大学堂是否陈义过高的问题，大学堂这样回答：“只问耕耘，不问收获。”

## 四

南师客居七都庙港这段时期，不仅心系太湖大学堂的管理，同时对于当地传统文化资源十分重视。建设太湖浦江源国家水利风景区，是七都镇利用自身自然生态及历史文化资源实现转型发展的一次重要契机，南师对此表示支持，2011

年，他以 94 岁高龄亲笔题写景区名——希望借由这个景区的建设，能对七都庙港的传统文化资源进行挖掘整理，使其得以传承与发展。

2012 年，七都镇政府决定建设老太庙文化广场，南师对此鼎力支持，他提出要融太湖文化、吴泰伯以来的吴国优秀文化、儒释道文化于一炉，以历代圣贤为榜样，影响当地人民重建人文自觉，提升修养，造福当地，影响周边，而不要局限于狭义的宗教信仰。他不仅捐出 18 亩土地作为文化广场核心区建设用地，亲笔为老太庙题名，同时还发动太湖大学堂同人共襄盛举，为广场建设捐资 350 万元。其中 100 万元是南师自己的稿费，他说：“这是读书人心血换来的干净钱，虽然不多，但希望为此地人民的福祉与文化建设尽一份绵薄之力。”

老太庙文化广场的建设，从动意到规划设计直至最后破土动工，都凝聚着南师的心血，他特命自己的学生——国际知名建筑大师登琨艳先生为文化广场做义务建筑设计。

2012 年 9 月 4 日，老太庙文化广场举行隆重的奠基典礼，南师又派学生出席并致贺词——“这是本地张扬人文正气，在新时代继承优良传统文化的标志性大好事。”

## 五

太湖大学堂的大门为黑色，显得庄严肃穆。

大门左侧的石墙上镶嵌着镏金的“太湖大学堂”几个大

字，右侧的一块牌子上用繁体字和英文写着一系列大名鼎鼎的合作机构：

中国人民大学
法国国立东方语言与文化学院
中国科学技术大学（中国科学院选键化学重点实验室）
复旦大学（儒学文化研究中心）
国际创新领导人进修
美国管理协会（中国）
ICI 国际文化教育基金会

整个大学堂呈现出一种宁静与安详的气氛，一条光洁的水泥路环绕着主要建筑，进门右手边的第一栋建筑——八号楼，就是吴江太湖国际实验学校的教室和孩子们的住宿楼，琅琅书声不时传入耳中。

接下来第二栋，是七号楼，一楼有个小书店，很多拜访者都会来这里买上几本图书，带回去慢慢研读。

七号楼的一楼有一个大厅，是多功能厅，既是做活动的大礼堂，也是大教室，又是晚上大家在室内练武功的地方。墙壁上挂了许多名家书画的复制品。楼上有可供外地学员住宿的客房，我前几次来时都住此楼。

六号楼紧挨着七号楼，楼下是厨房、小学餐厅和大学堂餐厅，大学堂餐厅可坐 70 人，墙壁上悬挂不少古字画的复制品，有宋代道教名家陈抟老祖的“开张天岸马，奇逸人中龙”，还有雍正的书法作品“博闻广采”“知人则哲”，等等。

二楼和三楼依然是客房，主要供大学堂常住的学生居住，包括李淑君女士、王洪欣先生、马宏达先生等，我的住处即在二楼。

因为江南多雨，所以太湖大学堂内主要建筑之间都用回廊连接。从六号楼穿走廊前行60米左右，便是南师工作的主楼。南师、刘雨虹老师、宏忍法师、马宏达、牟炼和太湖大学堂的工作人员等皆在一楼工作。大厅悬挂有司马光、唐伯虎、文徵明、孙中山等人的字画复制品。还挂有刘子仁的墨荷图，王凤峤题词“一华一世界，一叶一如来”，据说以前是挂在香港的客厅中的。一楼还有厨房，主要为南师临时做一些食品。二楼有理发室和南师的卧室、书房、起居室、药房等，也挂了许多名家书画的复制品。南师通医药，有学生、客人不舒服时，南师常对症施药给予治疗。三楼是图书馆，存放的全部是南师个人藏书与字画。南师藏书之富，世人难以企及。这批藏书有数十万册之多，经国家特别批准，从香港一次全部运进来，其中除囊括中华文化典籍之精华外，兼涉世界文史、地理、哲学、政治、经济、科技、医学、艺术……堪称收藏宏富。

出主楼，穿走廊前行60米左右便是禅堂，是南师讲学、学生研习的地方。每日早、中、晚，这里的一楼大堂和二楼禅堂都有人在禅修，三楼还有闭关室。二楼有治疗室，一楼有洗浴室。

站在太湖大学堂的高处，俯瞰下面，我惊奇地发现，整个操场上的草坪里，由草木形成的两个巨大的太极图赫然映入眼帘。

我认为太湖大学堂最迷人的地方当属太湖大堤。湖风轻拂，涛声阵阵，苍翠的柏树护卫着太湖大学堂的宁静与神秘。

## 六

晚饭时，遇见北大国际关系研究所所长袁明教授来访南师。

袁明教授是研究国际关系的专家。南师还在香港居住时，袁教授就和北大的吴树青校长去拜望过南师，此后就常来聆听南师教诲。

袁明教授此行，是为明天吴江太湖国际实验学校家长会做学术报告的。饭后，我向南师等人推荐观看了湖南经视频道高考专题节目《高考天问》。

随后，南师说："国平来自四川，在灌县工作，前不久做了我的一个关于四川的访谈，现在谁来给袁教授读一读？"于是，由上海教育电视台的崔德众兄用非常标准的普通话朗读。

# 第四章　只缘一会灵山后

## 一

在崔德众读我文章的同时，我向袁明教授介绍了南师与袁焕仙的渊源，袁教授也被二人的蜀中奇缘深深吸引感动。半个多世纪前的往事被我们重新捡起，勾勒出南师蜀中生活的片段。

先说说令南师魂牵梦绕之灵岩寺。

灵岩寺多矣。济南、苏州、梅州、吉林、南京、石家庄、汉中、洛阳、乌兰察布等地皆有名灵岩之寺庙者，就连南师家乡，浙江乐清东北雁荡山乡岭头屏霞嶂下，也有一座始建于北宋太平兴国四年（979）的灵岩寺，盛时有屋宇百余间，藏经千卷，时称“东南首刹”。

然而南师最为牵挂的灵岩寺位于四川省都江堰市区西北角灵岩山上，此山与玉垒山相邻，海拔 1400 余米，“诸峰耸蔚，俯瞰万流，极趣清幽”，乃实至名归的西蜀名山。

登上灵岩山顶，西可眺千里雪山，北可望井络天彭，南可见青城群峰，东可见成都平原，而让人尤为动心的是，岷江东来，至此出山，站在灵岩山巅，俯瞰举世无双的水利工程都江堰，让人立时视野一阔，胸怀大畅。想必南师当年来此登临，亦有此感。

据史料记载，灵岩山先有高僧释道仙于竹林寺弘法，又有高僧释道因于光化寺刻制石经，以图永传，书法家欧阳通书有《道因法师碑》（李俨撰文）记载其事。唐开元四年（716），印度高僧阿耆多尊者不远万里，来到灵岩山，创建灵岩寺。当时殿宇宏敞、金像辉煌、松杉掩映、禽鸟飞鸣、石刻生动、摩岩古朴，寺前一望千里，田园似锦，寺后断岩千仞，幽谷传香，寺内僧侣众多，香火兴旺，民间曾有“大和尚三千、小和尚上万，蒸饭用黄桶，炒菜用大铲”的传说，实为盛唐时期西蜀规模宏大的佛教寺院。灵岩寺于明末被毁，清乾隆十七年（1752）重修后殿，二十二年（1757）建韦驮殿、玉皇殿和山门，清道光元年（1821）建成前殿。据李銮宣《重修灵岩寺碑》载：“嘉庆甲戌，浮图圆俊董厥事，庙务大兴。”民国三十年（1941），能清法师重新恢复千佛塔等胜迹，民国三十二年（1943）重修真武殿及山门，庙宇焕然一新，成为民国时期西蜀极有影响之寺庙。

南师当时既在四川，前往灵岩寺也在情理之中。

## 二

拂去历史烟霞，70年前的灵山一会历历在目，宛如昨梦。

那是民国三十一年（1942）夏天，被称为“盐亭老人”

的一代禅门宗匠袁焕仙先生，来到了四川灌县的灵岩山掩关禅寂。

袁焕仙（1887—1966），名其章，字世杰。四川盐亭县麟瑞乡龙顾村人。少有逸才，倜傥不羁。健谈论，善画，工书，早以辞章闻。清末时应童子试，时年13岁，名列前茅，先宿震之。辛亥革命后，毕业于四川法政学堂。

民国五年（1916）后，袁焕仙曾任越西县知事、盐边县知事及直鲁豫十四省巡阅使署及川康绥靖公署高等顾问。民国十五年（1926），广州革命政府在北伐进军中，委派杨森为国民革命军第二十军军长，驻防万县。杨森委派袁焕仙署理夔关监督，兼任联军总司令部军法处长。当时朱德任杨森部团长职务，与袁焕仙关系很好，而且在关键时刻，袁焕仙还曾救过他，因此朱德一直称袁焕仙为“焕哥”。

袁焕仙素来信奉佛教，精研内典。40岁时，见国家多难，人心缘溺，于是弃政从佛，先后师从吴兴吴梦龄、鄂之翘楚秀空、苏州李印泉、穹窿山道坚，后拜入报国寺印光大师门下。袁焕仙曾经在成都十方堂禅院苦参“德山小参不答话”话头，连日废寝忘食。一天夜里，大殿插住的大门“哐当”而开，他恍然大悟。

民国三十二年（1943），巴蜀硕彦大竹萧敬轩、巴县朱叔痴、荣县但懋辛、潼南傅真吾等100余人恭迎袁焕仙于成都三义庙住持维摩精舍。

民国三十五年（1946），袁焕仙在南京成立首都维摩精舍，盛况空前，国民党许多政要如陈诚、陈立夫等，还有当时在国民政府任职的周钟岳等时来参叩，执弟子礼。袁焕仙但以佛法供人，不及其他。人强询以政，不得已，著《我之国是》，但求全国团结以御外侮，安息以厚民生。曾赴台湾讲学，我国台湾地区、日本等地大德均希望他留在台湾弘扬佛法，袁焕仙均予以谢绝，一年后返川。随后常往来于内江、重庆、潼南（今重庆市潼南区）、盐亭、中江各地，讲授佛学。

1949 年后袁焕仙回盐亭老家休养，1966 年洒然圆寂，享年 80 岁。

袁焕仙先生著述宏富，曾写日记数百册，颇富懿言嘉行及史料。又作诗、文、词及楹联千百章，都在“文革”中散佚，《维摩精舍丛书》第一函雕版亦毁。丛书第二函未及汇刻，现在尚存的仅有《〈般若波罗蜜多心经〉三讲》《释通禅与王恩洋》《东方学术界之函讨》《统说〈庄子·齐物论〉》四部而已。

我猜想，袁焕仙在上山之前，很可能就“去何处闭关参禅”一事请教过十方堂住持昌圆法师，或许昌圆法师建议他去的就是灵岩寺。因为早在 1937 年，昌圆法师就曾与其弟子能清和尚住持过灌县灵岩、般若两寺，而且昌圆法师的弟子隆莲法师、晓云法师亦在每年夏天于此避暑。一山一水长相忆，一草一木总关情。况且那里是山势深幽、群峰环峙、涧清潭澄、古木扶翠的灵岩山，是闭关、打坐、参禅的好地方。

于是，袁焕仙于春末夏初，带着一颗佛心悄然登上了灵岩。

此时，灵岩山上正是群山护法，白云掩径，山花纷落，不知春秋。

据袁焕仙先生的弟子、著名大德杨光岱所整理的杂章介绍，袁先生在下山前曾为灵岩寺正殿撰有一联：

溉数万顷良田，在山泉水清，出山泉水清，好个比邻秦太守；

揉千七则藤葛，不说话亦堕，欲说话亦堕，拈与胡僧阿者多。

该联既表达了袁焕仙先生对都江堰的修建者李冰的由衷赞美，又蕴含了他对佛学的无限向往。

## 三

抗战时期，成都某报曾载：

有一南姓青年，以甫弱冠之龄，壮志凌云，豪情万丈，不避蛮烟瘴雨之苦，跃马西南边陲，部勒戎卒，殚力垦殖，组训地方，以巩固国防。迨任务达成，遂悄然单骑返蜀，执教于中央军校。只以资禀超脱，不为物羁，每逢假日闲暇，辄以芒鞋竹杖，遍历名山大川，访尽高僧奇士。复又辞去教职，弃隐青城灵岩寺，再遁迹峨眉山中峰绝顶之大坪寺，学仙修道云云。

这位南姓青年就是当年前来蜀山寻觅剑仙的侠少南怀瑾。

南师1918年生于浙江温州市乐清县（今乐清市）。自幼接受传统私塾的严格教育，及至少年时期，已遍读诸子百家，兼及练习拳术、剑道等各种功夫。同时苦心研习书法、诗词曲赋、天文历法诸学，并深得其精要。尤以学武最是用心，他四方拜师，凡遇有一技之长之人，见面即跪……据南师追忆："每日凌晨三时，必起床练拳，两三小时后，再沐浴更衣。当年杭州西湖一带，武师甚多，我亦朝夕浸润其间，跃马佩剑，臂缚铁环，腿绑铁砖，也相近于那时的'太保学生'了。以后访遇僧道甚多，皆各有专长……我在那段学拳时期，练习武功，可以说从来没有间断过一天。"

20岁前，南师所拜的师父，多达80余人，门派众多。南师毕业于浙江国术馆张之江先生国术训练员专修班第二期，武功也日益精进，在中央国术馆张之江先生于杭州国术馆主办的全国性国术比赛中以姿势优异而荣获冠军。当时的他已堪称一代武林高手了。

彼时，四川著名武侠小说作家还珠楼主（本名李寿民）所著的武侠小说《蜀山剑侠传》和《青城十九侠》正风靡一时，热爱武术的南师自然对蜀山剑侠心向往之，时常为书中"白光一道，口吐飞剑"的剑仙所沉醉。后来，在一次晚饭时，南师曾笑着对我说："不只我喜欢看还珠楼主的书，那个时候社会各界人士都爱看。"

当时杭州城隍山（即吴山）上有一老道，据传剑术奇高，南师几番周折，欲拜其为师。老道说："今天你暂且试练一下，每天晚上把门窗紧闭，房间内不点灯，使内室漆黑，仅点香一支，尝试用剑劈开香头，手腕着力，而臂膀不动，等练到一剑迅下，香成两半时，才进入第一阶段。第二步再把豆子掷向空中，用剑劈在空中成两半，功夫能练到这里，再来见我，再为你解说剑路……”

南师听了以后，心想这实在太难了，虽然心知天下无难事，这样练剑，也不是不可为，但因当时立志学文兼学武，俾能经世济时，而诸事分心，唯恐心不专一则反而一事无成。鱼与熊掌，不可得兼，遂作罢。

但是南师始终没有放弃寻觅剑仙的理想，他认为真正的剑仙可能在蜀山（指四川的峨眉与青城两山）。于是，1937年5月，年仅20岁的南师只身入川。

两个月后，进入全面抗战阶段，南京政府随后迁到重庆，一些朋友也来到四川，相遇时都说他有先见之明。南师却说，他们不晓得，自己其实只是想到四川寻觅剑仙，学习剑术而已。

南师入川之后，正值抗战军兴。他毅然考入中央军校政治研究班第十期，毕业后进入军队，屯垦戍边。不久，南师被调回中央军校任政治教官。又入华西坝金陵大学，研究社会福利学，以期服务社会大众。每逢假日闲暇，芒鞋竹杖遍游蜀中名山大川，访求高僧奇士。青城派剑术高手王青风，就是在这段时间结识的。

其时，住在鹤鸣山的青城派高手王青风被四川武林人士誉为一代剑仙，南师听说此人后，上山寻访他多次，终于得见其面。经过一段时间的接触，南师与王青风之间已建立交情。

一次，南师请王青风演示武功。据张怀恕的女儿秦明在《五十年来的近事——怀师》（非公开发行资料册）中记载，王青风站在山头上，用手一指，数丈外山峰上的一棵老松即应手而倒。南师童心未泯，很惊讶地问王青风何以没有剑光。王青风说："我早已经告诉过你并无此事，欲练至有光，另有一番道理。"这时，南师又请王青风的大弟子表演，但见他用鼻孔吼气，便看到他站立之处，周遭山土转即成尘飞扬。南师回忆说："此二次表演都是我亲眼目睹的事实，由此而相信中国武术，的确可练至甚高甚妙境界。"

## 四

民国三十一年（1942）暑假，正是青枝绿叶时节，南师借休假之机，背着一把长剑悄然上了灵岩山，前来看望他的至交、灵岩寺的住持传西法师。

说起传西法师，亦是一位奇人。

1940年代，灵岩山得以名家荟萃，文风蔚然，除了昌圆法师和能清上人的修葺之功，与传西法师广泛的社交影响力亦是分不开的。

尽管去时不久，但传西法师生卒年不详，来灵岩寺的时间已难以考证。

传西法师俗名万西，可能是浙江人，曾在杭州灵峰寺待过，那时便与南师相识并成为朋友。后来，传西就读于南京支那内学院，曾与汤用彤、梁漱溟、蒙文通、姚柏年、黄树园、王恩洋、熊十力同为佛教大学者欧阳竟无先生的弟子。从目前的资料和南师及灵岩书院的学生回忆来看，传西法师大约于民国二十九年（1940）来到灵岩山，住持庙务。

倘若我们细加爬梳，便不难发现，灵岩山之所以在中国近代文化史上享有大名，很大程度上得益于传西。他邀请川北大德袁焕仙来此闭关，邀请好友南怀瑾来此游玩，邀请郭本道来此避难，邀请李源澄来此办学，邀请冯友兰、钱穆、蒙文通、朱自清、潘重规、唐君毅、牟宗三、刘盛亚、罗念生、王恩洋等大师来此避暑、读书、讲学、创作，于是才有了“灵岩禅七法会”，才有了袁焕仙与南怀瑾的相识，才有了灵岩书院，才有了全套《道藏》存放于此的机缘，才有了灵岩山的鼎盛时期。

而且传西极富才华，精通唯识法相之学。1940 年代，华西大学一直想派滑竿师傅将他请下灵岩山，给华大的学生们讲授佛学，传西一直不肯，后来经朋友们力促下山，哪知道传西在课堂上竟然突然将讲课内容改为“情与爱的哲学”，一个出家人在一群大学生中“谈情说爱”，在华西坝轰动一时。南师后来回忆说：“以和尚而讲情与爱的哲学，实足耸人听闻，因此听众既无虚座，和尚也不空讲，大为叫座云云。惜我正行役重庆，并未及时临场，后来上人与我言及大要，相与抵掌大笑。”

传西还有一手制茶的绝技，善做红、绿茶。当时灵岩书院有学生得到他的传授，又互相传习，于是大家都学会了制绿茶；红茶制作较为复杂，会的人较少。灵岩山产茶，每到采茶季节，就有大姑娘小媳妇用背篼背着采摘的生茶叶来卖，按质论价，价不算贵，两三个人合伙买几十斤，经过几个小时的操作，便可制成可喝的茶叶两三斤。制作质量好的，泡出来的茶碧绿清香，味似龙井。制茶虽然辛苦，但在制作过程中也获得不少乐趣。产茶期间，大多数学生都参加了制茶活动，每到下午，书院几乎成了制茶作坊。老师们没有时间制茶，学生们做好后，选质量最好的茶叶送给他们，传西法师也给老师们送茶，书院师生全都养成了喝茶的习惯。

1943 年 5 月 2 日，蒋介石来都江堰，曾专门托人购买“灵岩山珍眉绿茶三斤，共计 600 元”，所购之茶，即为传西法师当年亲手炒制。

传西法师住持灵岩寺时，有一位著名学者郭本道（1901—1948）向传西求助。当时，郭先生在川任华西大学教授，专志学术研究。此前，进入全面抗战以后，郭先生深恐中国传统文化重要典籍毁于日本人的飞机轰炸之中，于是从山东大学撤离入川时，他随身携带的最大宗的行李乃是全套《道藏》。然而，日本飞机紧随其后，开始轰炸重庆和成都。郭先生觉得，不仅华北危急，连大后方成都也不安全，个人生死事小，传统文化典籍保存事大。那时，四川大学、华西大学诸多教授暑假都在灵岩寺避暑，因此郭先生得以上山与传西法师相遇。郭先生踏勘灵岩山之后，认为此处山幽人少，离成都较远，不易被日本人列为轰炸目标。于是，求助于传西法师，恳请将存放于华西大学的《道藏》及其他珍藏图书转移至灵岩山，传西法师一听，欣然同意，心中毫无道家佛家之分别，令郭先生甚为叹服。

随后，郭先生雇人用“鸡公车”[1]将图书运送至都江堰，然后又请人用箩篼挑上灵岩山。因为东岳庙及周遭已被学者们住满，均无空房，于是，传西便从灵岩寺下院铁佛寺腾出房间，让郭先生将《道藏》珍藏于此。据当时寓居山中的学者们回忆，郭先生耗费大量人力辗转运来的图书装了满满一间屋。平时学者们想要查阅资料必须返回成都，而自从郭先生入住山上以后，这里就成了可资广大学者查阅的“山中图书馆”，少了往返成都之苦。南师也常常去郭先生处读书。他说：“很多平时看不到的书，在这里都可读到，实在是一件幸事。”而传西法师，更是这间“山中图书馆”的常客。

1940年代，著名佛学家王恩洋（1897—1964）多次应传西法师和李源澄之邀请，前来灵岩寺避暑研究，与传西结下了深厚情谊。传西法师与王先生大谈老庄哲学，王先生赞曰：“你是当今的支道林，可佩！可佩！”

南师一生遭逢奇缘无数，与传西法师之交往亦为其一。此乃絮语，略过不表。

1.“鸡公车”，状似公鸡的独轮手推车。

## 五

此时，袁焕仙已在山中闭关了一段时日。

关于南师与袁焕仙的首次相遇，因为时间久远，传出了很多版本，在南师身边生活百日，而我始终没有来得及印证。其中有一个版本如是说，袁焕仙在灵岩寺闭关，对经常登山的南师已有所耳闻，他发现南师虽然年轻，却非等闲之辈，他有意要传道于南师。这一天，南师又到灵岩寺去，正好袁焕仙出关，两个人一见面，袁焕仙便先打招呼："南教官，你好！"南师赶紧还礼，忙道："听说您是有道的高人！"袁焕仙说："哪里哪里，我看你武功很高，向你拜师！"南师谦虚一番："不敢说教，陪您玩玩。"第一次见面，就是这样简单。后来，袁焕仙真的跟南师学了一套太极拳。但真正有意义的是，南师从此拜在这位禅宗大师的门下，走上学佛学禅、弘扬传统文化的道路。南师说初识袁焕仙的时候，只知道他是个大名人，并不知道他是禅宗大师，当时，南师对禅宗的了解还很有限。

灵岩山一会，成就了袁焕仙与南师的旷世佛缘。

袁焕仙先生曾嘱咐南师说：

> 在山数十日，切见诸禅德，巍然自拔，有独立振衣之概，老人至喜也。摄其众向道，导其徒回车，风其俦化行方国者，实为怀瑾。而怀瑾律己过严，责人如己，老人至虑也。律己严，可也；责人如己，不可也。何也？

律己严，过必远；责人严，众必减。众旻减矣，汝纵口如河，沛法若雨，其谁辅汝绍隆玄化而寻行天下？古人所以有遇风而息之惧也。谚曰：“不痴不聋，不可作翁。”班子曰：“水太清则无大鱼。”圆悟勤又尝以示大慧杲者也。统此故纸，怀瑾阅卷自悉，无庸老人重拈。今社会非古也，朋友可借援而不可期以辅汝。绍隆玄化，古有之，普化、克符，吾宗家范，今恐无。必以无而现诸有，于内则多咎，于外必多尤。咎尤交倾，进程必碍。先哲所谓“欲速则不达”者也。余意：然千圣之心灯，续四生之慧命，不必外期友朋，要在自育一期超士。所以孔子道行，内有颜、闵、曾、仲，不假外交伯玉、原让。怀瑾此后，念头当改，不然，徒滋烦忧耳！

袁先生的话，用今天的白话翻译如下：

“我在山中数十日，亲眼看到众位禅师巍然超拔，大有遗世独立、拂衣离尘的气概，我高兴极了。教导大家一心向道，引导大众迷途知返，影响同道乃至教化一方的人，实在就是你怀瑾！但怀瑾你对自己要求太过严格，而且对别人也像对自己那样严格，对此我很担心。对自己要求严格是好的，对别人也像对自己那样严格却不行。为什么呢？对自己严格要求，能远离过错；对别人要求太严格，身边的人就会减少。如果身边的人越来越少，纵使你口若悬河、说法如普降甘霖，有谁愿意辅助你宣扬妙法教化天下呢？所以古人有逆风而不前的担心。俗话说：‘不痴不聋，不做家长。’班固说：‘水太清就不会有大鱼。’圆悟克勤禅师也曾这样劝过大慧宗杲禅师。我把这些名言和典故罗列出来，你读了自然明白，不必我重复。如今社会不像古时，朋友可以作为外援但不能指望他辅佐你。弘扬佛法，古代有之，普化禅师、克符禅师，都是禅门的典范，如今恐怕找不到了。如果条件不具备却勉强做事，自己内心会有很多自责，对别人也难免产生不少抱怨。自责、抱怨交相反复，前进的道路定会受到阻碍。先贤讲的‘欲速则不达’就是这个意思。我认为，要重燃往圣心灯，承续众生慧命，不必寄希望于朋友的帮助，关键在于自己培养出一代杰出的人才。所以孔子之道行于天下，靠的是颜回、闵子骞、曾参、仲弓等学生，并不是依靠蘧伯玉、原让等人。以后怀瑾应当改变想法，不然的话，只会平白滋生烦恼！”

从这段文字可以看出，一方面，袁焕仙一生收了很多门生弟子，唯独对南师最为器重，认为“摄其众向道，导其徒回车，风其俦化行方国者，实为怀瑾”，评价相当高。另一方面，也指出南师的缺点——“律己过严，责人如己”，这是他最担心的——“老人至虑也”。袁焕仙这么坦率、这么严肃地指出南师性格上的弱点，在南师的一生中，恐怕是第一次，也是唯一的一次。“律己过严”，经过几十年的人生历练，南师的这个“毛病”始终没有改掉。但“责人如己”的确是彻底改变了，他对人非常包容，慈悲广大，有教无类。

## 六

关于袁先生，此处不得不多说几句，因为他对南师一生影响太大，包括幽默风趣之性格。

1942 年，久别未见袁焕仙的夫人王相君携女儿袁淑平、外甥曹仁刚及母亲王老太太来灵岩山看望袁先生。

当时前往灌县，已有公共汽车。但那时车票很贵，且不容易买到。买到后，侥幸上了车，车上却拥挤不堪，一辆原本坐 20 余人的车上乘客多达 50 余人。

到了灌县，袁夫人一行先去看望疏散到乡下后尚未搬回成都的姆姆[1]，并在其家居留一夜，次日才前往灵岩。当时雇了两乘滑竿由王老夫人和袁夫人乘坐，曹仁刚则带着刚玉清、刚姆姆的大女儿翠姐和袁淑平步行上山。当年 18 岁的袁淑平从小娇生惯养、缺乏锻炼，几时受过这等苦？走不了多远，便脚疼难忍，不时坐下来休息。曹仁刚边走边哄她："你看，庙门都看到了，马上就到了。"翠姐则一路给袁淑平讲故事，分散她的注意力。袁淑平好不容易走到灵岩寺，到禅堂看到外婆、妈妈正在和父亲叙话，忙上前叫了一声"爹爹"。袁焕仙打了一个大哈哈，说："两条腿真不是滋味吧？多走走就好啦。"

袁焕仙夫妇刚一见面，袁夫人问："不知道我现在该称你为袁佛爷还是袁先生？"袁焕仙说："你只认得袁先生，

---

1. 姆姆，四川方言，称呼中年女性长辈，此处指邻居刚姐姐的母亲。

且认不得袁佛爷。”袁夫人又问：“如何是袁佛爷？”袁焕仙答：“闭关的。”袁夫人问：“如何是袁先生？”袁焕仙答：“你的丈夫！”在场众人大笑。袁夫人说：“这个老汉儿一天到黑尽信口乱说。”

袁淑平向袁焕仙跪而问道：“爹爹在此成佛没有？”袁焕仙答：“我无如是不懂事。”袁淑平问：“既然不能成佛，这里又如此寂寥，如此清苦，你都不嫌弃避忌，到底为了什么？”袁焕仙答：“为了学佛。”袁淑平问：“既不成佛，学它为哪般？”袁焕仙说：“你快走，好好读书。”袁淑平说：“噫嘻。”

袁焕仙的外甥曹仁刚问他：“舅父大人住在灵岩山学佛，外甥以其年龄和处境皆不能住在山上，但在城市里百务繁多，琐事缠身，日不暇给，这样也能学佛否？”袁焕仙答：“能。”曹仁刚又问：“如何是外甥学的佛法？”袁焕仙答：“入则孝，出则悌，谨而信，泛爱众而亲仁。行有余力，则以学文。”曹仁刚不解：“这岂不是孔夫子说的？”袁焕仙答：“是。”曹仁刚说：“既然孔子已有，舅父大人又何必入山苦苦寻找？”袁焕仙答：“不可山中便无孔夫子也。”

袁焕仙岳母王老太太74岁高龄，然而康健超过常人。问女婿袁焕仙：“我念佛数十年了，而生死仍无把握，该怎么办？”袁焕仙答：“岳母大人胜行已起，将来报尽，定获往生，现在只好照旧精进，不管它生死不生死，往生不往生，蓦直向前，定有归家稳坐大笑一场的时候。”

在灵岩寺，袁淑平第一次见到了南师，她不敢正眼看他，只觉得他皮肤白皙，光彩照人，两眼深邃而有神。袁淑平后来回忆道："我举眼一望，爹爹身旁还站有一位翩翩青年，后来知道他就是父亲刚收不久的弟子南怀瑾。说起他们师徒刚相遇，这是天缘。当我父亲在灵岩寺闭关休息散步时，恰遇南先生在山上游览，二人互相攀谈，异常开心，甚至无话不说，以至天天相约见面如好友一般，老少二人感情不断增长，不知我父亲用什么妙舌终于让南先生愿意拜他为师。"

袁夫人等在灵岩山上住两三日而返，返程途中，当车过一板桥时，桥折断，车后两轮陷入其中，桥下水流湍急，如奔万马。乘客大呼小叫，惊恐不已，都以为必死无疑，而车突然自跃上道，脱离险境，于是板桥折断而车上众人安然无恙。大家都认为是上天相助之功，而有人则认为是袁焕仙以神力挽救众乘客。袁焕仙听说后大骂："丑！简直把我说成妖魔鬼怪了。"

袁淑平回成都修破瓦法，顶开，以书来，先生曰："噫嘻！"

## 七

当时正值袁焕仙禁语，南师非常郁闷："朋从我思，繁兴我疑，无由启迪。"他的好友传西法师说："我想禀告袁师，请求他对你的疑问以笔作答如何？"南师喜而合十道："太好了！"于是，灵岩寺住持传西法师出面征求袁焕仙意见：禁语期间则以笔作答，非禁语期间则口头讲授。袁焕仙同意此法。于是，短短数十日中间，袁南二人的对答遂成巨帙。

如有一次南师问道："什么是'六根''六尘''六识'？"

袁焕仙回答："石头就是六根，柱子就是六尘，瘃棒就是六识。"

四川人把打人木棒习称为"瘃棒"。所以南师听了茫然说："先生如此'漫言'，学生不能领会。""漫言"，意思是可笑的戏言，如称"漫画"。

袁焕仙说："你如此'漫问'，谁要你领会？"

南师仍未领悟，又问："佛教中说，'眼耳鼻舌身意'为'六根'，对应'色声香味触法'六尘，根尘相接，生出'眼耳鼻舌身意'等识，称为六识。如今你却说六根即石头，六尘即柱子，六识即瘃棒，这岂不大大违反佛教教义，不符合佛典吗？"

袁焕仙见他拘泥于书本不能警悟，非常生气，提笔写道："你既然已明了教义，贯通道理，即自己解脱可也，又何必到我这里来唠唠叨叨？"掷笔寂然在定。南师无语潜退。

第二天南师再参，问："既不许作如是道理会，然则学人浅机，从何得入？"

袁焕仙答："汝是何年何月何时何地出的？"

南师久久无语。

袁焕仙说："既未出，入何为？出入既无，当下一派圆成。谁是浅机？谁为深学？咄，无疾而呻，无病而药，释迦老子亦救汝不得也。"

南师问："学人于此，上不得，下不得，取不得，舍不得，尽平生力忘不得，计不得。祈师慈悲，方便接引。”

袁焕仙答：“好，好！恐汝虽如此说，未到此地。果届此也，恭喜，贺喜！好消息将到矣。谛听，谛听！当人于此，千万不可退步，不必作必悟想，不必作不悟想，不必想，不必不想；行时坐时，醒时眠时，朋友交接时，妻儿子女会合时，但略略管带，自然坛子内走不脱鳖。”

南师问：“学人疑情不起，奈何？”

袁焕仙说：“只为你要信。信不立，疑何驭？疑、信两忘，复是何物？此第一彻头也，千万莫要放过！”

南师问：“疑、信两忘，就学人分上捡之，却无一物。”

先生说：“瞎汉！说却无一物者。是有一物邪？无一物邪？好看，好看！此释迦老子、三世诸佛及一切贤圣入德之门也。这个彻头，尽大地是我口都赞不及，慎勿失之交臂。”

又有一次，南师问：“世上既有真假，那什么是真？”

袁焕仙说：“汤圆煮油锅。”

南师问：“如何是假？”

袁焕仙说：“油锅煮汤圆。”

南师更茫然：“如此谈话，益增迷惘。请老师剀切直示，解除学生迷惑。”

袁焕仙说：“咄，你何不说迷惘益增，你学生来解除老师我的迷惑？”

南师久久默默无言，有些领悟了……

又一天参禅时，南师问：“学人参情紧切，或觉大弥虚空，或金光闪烁，或显赤白黄绿等光，大如月轮，小如豆粒，或如电光闪烁时，未审何至，属优属劣，未知何从？祈示。”

袁焕仙说：“概属光影，汝但不着，亦许胜境；若欲取之，翻成大患，何也？盖汝之本体，无相、无空、无不空也。”

南师问：“正参话头时，忽觉虚空粉碎、大地平沉时如何？”

袁焕仙说：“咄！我说汝白昼见鬼，何也？虚空无形，汝从何碎？且不说粉，赵公山高，灵岩山低，汝从何平？且不说大地非大地。”

南师问：“参话头不能虚空粉碎，大地平沉邪？”

袁焕仙说：“恭喜，恭喜！虚空粉碎也。贺喜，贺喜！大地平沉也。细检，细检！”

民国三十一年（1942）冬月，南师搜箧残简，找到部分当时的对答语录，认为“此千圣之心灯，入德之梯航也”，不敢藏私。于是选择了其中“其言显，其义幽，其理约，其事质”的语录，“爰出鸿爪，飨我同仁”，辑成一册《灵岩语屑》，其中有许多“禅机警语”，对南师一生影响巨大。

据南师回忆，记录这些文字时，“灵岩红叶，正满山也”。当时，袁焕仙笔示口授南师者比现在《灵岩语屑》所录多出数倍。南师后悔当时“固忽而轻之”，以致“口授则几罄忘，笔示幸能略存残纸”，因此，当南师检箧之际，“一读再读，汗泪交倾”，不由感叹：“此狮子一滴乳也。”

南师后来曾对传西法师、杨光岱、马白眉等说：“这是一段奇缘啊，倘非国变，何缘入川？倘不入川，这一段提不起放不下的公案，从何处了？仔细思量真是令人汗泪交倾不止。”

今天再看这些文字，依然觉得诙谐幽默之中透着无穷禅理。

## 八

灵岩山最鼎盛的时期，就是1940年代。除了大师名流如鱼汇集，袁焕仙专程为南师举行了一场“打七”活动，特别指定南师为首座，并负责敲引磬、木鱼，担任维那。这次“灵岩打七”则将灵岩山推向了另一个巅峰。

所谓“打七”，又名禅七、行七，实际上是禅宗的一种修行方式，它的本质是一种集体的短期“闭关”专修活动。传统的“打七”一般在冬季农闲时举行，每一期以七天为限。一期结束后，可以连续举行，多者可接连打七个七（49天）。参加“打七”者务须发大愿，要在七天期限内专心致志禅修，力求在短时间内参禅开悟，明心见性。“打七”就是拿七天来用功做功夫，号称“克期取证”。释迦牟尼佛当年在菩提树下发誓，若在七天之内不成道，不离此座。不成道的话，坐死算了。“打七”就是效法释迦牟尼佛的这种精神。

这种七日禅修的方式，据传初创于宋朝临济宗的佛灯守珣禅师。当时守珣禅师在他的老师佛鉴慧勤禅师处与大众一起参学，因为一直没有开悟，于是心一横，发誓这辈子如不开悟见性，就终身不解衣睡觉。经过七七四十九天不分昼夜的苦参，终于在一天早上，听到师父上堂讲了一句“森罗及万象，一法知所印”，顿时大彻大悟。他的同门师伯，昭觉寺著名禅门领袖级人物圆悟克勤禅师，为了检验守珣禅师的开悟是否彻底，有一天与他游山，趁其不备，突然一掌将他推进旁边一个水潭，并厉声追问他当时的悟境。守珣禅师乍经突变，站在泥水塘中居然应付自如，从容对答。

从此以后，以七日为限，放下万缘，一门心思参禅悟道的修行方式，便逐渐在禅门中流传开来。在后来的禅门中，通过“打七”而得以开悟见性的禅师非常多，于是这种方式也就成了禅门中固定的修行方式。

1942 年农历九月，正是灵岩山云高气爽、红叶遍山之际，袁焕仙举行了“灵岩打七”。

我到太湖大学堂之后，南师与我多次谈到此事。他说，当时的他对于“参禅打七”等佛门规矩一无所知，只因传西法师极力怂恿，加以袁焕仙特别指定，他于茫然中照办。“过后回想，真似一出焕师编导的梦幻大戏。”此次“禅七”，参与其中的还有巴蜀硕彦如大竹萧敬轩，巴县朱叔痴，荣县但懋辛，潼南傅真吾，峨眉山大坪寺释通宽、释通远，曹溪南华寺释曼达，广汉杨光岱，南充徐剑秋，内江伍心言、伍所南、曾鹤君，西充杨觉，华阳吕寒潭，简阳汪克成，各界政要如川军旅长申介屏、财政厅长甘典夔及曾子玉、王延鹤等尚佛人士十余人，并非如后来所传“灵岩禅七大法会”的故事所说。但当时此举，正如“风起于青蘋之末”之言，实在是不可思议，不仅成为现代四川佛学界的大事，也成为中国现代禅学“维摩禅”兴起的重要标志。当然，最出名的是南怀瑾、释通宽、杨光岱三位先生，被誉为“三大元”，成为袁焕仙门下成就最高的弟子。

“灵岩打七”进行到第三天，袁焕仙手持戒板，指着灵岩寺住持传西法师问：“是什么？是什么？快说，快说！”传西无语。先生摇头数下，自言自语笑道：“又放走一个。”

然后又以戒板指南师问：“是什么？是什么？快说，快说！”南师亦无语，先生却点头数下，亦笑道：“你很好。”遂带至佛前问道：“当时我叫你快快道来，你为什么无语？”南师答：“我当时不知要说什么，所以无语。”先生问：“你现在心中有一个什么吗？”南师复无语。

袁焕仙令其大喝，刚三声，便道：“停。你看你有个什么？”南师曰：“现在觅我心中无有个什么。”袁焕仙说：“此千圣之心灯，当人之慧命也。无再滋疑，快拜！快拜！”南师于是跪拜，袁焕仙随后禁止南师语，一时大家惊讶不已，谓同儿戏。南师自己也不知所措，于是表面司意，心中却满腹疑问。

打坐了一会儿，南师站起来问道：“既然说学人有个入处，说胡一计生死，便尔前途茫茫？”袁焕仙厉声斥道：“丑！你看你说的什么，生死未了的那个份上是有生死是无生死，是前途茫茫是后路茫茫？”南师当下就释然，遂礼拜在地。

当时，参禅的众人正在瞑坐沉思，南师与传西法师比邻而坐，顾视诸人坐禅，好像“无疾而呻，无韵而哦，而传西亦正凝神在坐也。因而内心不牧，几次嗤之欲肆”，袁焕仙因此振威大骂道：“怎么如此不懂事！”南师当时被袁焕仙一阵痛骂，“如病得汗，如梦得醒，惊悉个事，原来如此不费力，不值钱，于是敛笑，遂尔收神，凝然与同学及传西等寂坐”。

又过了三天，果州（今四川南充）一位道士来灵岩山，在袁焕仙室中闭户围炉夜话，曾子玉、王子骞两位先生及周、杨诸子皆围炉边。南师远隔重楼，但是能看见先生室中人物及其状态，能闻其话言，如同处一室，惊讶不已。于是，恭请袁焕仙到祖殿谈此事。袁焕仙大骂道：“我还以为你是个人，竟然会作这样的见解？”从古至今无论学佛或习武，许多人过分注重神异之事，反而越迷越远。这件事对南师影响甚大，他后来也说：“神通与神经是两兄弟。”

是年冬，虚云大师自曹溪来重庆，成都尊宿聚于文殊院，同请昌公老法师与袁焕仙躬赴重庆，迎虚老来成都。南师陪同袁焕仙叩虚云老人，通报那晚所见奇事。虚云老和尚说：“嘻！南先生，若不是袁老居士手疾眼快，你就非常危险了！”

## 九

浙江永嘉人释通宽，素与南师为同学好友。后投身军界，因病入峨眉山大坪寺，拜释普明为师。1942 年，释通宽来灌县灵岩寺与传西、南师日夕参究。

“灵岩禅七”法会开始后，通宽敲击木鱼四日，无所进展。第五夜手持钢针，跪于韦驮像前，以针自刺臂及两手，哭诉道："通宽不悉往昔所造何种恶业，四恩未报，一性愚顽，今于佛前、僧前、法前，痛悔前非，不造后恶，倘有所入，毕此身心，誓宏大法。"言语已毕，臂血、眼泪交落如雨。

南师见此情形，怜悯之心顿起，让他站起来，问道："老兄如此这般，所求何事？"通宽答："求佛。"南师问："兄是何人？佛是何圣？求是何心？"通宽无语。南师以掌击通宽，通宽仍然无语。于是南师连打他数掌说："青天白日，胡思妄想干什么？"通宽于是有所省悟。

第二天天刚亮，袁焕仙一见通宽，就拉着他的手，命他拜于佛前，说："快拜！快拜！前途尚有十八难在。"南师等人闻悉后皆大惊，认为袁焕仙识人之能不逊色于宋代的妙喜。后来，袁焕仙赴成都，通宽也于灵岩赴李子方"禅七"法会，下山后，与袁焕仙在成都中城公园相见。一见面，袁焕仙便审视通宽良久，然后问道："哪里来的魔气这么深？"通宽正想回答，袁焕仙又厉声道："不是。"

## 十

四川广汉三水关（今三水镇）人杨光岱，毕业于绵阳高中。时年24岁，因病来灵岩山，准备在此长久居住。袁焕仙同情他，命他念文殊五字真言，杨光岱表面答应而内心不以为然。不久，袁焕仙在灵岩山举行"禅七"法会，让杨光岱参悟学习。

“灵岩打七”进行到第三天，杨光岱依然心神不宁，动定皆违，于是准备偷偷地走掉。哪知刚到门口，猛犬突至，杨光岱大声呵斥，奋力驱赶，好一会儿，猛犬才离去。此时，杨光岱再反观身心，脱然若释。第二天在佛堂上，杨光岱将所见告知袁焕仙。袁焕仙说：“不不！快拜！快拜！”拜完后，杨光岱自语道：“而今而后，乃知喜怒哀乐之未发谓之中。中也者，无一物也。”袁焕仙厉声斥道：“何不道发而皆中节谓之和。和也者，有一物也。”

又一天，杨光岱同南师至参禅佛堂，抵门，南师以掌将杨光岱掀翻在地，曰：“是什么？快快道来！”杨光岱说：“你青天白日，遇到鬼子吗？如此胡闹做什么？”随后见袁焕仙。袁焕仙问：“你从什么地方来？”杨无语，即礼拜。袁焕仙道：“不是，不是，好好学佛，莫错认贼赃。”杨光岱亦无语，复拜，袁焕仙厉声说：“向你道不是，礼拜个什么？”杨仍无语，再拜，袁焕仙满意而笑。

## 十一

禅宗大德袁焕仙在灵岩山闭关的消息传出后，国内各地高僧、诸德友朋非常讶异。或函候、或亲存、或便值、或以介而来访袁焕仙者众多，“阿弥陀佛”之声此起彼伏，成为灵岩山上的一道亮丽风景，亦对南师有所启迪。

著名教育家朱叔痴（1871—1951），名之洪，四川巴县鹿角场（今属重庆市巴南区南泉街道）人。清光绪二十九年（1903）与杨庶堪等组织反清团体“公强会”。同盟会重庆支部成立后，朱叔痴负责宣传、联络工作。清宣统三年（1911），重庆成立保路同志协会，朱任会长。曾参与密谋重庆辛亥起义。重庆起义成功后，任蜀军政府高等顾问兼大汉银行总办。1912 年，作为蜀军政府全权代表与成都四川军政府谈判并签署了合并草约。民国二年（1913），参与“二次革命”兴军讨袁。民国十四年（1925），任中国国民党四川临时执行委员会委员。民国十五年（1926），与温少鹤等倡议筹办重庆大学。民国二十二年（1933），任巴县文献委员会委员长，兼任《巴县志》协修。晚年致力史学研究，颇有成就。

朱叔痴时年 73 岁，避暑于灵岩，趁机拜谒袁焕仙。

他见袁焕仙手绾珠，口中喃喃，念持佛号，于是说道：“某在五台以净宗叩某法师曰：‘是宗者，小乘法耳，非究竟，如何？’某法师招手叫叔痴过来，私下里说：‘是是，慎毋泄，否则浅人知，摄机不普也。’”

话未说完，袁焕仙生气道：“嘻！是何言欤？华严海众，犹归净土；文殊大智，不舍极乐；龙树妙阐入德之程，远公创结莲社之雅，是大是小，是究竟是非究竟？说给我听听。”

当众无语。过了一段时间，袁焕仙说：“个中自无青白眼，枉在人前羡阮公。”

朱叔痴连连答应，退下。

当天晚上，朱叔痴再参袁焕仙，袁先生送客到门口时，看见朱叔痴坐在门侧的小石凳上。袁先生握着朱手说："三爷，如此夜深不知在此坐了多久了？是何道理？"

朱叔痴答："很想再见先生，到门口时听闻有客在，因此在门口等待，已经超过二点钟了。"

袁焕仙矍然，邀朱入室，多所发药。临去，以《中庸》一册赠予朱，说："只管读此书，三日后当再会，这期间你不要来找我。"

三天后，袁焕仙准备前往东岳庙后殿，让侍者把朱叔痴找来，且下阶逆躬。搀扶着朱到东岳庙后殿，笑着问道："三爷，《中庸》之义可领会到乎？"

朱叔痴道："至'其为物不二，则其生物不测'处，津津焉，甚可味也。"

袁焕仙怒骂："呸！"

朱叔痴茫然不知所措，袁焕仙侍者说："朱先生还不赶快呸？"于是，朱叔痴也连呸数呸。

袁焕仙说："停停停！"过了一会儿，问道："是什么？"

朱叔痴忽释然伏地三拜说："哪里期望晚年得闻这个！"

袁焕仙问："这个是什么？"朱叔痴大笑。

朱叔痴是民国耆宿，嗜道学佛，远逾时彦。初来灵岩山时，只准备等暑热稍微退却，就赶往成都，听某法师讲《菩萨戒经》。袁焕仙以无上禅理启迪他后，他马上命人洒扫庭馆，准备在灵岩山久住，以便时常聆听袁焕仙开示教诲。

朱叔痴常对人说："真是佛法因缘啊！我壮年时客居上海，有相面的人对我说：'晚年的时候当闻至道。'我当时非常疑惑，今天果然如此。”后来，陪都重庆召开国防参议会，朱叔痴下属开着小车来接他，朱说什么也不肯去，曾子三、王子骞等朋友来催促他也没有用。

袁焕仙听说后，赶到他的住处对他说：“三爷，昔黄龙南斥舜老夫曰：何不有事令无事，无事令有事？所谓净佛国土，成就众生者也。”朱叔痴闻言大惊，连声说：“好好好！我明天就出发。”翌日，朱叔痴果然辞行赴会。

傅真吾（1887—1947），名常，重庆潼南人，清秀才。14 岁应童子试，后弃文投武，光绪三十二年（1906）考入四川陆军弁目队，因学、术两科成绩优异，两年后升入四川陆军速成学堂，与同学谢炯、潘文华、向成杰、李树勋、李雅才等 20 余人组织推翻清朝的秘密团体。辛亥革命时，与熊克武一起组织蜀军，南北议和，随熊回川在第五师任军职。二次讨袁时，任营长，民国四年（1915），为反对袁世凯称帝，他奉孙中山命，经河内到云南起义。护国军兴，他同蔡锷、熊克武等进军四川，曾任第五师参谋长、独立旅旅长、四川靖国军川北总司令部参谋长、四川第三路汉军统带、四川江防军第六区江防司令、四川第九师独立旅旅长、重庆市海关监督、第二军独立旅旅长、革命军二十一军军党部筹委会主任、驻京办事处处长、川康绥靖公署参谋长兼二十一军参谋长。进入全面抗战以后，历任第七战区长官部参谋长、军事委员会重庆行辕参谋长。同时，他积极促进特产贸易，发展经济，民国二十九年（1940），他组织成立西宁公司，任董事长兼总经理，后组织成立裕丰银行，任董事长。

傅真吾初来灵岩山时，同曾子玉、李子方等在袁先生室中肆谈勘辩。

袁焕仙说：“个事现成，何须语去言来，乃辨泾渭？但观行动，缁素判也。”

傅真吾道：“噫！果然如此。但是观何行动呢？”

袁焕仙答：“走路。”

傅真吾问：“开悟的人如何走路？”

袁焕仙上前三步，回座。

傅真吾又问：“那没有开悟的人又如何走路？”

袁焕仙亦上前三步，回座。

李子方见而皤然逸去。袁焕仙说：“勘破也，勘破也。”袁焕仙回望着众人而指着李子方说：“他足根未点地在。”

有人问道：“如何是李先生足根未点地处？”

袁焕仙答：“你去问他。”

第二天，头天问话的那人问道：“先生昨日勘破李先生，是许他？是不许他？是半许或半不许他？”

袁焕仙说：“是许他，是不许他，是半许是半不许他。”

那人又问：“如何是许他？”

袁焕仙答：“他名李子方。”

那人复问：“如何不是许他？”

袁焕仙答：“他名李子方。”

那人再问：“如何是半许半不许他？”

袁焕仙答：“他名李子方。”

“灵岩打七”时，各人就座。忽然李子方走出来大哭道：“苍天！苍天！”

袁焕仙骂道：“咄！你干饭吃多了吗？幸好我没有侍者，否则就把你当场活埋了。”李子方无语。

过了一会儿，袁焕仙问众人道：“就是他刚才这句话，你们该当如何回答？”

有人说：“请他再哭一场。”李乃大笑。

袁焕仙说：“丑！丑！各位有捡点得出吗？”众人无语。

袁焕仙说：“好好用功。”

一天，王子骞来山，与袁焕仙、傅真吾会于曾子玉处。三与曾同问袁焕仙：“如何是佛？”

袁焕仙顾视久之，反问道：“你们试说一句看看？”

曾、王两位先生齐声曰：“心即是佛。”

袁焕仙问：“汝有心否？”

皆对答：“有。”

袁焕仙问：“你们是佛吗？”曾、王两位先生皆不语。

袁焕仙又问：“你们怎么不说心即是佛了呢？”两个人皆无语。

傅真吾大笑。

袁焕仙问：“会吗？”

都说：“不会？”

袁焕仙说：“心即是佛。”

申介屏（1876—1948），字启藩。四川灌县人。初随灌县袍哥大爷王品三之子王子章当袍哥管事，辛亥革命时期，在西路同志军第三统领张熙手下任队长。民国四年（1915）出任上五县保安队统领官。次年，杨维来灌县策动讨袁，灌县宣布独立，建立招讨军司令部，申介屏出任司令部护卫营营长。护国之役胜利，申介屏被刘存厚委任为川陕边防军第一混成旅旅长，从此长期驻防绥定（今达州市）。民国二十七年（1938），任川康绥靖主任公署少将参谋，承办灌县战时食盐购销处及县银行业务，并兼任灌县善堂堂长，任“西华公”总舵把子，民国三十四年（1945）担任灌县参议会议长。

申介屏骁勇善战，是袁焕仙非常尊敬的朋友，二人都参加过“护国战争”。一天，申介屏上灵岩山，问袁焕仙道：“我 70 岁马上就要到了，而四大不牢，生死未了，怎么办？”

袁焕仙大声说：“嘻！是何言哉！是何言哉！”

申介屏惘然。袁焕仙双眼审视申介屏良久，问：“会吗？”

申介屏答：“不会？”

袁焕仙说：“且付河山鞍辔外，一鞭红照出风前。”申介屏久久无语。

袁焕仙又说：“会吗？”

申介屏答：“不会。”

袁焕仙于是道：“兄弟你但凡行时、住时、坐时、卧时，乃至朋友交际、妻儿子女会合等时，切切实实持佛号，而不必外觅神仙，内计丹道，一朝报尽，自然往生彼土。生彼土已，生也死也不必问人，自然如观掌果也。”申介屏闻后踊跃惊叹，服膺不已。

甘典夔（1888—1962），又名甘绩镛，四川荣昌（今重庆市荣昌区）人。历任四川第二十一军政务处长、川东税捐总局局长、川东道道尹、四川省政府委员兼民政厅长、财政厅长等职。1949年后曾任四川省文史研究馆研究员。他早期极为关注教育，先后振兴了川东师范学校（今西南大学），参与筹建了重庆大学，筹建了乡村建设学院（包括乡村师范专修科和中心农事试验场，后并入今西南大学），他还整顿和发展了第二十一军辖区内72县的教育事业（包括中、小学在内），对私立的西南美专（今四川美术学院）、政治专门学校、适用商业学校等，都加以扶持和资助，使整个辖区的教育事业面貌焕然一新。

一天，甘典夔偕夫人及邑人陈跃鱼来灵岩山。饭后品茗，因请益。甘夫人固治净宗，甘典夔问："佛与道同邪异邪？"

袁焕仙说："非异非同。"

甘典夔说："愿闻其详。"

袁焕仙答："佛、道皆一心之显，故曰非异。然道不是佛，佛不是道，故曰非同。"

甘典夔问："佛不言神凝气府、五气朝元、三花聚顶，乃至炼精化气、炼气化神、炼神还虚等。今曰非异，无乃非欤？"

袁焕仙说："唯唯，否否，不然。"

于是袁焕仙转问甘夫人道："你念佛吗？"

甘夫人答："念。"

袁焕仙说："你得神凝气府、五气朝元、三花聚顶，乃至炼精化气、炼气化神、炼神还虚没有？"

甘夫人答："没有。"

语声未完，甘典夔说："佛法中正高深，余乘尚不及此，况净宗邪？先生这句话不是戏说就是幽默，请你明示。"

袁焕仙道："这句话既不是戏说也非幽默，为什么呢？若一定要认为彼不是，是舍，则多一法也，什么是佛法？若一定要认为彼是，是取，则少一法也，什么是佛法？须知我法了无是非，何有增减？况诸法无常，皆依假立，三藏十二分教，悉属黄叶止啼，概为应病权药，要在当人明自心、见自本性耳。苟明得自心，见得本性，解幻巫蛊，皆为胜法；若不尔者，三藏十二允为魔说。"

说完后，袁焕仙以手拈须，寂然饮茗。座上众人都盼望聆听袁焕仙的法示，然而先生只管品茗不答。

甘夫人站起来问道："为什么说五气朝元、三花聚顶、神凝气府及炼神还虚等，为治净宗者得有？"

袁焕仙答："金木水火土，五行安立，在身则心肝脾肺肾也。五气者，五行之气，即心肝脾肺肾之气也。当人手绾念珠，口持佛号，到一念不生时，脊梁自竖。脊梁既竖，心不外驰，则此心肝脾肺肾者各得其位，互不相损；既不互损，其气自舒。执此舒气以示人，曰朝元。元者，始也，又心也；心本无心，因此一始而心乃心。若然，心即朝，朝即心，心与朝不二，然又不一；而朝元之义，悉尽乎斯矣。"

袁焕仙接道："当人届此，身得胜乐，全体如满溢状，而脐下小腹丹田处较甚，曰神凝气府；头顶似有风状，内触妙乐，曰三花聚顶。三花者，精、气、神也。顶以当人身相言，曰头顶。就当人心相说，曰法身。盖谓一心不异，胜行自起，则顶踵一如，诠名曰聚顶也。又至也，谓聚此而至矣。"

袁焕仙续道："炼精化气者，一心不异，自然法我两忘；法我既亡，阴阳自配，天地配而生万物，夫妇配而生男女，自身阴阳配而生精；自然之运，法尔如是也。所谓炼者，讵有他哉？直是故耳！充此精而沛全身，令得妙乐，今抗外邪，令运奔伸屈。时然而当者，气也，既有精生，即有气行，亦自然之运，法尔如是。所谓炼者，讵有他哉？亦直是故耳。"

袁焕仙复道："然精与气皆有形有质，可意可度。而行此精与气者，觅之无物，着之无形，意且不得度，形又讵能居？谓果无邪？然则运行此精此气者，何物邪？谓果有邪？视之不可见，扪之不可得，听之不可闻，意之不可及。统如上说，无以名之，假名曰神。神也者，别乎用而言乜。既有此精此气，即有主持此精此气之神。神，用也，亦犹有物必有用，无用不成物也。所谓炼者，亦直是故耳，讵有他哉？"

见众人听得专注，袁焕仙又道："炼神还虚者，谓此精、此气、此神，本无一物，一时缘会假现，缘灭即亡，实无实法，何有还处？若有处还，宁曰虚邪？"

袁焕仙总结道："当人念持佛号，到无念而念、念而无念时，忽然认识自己，了彻本心，方知由来成佛，身住净土，亦已久也。曰西曰东，不亦远乎？届此，然后自捡，精也是他，气也是他，神也是他，所谓三花聚顶，五气朝元，风云雷雨，山河大地，人我是非，一切一切，已举未举，无不是他，而又丝毫迹相不留，半星朕兆不寓。然又不住在是他不是他里，即孟子所谓大丈夫也。然后才可以说大话、说小话、常说话、常不说话，如理而说，如实而说，非理而说，如妄而说；不然，且慢开口，何以故？阎王老子在汝背后，不许乱统。”

袁焕仙话音刚落，震惊在座诸位，大家皆以为稀世之言。陈跃鱼先生说：“没有想到佛法竟然如此高妙！”

袁焕仙说：“不！不！生来淡泊，一切现成，慎莫错认。”

华阳（今属四川省天府新区）人马白眉，曾拜谒傅真吾先生求解脱，多所开解，后来，傅先生赴渝，临走前对马白眉说：“我要到重庆去了，你可速往灌县灵岩寺参见袁焕仙先生，告知我的意见，他必能了却你的大事，不要小瞧此事。”

“灵岩打七”开始后，马白眉搁下税务局的事情来灵岩山参加“打七”，昼夜精勤。到第六天时，向袁焕仙请教。

袁焕仙说：“此事不在用力处，不在不用力处，又不在用力不用力，即用力处。”

马白眉心中一片迷惘，袁焕仙于是以合眼开眼开示他：“会吗？”

马白眉答：“不会！”

袁焕仙说：“开眼见明，合眼见暗，明暗自为代谢，能见明见暗者，有移易代谢否乎？”

马白眉答：“无。”

袁焕仙说：“这是千圣之心灯、四生之慧命，你之本原也。”

马白眉于是跪下请教袁焕仙：“此后当用何功？当何保任？当何行履？”

袁焕仙答：“好好做事，好好持戒，好好为人。”

## 十　二

民国三十二年（1943），袁焕仙闭关结束，离开灵岩山，来到四川省府成都，与傅真吾、但懋辛、萧敬轩、朱叔痴诸居士共建维摩精舍。因为袁焕仙与南师等人的努力，维摩精舍后来与欧阳竟无先生主持的支那内学院一道成为长江流域两大居士弘法集团，袁焕仙与南师于此居功甚伟。

关于灵岩寺对于南师之重要性，由其回忆可见一斑。南师说：“记得我在灵岩山下来后师友皆说我明白了此事。我自己也觉得对了。果然在此后，什么都容易懂了。这一点是根本智、无师智。凡是什么新旧学问，疑难杂症，不懂的，到了心中，只要一念回光，什么都众流归元，就都懂了。如石头投到大海中，连个波纹都不见，提起即用，放下便休。”为了潜心修道参禅，南师后来竟毅然辞去中央军校教官之职。数年岁月，袁焕仙和南师师生情谊甚笃，有如父子。由此可见，南师有后来举世皆知的大成就，际遇灵岩寺和袁焕仙应该是其人生之重要转折点。

袁焕仙在灵岩寺时，只有南师一人追随身边。后来，追随袁焕仙的弟子越来越多，许多人年龄比南师大十几岁、二十几岁，但都称南师为大师兄。南师因此成为维摩精舍开山首座弟子，也是成就最高、影响最广的弟子。

民国三十二年（1943）五月，南师入峨眉山大坪寺闭关修持。随后，憩夏青城。再后即远游康藏，穷探密宗之奥。

1947年，南师返回浙江乐清故里，旋即归隐于杭州天竺寺。

1948年，南师首度赴台考察，时间达三个月左右。

1949年春，南师只身赴台。

一个甲子过去了，蜀山仍然挺立在南先生的记忆之脉上，蜀水仍然流淌在南先生的生命之河中，蜀地的师友故交和风土人情仍然鲜活在南先生90多年的生命锦缎上。正是：

蜀山苍苍，岷水泱泱，先生之情，山高水长！

听了南师的蜀中传奇经历，袁明教授感慨万千。

# 第五章　师为教育试耕田

## 一

2012 年 6 月 29 日，是召开吴江太湖国际实验学校家长会的日子，学校上下都在为家长会做着准备。

早晨 8 时，与袁明教授和新加坡戏剧家唐嘉猷先生等共进早餐。在餐桌上，我与袁明教授谈到了北大的一些人，如汤一介、谢冕、臧棣、季羡林、林庚等人，也谈到了四川双流刘门及刘门涌现出的大学者刘咸炘和他的《推十书》，谈到北大在西南联大期间的一些人与事，谈到四川作家马识途，等等。

唐嘉猷研究戏剧，在新加坡卓有影响，因为孩子在太湖大学堂读书，所以他常来这里，既为见见孩子，更为聆听南师教诲。我在饭桌上与旅居美国的唐先生谈到了戏剧家高行健、魏明伦，导演蔡明亮，等等。

总之，话题很广，随意漫谈。

袁明教授和唐嘉猷几乎异口同声地说："国平，你的知识面实在太广了，简直就是一个活 Google[1]，以后我们就叫你

1.Google，谷歌，搜索引擎。

‘Google 王’好了。”后来，我又跟李淑君等谈到了庙港的虞山面馆、各种小吃等一些事物，淑君姐说：“哇，看来你不仅用脑袋 Google，还要用脚步 Google，真是太厉害了。”

李淑君是台湾最早追随南师的学生之一，大学时代即开始听南师讲课，其风趣幽默尽得南师真传。

## 二

当天下午，我参加了吴江太湖国际实验学校家长会。近百位家长齐聚一堂，在七号楼的大厅里静等会议开始。

许多家长都见证了这块教育试验田的耕作过程。

正如一位访客所说，这是一位 95 岁的老人在太湖边上推动的实验。

多年来，南师一直在发出警告：近代教育出了问题。

“世界出了问题，因为百年教育出了问题。”早在很多年前，南师就清醒地认识到了这个问题并四处奔走呼吁。南师说现在的孩子都是“贵族”，吃饭不懂拿碗，因为在家里都是大人在喂。这样的教育不出问题才怪，这样教育出来的人管理世界不出问题才怪。南师对中国教育进行过总结，他认为：一百年中教育有五次改革，不过是“扒层皮”“洗个澡”，基本都是错误的，他用一句“凡事我但尽心，成功不必在我”表达对教育改革的决心。

南师决定，将这里作为教育试验田，希望能为中国教育的健康发展找到一条路子。

建成后的吴江太湖国际实验学校位于太湖大学堂之内，是一所寄宿小学，校区绿草如茵、环境幽雅，所有的校舍都采用最环保的建材，自然通风的设计，让小朋友在天然、舒适的环境中成长与学习。“体验式教育”为学校的主要教学法，以欧美的“户外、环境教育”理念为基础，融合了现代美国“系统思维”教学法，主张“开放式教育”。同时，结合南师人文融汇的教育理念和方法。学校的老师们相信，这套教育方案对现代城市中成长之独生子女的成长有极大的助益。

2007年，吴江太湖国际实验学校正式开始招生。

南师创办这个小小的吴江太湖国际实验学校，定位为“国际实验学校”。“国际”就是吸收国际教育经验，兼涉外文等国际文化；“实验”什么？实验反对百年来的错误教学方法，实验自己的方法。别人的孩子在抄课文，我们的孩子在读小说。当初家长担心孩子跟不上，现在好了，都考上了。不但考上了，还学会了生活。生活的本质是什么？一句话：学会做人。

孩子是家长的镜子。焦虑的家长造就了同样焦虑的孩子。世界不快乐，注定在这个世界中孩子们也不会快乐。南师曾说，家长们最大的毛病就是“将自己未达成的愿望，转嫁到子女身上，这个转嫁忽略了子女的能力、兴趣与性向”。

不快乐的学习注定是病态的。快乐还需要训练吗？南师认为：在不快乐的社会，快乐的确需要训练。

因此，南师希望，将吴江太湖国际实验学校打造成让孩子快乐成长的“试验田”。

许多家长询问：这能适应信息爆炸的时代吗？或：孩子都不知道社会上有多少坏人，在完全的温室里成长，将来怎么办？

学校领导的看法是：中国普通孩子一方面被万般呵护，恨不得饭都得喂；另一方面层层加码学习，沦为“应试奴”。而吴江太湖国际实验学校则主张孩子学习靠自觉，并鼓励孩子掌握做饭、习武和野营技巧，为自己的安全和生存打下坚实基础。

学校更重视培养孩子的责任感。责任感是另一项学习的要素。在吴江太湖国际实验学校的班上，除班长、课代表外，还有秩序长、桌长、柜长、日期长和自省长，几乎每位同学都有“官职”，目的就在于培养学生的责任感与自信心。

南师要求，孩子们除了责任感，还必须有爱心。在 2012 年 6 月 21 日的毕业典礼分手时，大的学生搂着小的学生，哭成一片。大学堂实行“大带小”，哥哥带弟弟，姐姐带妹妹，同吃同寝。让独生子女找到亲情。曾有一个“问题小孩”，来时肌肉僵硬，心理僵硬，严重自闭。在同学们的帮助下，很快恢复正常了。甚至有孩子的母亲说，“学校帮我捡回了一个孩子”。

## 三

其实，吴江太湖国际实验学校并非一开始就知道教育改革的路到底该怎么走。大家是在南师的指导下，群策群力，集思广益，一边探索试验，一边总结经验，路就是这样走出来的。

孩子不是靠“管”出来的，是靠“影响”出来的，言传身教。这是大学堂的教学理念，也是实验学校的理念，学校因此对教师提出了更高的要求。为了给孩子讲一个道理，经常要挨一个时间点，切入进去教化他。

让孩子在无压力的状况下受到教育，说起来简单，做起来很难。

小小一个实验学校，汇聚了国际的、中国台湾的和大陆的各方师生，语言交叉，如何统一价值观成了难题。郭校长说，选取学生主要看家长的价值观。太世故的一概不收。曾有上海来的一位优等生，被当地报纸评为“十大小记者”之一，最终被大学堂劝退，因为她成功心切又怀疑一切，并将这种情绪波及其他孩子。

这里的学生还不许用手机、电脑，不看电视，但学校鼓励他们自己查字典、词典。比如查“虎皮鹦鹉”，电脑是点对点一下子查到了，而查词典要经过什么科什么目，对同类鸟群也能有所了解。

学校的教学讲究文武合一、古今合一、中外合一。在书架上我还看到了英文版《圣经》读本。课时虽满，但学生不累，每天中午静定，下午都有体育课，周五全天学习做饭和参加户外活动。

假如你问这里的学生，今天是什么日子，他不但能回答几月几号，还会说出今天是端午或者中秋，应该吃什么、注意什么等传统养生知识。

夜晚的学校静谧安详。仰望北斗七星，聆听鸟叫蛙鸣，远离互联网世界的孩子在饱读东西方经典。

## 四

既然要把这所学校做成试验田，南师就决定对课程进行改革。在全校师生的共同推动下，课改取得良好效果。

课程主要包括文、武两部分。

基础学科课程——数学、语文、英语：其中数学、语文采用江苏版本的教材，进度跟普通学校一样，不进行考试，但会做测试题，测验学生的知识掌握情况，不能达到合格的，会进行补测；英语使用台湾薇阁小学自己研发出版的教材，教法跟普通学校的英语教学类似，要求记单词、背句子等，孩子的口语普遍不佳，有个别好的，是因为来太湖前英语就比较有优势。至于教师，数学、语文老师基本是大陆的老师和师范毕业生；英语老师基本是台湾地区和国外的老师，口语交流都非常好！

经典课程，开设有《千字文》《幼学琼林》《古文观止》。这是按年级次第进行的课程，一、二年级学习《千字文》，

三、四年级学习《幼学琼林》，五、六年级学习《古文观止》。主要理念是：首先，学习文言文，从认古字开始，《千字文》1000个汉字，掌握其读、写及本义，打下以后学习古文的基础；其次，学习号称“小百科全书”的《幼学琼林》，对天文、地理、人事等有整体了解；最后，学习《古文观止》，学习古文中最具欣赏价值的文章。孩子如此次第学习结束后，就为以后深入学习文言文打下了坚实基础。

读经课程，每天共计40分钟的读经时间，分别在下午餐点以后和晚餐以后，各20分钟，读经的内容为儒家和道家及一些世代流传、脍炙人口的经典，形式上则有韵律，或者使用竹板打节奏。

中医课程，一是学习《中医基础理论》。中医基础课的部分以生活基础知识和中药教学为主，让学生更多地了解身体各个脏器的功能和与其相关的疾病常识，学习与生活相关的各种保健知识、解决生活健康问题的方法。中药教学以学校现有的大自然药材、最常用的药材和经常食用的食物为主，了解其别名和来历、性味、归经及功效应用，对个别药材进行炮制和品尝。二是围绕二十四节气进行，主要教授学生节气的来历、特点，以及该节气应注意哪些生活问题、如何选择相应的食物等。三是中医经典的简单学习，让学生在实践中了解经典句子的含义。

科学课程，注重孩子的动手实践能力，以及孩子分析问题、解决问题和互相合作的能力。

珠算课程，每周每班有两次的珠算课程，教学生如何用算盘进行加减乘除的计算。

美术课程，美术课程有比较自由的创作空间。另外，每两周有一次陶艺课，孩子可以自己创作。

音乐课程，主要是教唱一些儿童歌曲，然后再讲一些乐理知识，欣赏一些好的音乐作品。

书法课程，由台湾的一位老师讲授。

以上是文的部分。而在武的方面，学校开设有武艺课程，每天早餐前有一个小时的武术课；下午最后一节课也是一个小时的武术课。

体育课程，其他学校有的体育课程这里基本也有开设。篮球、足球、羽毛球、乒乓球等设施一应俱全。

除了室内教学，吴江太湖国际实验学校的特色就是户外教学。主要开设了两门课：

露营课程，每个学期3天的外出露营时间，到大自然当中去感受、学习、生活，并学习如何搭帐篷、在野外准备食物、团队合作，这是孩子们非常乐于参与和享受的课程。

户外体验课程，学校固定每周五全天的户外课程，内容包括团队训练、野炊、自然生态或综合体验课程。这一天是孩子们最开心的一天，整天的户外课程让孩子们充分地展现体能，尽情地享受在大自然中的乐趣。午餐的野炊，孩子们也乐于参与，烤肉和自制比萨等，食物是否美味并不重要，重要的是大家参与的热情和兴趣。另外逢双周周末，孩子比较少的时候，会带孩子到森林中进行野外生存的学习，让他们在野外自己捡柴火、搭灶台、做简单的饭菜，孩子们也非常喜欢这样的活动。

上述课程基本包括了吴江太湖国际实验学校所有的课程，有时也会有日语课或者戏剧课程。南师希望：第一，多元化的课程搭配，让孩子多方面接触，建立自己的兴趣点；第二，学生每天的作息时间安排非常紧，每种课程本身有很大自由度，但整个作息时间，从早上起床到晚上睡觉都是安排得满满的。

而孩子们的生活则相当简朴。

在住宿上，学生及老师全是使用实木的床铺，每个房间最多 6 个学生，供热采用先进的地热系统，房间卫生学生自己会打扫，也有专职阿姨进行彻底清扫和消毒。晚 9 点熄灯以后休息。

在饮食上，采取荤素搭配，每顿四菜一汤，有时也会吃西餐，学校院子种有很多蔬菜，自然健康。

学校的课程还有一个特色，就是每个学期都会穿插很多的活动。其中比较大型的有元宵节、端午节、儿童节、中秋节、教师节、万圣节、感恩节、圣诞节、元旦节等中西节日的活动，另外还有运动会、武艺大赛、诵读大赛、军训、消防演习等。这些活动贯穿每个学期，孩子和老师每到节日都会盛装打扮，制作相应的节日食物，营造节日的氛围，一起分享节日的快乐。

## 五

6 年来，正是南师和全体师生的努力，才有了吴江太湖国际实验学校今天如日中天的声誉，前不久毕业的首个毕业班，正是这块教育试验田里长出来的第一批禾苗，三分之一的学生考入国际学校，三分之二的学生回归了传统中学。

因为我来的时候稍晚，刚好错过了毕业典礼，南师说："你虽然晚来了几天，但是没有关系，我们拍有视频，你可以抽空看看。"南师在毕业典礼上的讲话振聋发聩，对我启发很大。这是南师生前最后一次演讲，对学校实验教育作了一个很好的总结。我觉得，他的这些话堪称对教育和孩子们的金玉良言。他说：

"今天晚上诸位同学六年级毕业了，我就跟你们讲一些感想的话，临别赠言。

"你们难得有这样一个机会，到这里读这样一个学校，叫太湖大学堂附属的吴江太湖国际实验小学。诸位小朋友们，要毕业的同学们，要注意喔，这个学校叫国际实验小学。这个'国际性'是一句时髦的话。跟外国有关联的，就牵扯到'国际'上。在'国际'的下面还有两个字叫'实验'。

"因为我的年龄，我今年已经 95（岁）了……大胆地办了这个学校。实验什么呢？实验我们自己的理想。也可以说以我个人老头子的经验，我同你们一样，五六岁开始读书的，到现在八九十年，把自己做文化的读书的方法，研究学问读书的方法告诉大家。

“出来要长大成才。我 19 岁就出来做事了，21 岁带兵参与抵御侵略，一边很年轻，一边在学习。

“那么知道这个国家人才的培养。为了国家的需要，文化的教育要文的武的合一，要新的旧的合一。

“一个国家的变乱，真正基本的错误，是文化教育（出问题）。什么政治啊，经济啊，其他……还是后面的事。

“因此，办这个学校，想把文武合一，（把）古今文化集中在一起。

“你们长大了也许超过我们，记住今天我们怎么样去实验。

“因此这一个学校办起来，你们六年级的同学，开始来的身份，以古文来讲就是‘带艺投师’。什么是带艺投师？你们到这里以前别的学校都读过的，不管你是读私立还是公立的小学，都读过的，已经学过了，所以带艺。来读书，到这里，受我们的教育，实验的教育。你们这几年，还记得这里教了你们什么？你们家里的家长们担心受了这个教育，没有跟到外面学校，这样读书，每天写功课的办法，是不是到外面学校会考得上？怎么办？

“到今天为止，据我所知，你们的大部分学生都考上了很好的学校。你们这几年在这里，基本上学了些什么？没有什么，这里蛮轻松的，也蛮紧张的，也蛮轻松的。是不是这样啊？

“但是有一点，你们学的重点就是生活的教育，其他都是空谈！什么是生活教育啊？你们都是‘贵族子弟’，现在家里都生一个嘛，都很娇贵。你们现在在这个实验学校里头，大的照顾小的，爱同学，爱团体。不是管理，是影响，教育是影响不是靠管理。

“你们现在毕业了，把这几年教育的所有经验带出去，带到初中、高中、大学、社会——成功了。你们不要以为拿什么大学的文凭、有个博士学位……这个不算成功。你要晓得，教育的目的是（教你们）成功做一个人。你们把这几年的基本生活教育这个精神带到社会上，我可以断定你们将来是顶天立地的，与众不同。千万要记得我今天的话。记住做人的根本——生活教育。

“你们要知道人生。什么叫人生？生存。生存，具体地讲就是生活，就是衣、食、住、行，怎么样穿衣服，怎么样吃饭，怎么样睡觉，怎么样小便，怎么样大便，这些生活都是教育，处处要规矩、礼貌。把生活处理好了，就是你们这几年所学这一套，这是基本，你的人生基础就稳定。拿这个影响父母，乃至出去读别的学校，照样影响别的同学、朋友，到社会上造就社会他人，你就成功了。不是一张文凭、一个学位那么简单，这一点我希望大家千万要记住。

“同学们，生活的本质，一句话：做人。你们这样出去做人，一定会影响社会。”

## 六

虽然错过了毕业典礼，幸好我没有错过此次家长会。

家长会由崔德众兄主持，首先是袁明教授做一个关于东西方文化的学术报告，相当精彩。当袁教授讲到一半的时候，南师悄悄地来到了会场，并在最后一排就座，像一个谦逊的学生一样，安静地听完袁教授的讲演。随后，南师与家长们见了面，作了交流，在家长们景仰的目光中，南师离开了会场，心却留在这块教育的“试验田”里。

袁明讲演结束后，坐在我旁边小声地说：“如果早知道南老师在现场的话，我是无论如何不敢继续讲下去的。”

接下来，一到五年级的小学生相继表演了节目。低年级的小朋友主要表演的是传统经典吟诵，稚嫩的童声打动了在座的所有人。高年级的学生带来的节目是书法展示、武术表演、手工制作等，每个节目都相当精彩，会场不时传来家长和老师们的掌声。在家长会结束前，我将自己的诗集《琴歌》送给了袁明，请她批评。晚饭时，大家都对下午的家长会给予高度评价。南师说：“今天袁老师讲得很精彩啊！”

然后，又望了望桌子上的人，说：“‘神九’已于今天10点安全返回啦。”

# 第六章　声情并茂唱川剧

## 一

2012年7月3日。

午饭时，遇见了前来看望南师的史济洋、史济锽姐弟，两位都是近80岁的老人了，他们的父亲正是国民党名将史久光。

南师曾对我们说："民国时期有两个真正称得上军事家的人，一个是蒋百里，另一位就是史久光。了不得啊！"

早在1970年，史济洋就开始听南师讲课。

42年后，我和史济洋坐在餐厅一角，听她讲南师的故事。

史济洋深情地回忆道："那时候家父已过世，南老师说蒋百里的传记已经出来，你父亲的还没出，你们应该做出来。当时，父亲的遗稿七零八落，有的被火烧了，有的淹水了……好不容易找到一些，弟弟跟弟媳妇就一张一张地裱起来。裱好以后我弟弟就拿来找我，他说：'四姐，我拿去找了10家印刷厂，人家不帮我们印，你可不可以问问南老师有没有办法？'"

史济洋记得，南师当时正准备请他们姐弟俩到一个西餐馆吃饭，她就对弟弟说："你把书稿捆起来，我们去见南老师。”南师就抽了一天，从早到晚把所有的遗稿都看完了，看完他就跟史济洋讲了一句话：“你父亲的东西非常有价值，很值得编排出来。”

史济洋说：“老师，那怎么编呢？”

南师说：“我给你想办法。”

然后南师就请孙毓芹先生逐字逐字地细读。这样读完一遍后，就重新编排。

史济洋陷入了沉思，良久之后才接着说：“我们那个时候有个东西精华协会，南老师是会长，南老师挑选了一些文学修养非常好的工作人员帮忙校对，因为父亲的东西是用文言写的，而且字很潦草，所以还请了一个草书的专家指导我们，草书的诗词歌赋我来抄。孙公[1]为人真好，也是南老师非常好的学生，琴棋书画样样都会，他就指导我这个草字是什么什么，我每天晚上抄，抄好了以后拿去排版。这样搞了3年，刚好赶上我父亲（过世）10周年，把书印出来，书名是《史久光先生遗著》。书印出来以后，老师当时还找了许多人，‘国防部’有很多人是我父亲在陆军大学将官班的学生，他们那个时候已经在‘国防部’工作，有的在编译书籍，老师把这些学生找来，还有一个也是常常听老师课的，也是父亲的学生，叫安矜群，他那个时候是台湾辅仁大学的教官，老师是辅仁大学教授，但是他这个教官喜欢南老师讲的东西，南老师一要讲课，他就跟学生来听，南老师就和他熟了。找

1. 孙公，指孙毓芹。

的人还有刘仲平，也是跟他同期的同学。后来还有曾任台湾‘国防部长’的郝柏村。”

史济洋递给我两大本书，书名是《廿世纪军事理论》，我一边翻书，一边听她继续讲：“你看到的是第二版，老师写的（初版）书名是《史久光的军事哲学》，第二版是前两年我从美国回来，老师问我：‘你父亲的书现在还有没有？’我说：‘没有了，送完了。’他说：‘不行不行，要再版。’老师就鼓励再版，全部重新再编译过。这个时候就请老古（文化事业公司），老古的人一看就说：‘这个书这么深，我们没有印过这么深的书。’后来我就打电话告诉南老师，南老师就讲，这个书非常有价值，你们想办法印出来。现在终于印出来了。”

## 二

晚饭时，大家天南地北地闲话。

无意中大家说到了一个话题：英雄！

南师说：“我为什么不想当英雄呢？那是因为我看了川剧之后就不想当了，我才明白了什么叫英雄！”南师突然兴起，与我们谈到了川剧，并兴致勃勃地当了一回票友，为我们即兴演唱了几段 70 年前他在川居留时听过的川剧段子，南师一口“川腔”把我们的思绪带回到了锣鼓声声的川剧舞台上。

20 世纪 40 年代，是川剧发展的一个黄金时代，成都当时有“三庆会”“进化社”“永乐班”“泰洪班”等名剧团，涌现出了阳友鹤、康芷林、萧楷成、周慕莲、浣花仙、静环、张惠霞、许倩云等著名川剧艺术家，真正是名班云集，名角荟萃。南师在四川10年的日子里，有时会去成都的几个剧场听川戏。

南师说，川剧语言之幽默，充分体现了四川人的诙谐风趣与他们的人生哲学观。他说有一回去看戏，演的是两个山大王。

第一个山大王一登场，在锣鼓喧天后的开场白中，先不说自己劫富济贫的英勇事迹，而是直接幽默起来了。“他是怎么幽默的呢？”于是，南师模仿山大王声情并茂地唱道：

独坐深山闷悠悠，
两眼盯到帽儿头。
若要孤家愁眉展，
除非是——

南师又跟着帮腔：“除非是——豆花拌酱油。”“你看四川人好幽默。怎么才能让我愁眉展？只需要有一碗豆花拌酱油就行了。”他怕同座的人不懂四川话“帽儿头”是什么意思，就解释说帽儿头就是大碗的白米饭，堆得冒尖的那种，像给碗戴了顶帽子，而且要冒到鼻尖下的那种才好。

南师又说，然后，在一阵锣鼓喧天中，戏台上出来第二位山大王，威风得很啊，吹胡子瞪眼，也来了一段唱。说着，南师微闭双眼，字正腔圆地唱道：

小子的力量大如天，
纸糊的灯笼打得穿。
开箱的豆腐打得烂，
打不烂的——

“打不烂的是什么呢？你们可能猜不到。”南师说道，然后唰地一下站起来，双手握拳作打状，右手握拳高过头顶，左手握拳护在胸前，双目精光四射，直视前方，异常陶醉地接道：“打不烂的——除非是豆腐干。呵呵呵，把我笑安逸了，我恍然大悟到四川人的幽默哲学观，古往今来的英雄豪杰，称帝称王，他原始的人生意义，第一是为了吃饭，所以伟大的本领和成就，不过是‘纸糊的灯笼打得穿’而已。”一个自诩盖世无双的绿林好汉，什么都能打烂，居然打不烂一块豆腐干，这个牛吹得太大了吧！听者都哈哈大笑起来。

## 三

南师还回忆起了他在灵岩寺中听川剧的往事。

那是民国三十一年（1942）秋天，南师和恩师袁焕仙在山上参禅。袁焕仙不仅是一代佛门宗匠，而且热爱文学和戏剧，虽然参与军政多年，然而才情不凡，他以《水浒传》中“鲁智深醉打山门”的故事为蓝本，写了个川剧剧本《醉后之光》，豪气干云，文采斐然。

南师说，当时灌县有个老先生名叫师竹君，是当地耆宿，民国四年（1915），曾和申介屏、官玉章、贾克卿、袁焕仙等一起参加反对袁世凯的“护国战争”。回灌县后当了县城里袍哥的舵把子，在南街开设了灌县最早的一个公堂[1]“石公堂”，远近闻名，甚至名播成都府，师竹君时常在锣鼓喧天中唱川戏唱得不亦乐乎，也常去灵岩山与袁焕仙、南师相会。

某日，袁焕仙在灵岩寺中摆设素宴，师竹君在川剧的锣鼓声中，把酒临风，慷慨悲歌，击节演唱《醉后之光》：“开大步，迈出了天王宝殿，三门外，铺遍了锦绣江山。碧澄澄，江天高，晴空如练，风洒洒，过桥西，夹道楩楠。近溪头，水清浅，游鱼出现，池塘内，浮睡鸭，交颈而眠。望广陌田畴片片，耸高林红叶翩翩，木落惊秋鹰眼乱，猿猴戏树打秋千。行上了山垭越岩畔，衰草如茵，石若盘，就盘石放下了身心一片……”师竹君虽已73岁，然而其唱腔潇洒清逸，音绕屋梁，抑扬开合，各尽其韵。据南师回忆，当时他和杨光岱、释通宽等听得“如醉如醒，如天鼋鸣风，如银河泻影，如游钧天，如闻韶，如一切总如而总不如”。

忆及70年前的旧事，南师忍不住击桌而唱：

佛座拈花余贝叶，樽前含笑看人头（哇）。琴剑埋光易，英雄寂寞难，西风黄叶交乱，等闲吹过了十二栏杆……

1. 公堂，指川剧堂子。

此刻，虽然没有锣鼓伴奏，虽然没有唱者帮腔，但是南师已经陶醉在袁老师《醉后之光》的川剧韵律里，他轻闭双眼，面带微笑，口里一遍又一遍地反复唱道：“琴剑埋光易，英雄寂寞难啊，琴剑埋光易，英雄寂寞难啊。”众人也沉醉在南师苍凉慷慨的川剧唱腔里，默不作声，生怕打断了他长长的思绪……

“琴剑埋光易，英雄寂寞难！”这成了南师对恩师袁焕仙先生所作川剧《醉后之光》最刻骨铭心的名句。

# 第七章　又向荒唐演大荒

## 一

2012 年 7 月 4 日，星期三，晴。

前几天，南师跟我说，等马宏达回来，我们就开始口述。我正在纳闷，宏达兄已经回来四天了，怎么还没有动静呢？

晚饭后，我正在房间里练习膝盖蹲，就接到牟炼姐的电话，南师希望今天晚上开始做他的口述。我一听，别提多高兴了，我来太湖大学堂的主要工作要开始进行了。我连忙换好衣服，收拾好录音笔、笔记本等一应物件，直奔行政楼而去。

南师已到茶室。同在的还有宏忍法师、马宏达、牟炼等人。

南师对牟炼说："我现在有四支笔，一支笔是马宏达，一支笔是你，你的唯识论书稿，那么现在《唯识法》这一段就听完了，开始最重要，讲到第八的时候，特别重要。一支笔是刘老师[1]，一支笔就是王国平。"

南师又很严厉地说："一些人跟到学佛听课，都是空事，都是假的。而且听了永远都没有致用，所以，那天晚上我跟

1. 刘老师，指刘雨虹老师，南师的长随学生，为其整理书稿 40 余年。

他们讲，很讨厌，很后悔，看到就烦，几十年来，他们一无成就。”

停了片刻，南师点了一支烟，深深地吸了一口后，对我说：“王国平，我们的龙门阵开始了啊，你有精神吗？”

我恭敬地答道：“有。”

南师说：“宏忍师[1]你要盯着王国平打坐、学佛、锻炼身体。国平啊，你也要盯着宏忍师，她事情多，有时候会乱。你要把身体调整好，两三个月回去一趟，看有没有老太太啊，好的家常菜的厨师带一个两个来，以后再说好了。”

南师话锋一转：“龙门阵开始啦！”然后娓娓道来：

世界上的人类，有一个特性：所有的人都喜欢听故事，任何一个人，任何一种（有）文化的生命，都喜欢听故事，从母亲肚子里生下来，到小孩，一边唱歌一边拍啊拍的，喜欢听故事。

人，从生到死，昼夜都喜欢听故事，没有故事自己就会编，骗自己的思想和感情。这是人性很奇怪的一面。不但爱听故事，而且爱听谎言。任何人都没有一句真话。

我这个话很严重吧？包括宗教家的教徒和圣人，一切圣人和普通人，都爱说谎言，为什么叫谎言？因为都是对研究历史文化没有用的，几千万亿年都没有用。

换句话说，（我们）所学回来的人生，从生到老，都是

---

1. “宏忍师”即“宏忍法师”。

欺骗自己，说谎言，编故事，活了一辈子。

第一段话，很有意思吧，这就是用四川话讲的龙门阵，要写作的话，你得老老实实运用你的文学天才。

因此，中国人有两句话，就是《增广昔时贤文》讲的“谁人背后无人说，哪个人前不说人”。每个人活了一辈子，一天到晚都在说别人的故事，都在说谎言。

岂止《昔时贤文》，有一本小说也指出了这个道理，大家没有看通，那就是《红楼梦》。好，有关《红楼梦》，胡适之先生他们研究考据是曹雪芹写的，是不是曹雪芹写的，我到现在都不同意，这个问题不是我们的范围，不讨论，顺便一句话带上。《红楼梦》里第八回有两句话：“女娲炼石已荒唐，又向荒唐演大荒。”你看，开始就说清楚了，但是大家都没有闹清楚。然后，胡适之发起研究《红楼梦》，最后（研究）《红楼梦》还变成了“红学”，哎呀！把我笑了一辈子。这个故事真的是曹雪芹写的？把人笑死了，《红楼梦》谁都没有弄懂。其实啊，就是我们刚才讲的“女娲炼石已荒唐，又向荒唐演大荒”。

《红楼梦》这本书我们这里有，你要查的话就叫他们给你拿，我们是要有根据的。

这是第二段龙门阵。

第三段龙门阵是我新交了一个朋友王国平，他要来给我写传记，我觉得很好啊，我也想写啊。但是自己没有精神写。怎么讲到传记呢？我从小对这个很熟，慢慢跟你讲啦。

传记在中国开始，第一部就是《史记》，司马迁写的。孔子著《春秋》，就是历史的大谎言的故事，打打杀杀，称王称帝，上流的社会引导下流的社会的一个大谎言、大戏剧性的世界。孔子著《春秋》就是写史实大谎言的一笔账，他有他的观点和看法，春秋笔法是对历史大谎言的一个批判。

司马迁写《史记》也是写历史，以个人为主体，与孔子的方法不同。他以帝王事迹为轴，以时间为中心，编上历史上人物的故事，所以司马迁的《史记》与孔子的春秋笔法不同，是人物列传。所以，传记这种文体是自司马迁开始的。司马迁以后有班固写《汉书》，后来又有《后汉书》《三国志》等，一路下来到清朝，写了二十四史。加上中华民国，可以写二十五史，但是写不出来，因为这 100 年太大太复杂了，因为白话推广，太细腻了。我这段话的重点是讲传记文学的开始。

然后到了宋元以后，喜欢写年谱，觉得每个古人、名人的一生，仅仅一篇传记或者墓志铭还不够，喜欢研究古人，开辟一种新的体裁叫年谱。明朝开始的年谱，我也看了，都是杂货店的烂账，没什么意思，是真是假都很难讲。真的就是一篇谎言嘛，谎言本来就没有假的。但是我最喜欢一个明代出家人的年谱，就是憨山大师的年谱。

然后，明朝以后，清朝开始，写年谱的慢慢多了。到了清末，20 世纪初，外国的传记进来了，后来郑成功的传记都出来了，真真假假，无从考证。正是“女娲炼石已荒唐，又向荒唐演大荒”。

小时候，我看的传记很多，跟我的经历有关，我小时候对传记很有兴趣。十二三岁以前，翻译的外国人传记，翻译得好不好不管，什么《钢铁大王卡耐基自传》《兴登堡自传》，（还有小说）《福尔摩斯探案记》《茶花女》等，很多，很有趣，我也很有兴趣阅读。我受这个兴趣影响很深。再到后来流行的《曾国藩日记》，尤其是国民党的蒋介石提倡，连共产党的毛泽东也崇拜《曾国藩日记》，哇，那个时候，（这是）我必读之书啊，也很佩服。我提出来，曾国藩是有意的，他晓得时人在注意自己，他是有意地借日记和家书讲这些家务事，他是一个理学家，是文人领兵，他是应付给清朝、给别人看的，他想通过日记和家书表示：我哪里是想当权做大事啊，哦，你看我是主张做人，回到田园……你看他的日记，怎么个差兵打仗，而且打败仗，屡打屡败，怎么都没有记录呢？

（我插话："现在我正在看一本传记，叫《曾国藩》。"）那是唐浩明写的，他给我通过信，这个我们不讨论他，我们就摆龙门阵嘛。这些传记对我影响都很深，后来我考据过，都真，都假！

我六七八岁开始，有个同宗的伯伯，父亲叫他哥哥，名叫南光依，我叫他"光依伯"，一辈子打光棍，没有结婚。他的职业是做布鞋的，可是在我们乡下，他会读书，会读古诗，会说评书，好的历史小说大部分会背，很奇怪，一辈子手里拿个旱烟袋，做个布鞋。那个时候是20世纪初期，随着国外的皮鞋进入中国，做布鞋也衰落了，没有出路，我父亲把他找来，在我们店里做总管理，类似于总经理。一个人，抽个烟。乡下的人知道他每天晚上会讲故事，什么《三国演义》《水浒传》《隋唐演义》《说岳全传》《薛仁贵征东》《薛丁山征西》，好听得不得了，所以我跟母亲父亲吵，一定要跟光俅伯睡觉，好听他讲故事。晚上我脱得光光的，和他一起住在家里的小阁楼上。哇，每天晚上都听，《三国》《水浒》《说岳》，这是影响我一生的小说教育，最深刻，也是历史的大谎言。

我们那里乡下人有一个风俗，爱听评书，而且找两个讲评书的人分成两派，进行说唱比赛，搭两个平台，用桌子堆起两层高，给个椅子让他们爬上去，泡茶、讲评书，《赤壁之战》啊，《草船借箭》啊，打个鼓，咚咚咚，开始背小说，看哪个背错了，不仅要讲出来，还要唱。北方人叫说评书，我们那里叫对口白。有一次很好玩，有个人专门来挑战光俅伯，先说《隋唐演义》，慢慢就扯到"你是姓南的"。咚咚咚三声鼓响，然后唱道："你们姓南的，百家姓上没有份啊？"意思是说，你们姓南的，百家姓上都没有你的份，你算个什么呢？下面的人都盯着光俅伯，心说看你如何回答，等对方问完了，咚咚咚又是三声鼓响，光俅伯就唱道："你错了，这个南字真正了不起，南朝刘氏现真真！"一下子就把人家盖住了，对方就答不出来了。一下来，我父亲就说："你不要乱讲，南朝是个历史朝代，是刘家的天下，是刘宋王朝的。"光俅伯说："我给他逼得没有话讲了。"这是个历史故事，所以，我一生都是从历史小说中的基础来的。到现在，我想这个龙门有好几千字了。

后来，我也想写自传，也想写我的经历。但是都是谎言，为什么呢？自己写自传，每个人的自传都是吹自己的，他不是有意吹，不以自己为中心，怎么能写得出自传呢？这是第一个理由。第二呢，所有自传和回忆录，都是以自己为中心，当然是写自己嘛，是好的，坏的也写了一些，但是人类有个习惯，你写真的，讲真话，人们不信你，你说谎话，人们却要相信你。那我写真话，难写；写谎话，不甘愿。再说我们几天经历过的事情，几年经历过的事情，这回忆录写出来的都是印象而已。（我插话："记忆也不可靠。"）对，不可靠，大不可靠，只是印象而已，自己再加上一些东西。所以呢，这个回忆录不想写。而且，根据历史的经验呢，真话不想说，说了没有人信，假话不肯说，干脆不写了。

我也想过，我的这本传记取名为《忏悔录》，不过呢，外国的卢梭和奥古斯丁已经写有《忏悔录》了，我们不好再用这个题目了。所以就用摆龙门阵、冲壳子的方式比较好，以后想到更好的名字再说。

口述结束后，南师又点了一支烟，说："现在呢，王国平好朋友，我给你出个好题目，不写这个，用四川话讲，我们两个就摆龙门阵、冲壳子，你一段一段记录，逗拢来再说。我每次讲完了，你把它整理出来，过两天交卷，一段一段，不讲次数的，情绪来了，就多讲点。现在讲的也有40分钟了吧？"

牟炼答："半个多小时了。"

南师说："这个是开场白，你看有意思吧？这样的方式，你同意吗？"

我答："很好，很好，有意思，非常出人意料。"

南师说："这样，你也轻松愉快。这也不是回忆录，也不是传记，等你写出来之后，我们再说。万一我讲到一半死掉了，这个就讲不成了。"

我心里咯噔了一下，这是第二次听到南师说"死"这个字，第一次是在才来太湖大学堂的时候，南师说："国平啊，我们这个（口述）工作要抓紧时间做，我可能就最近一两年了，很可能你的采访还没有完成，我就死啦。"

我连忙站起来，诚惶诚恐地说："不会的，绝不会的。"

南师说："好了。今晚上也讲有40多分钟了，每天晚上在餐厅里搞一些无聊的事，不晓得干什么，还不如在这里讲一讲。"

马宏达说："这个口述可以保留一个原貌，这也是一个版本。"

我说："对，它保留了当时的语境，不加任何修饰，很真实、很亲切。"

南师也道："对，就要原貌。就是你的那个笔调，很轻松。太严肃了，大家反而不想看。可以说是小说，可以说是瞎编的，所以，四川话的摆龙门阵和冲壳子，两个题目都可以用。冲壳子就是吹大牛，说谎话，编故事。那我以后给你讲，就从入川开始，十八九岁开始讲起，不足的地方，再补充补充。就这样了，想休息就休息，不想休息就坐一下，轻松自由，该吃的什么都有，这样好啊？"

南师休息了一会儿，又说："我忽然想出一个办法，你不会算命。中国人喜欢算命，人生下来就有年、月、日、时四时，天干地支，叫作四柱。柱头摆好，就算你的八字，不管男女，一开始就算你几岁行庚，换句话，这是大科学、大哲学。一个男女从娘胎里到出生之前，一半是先天，一半是后天，这是生命的科学。等到四柱八字算定了，几岁开始行庚，几岁一换。比如我就是 6 岁开始行庚，我回想起来，6 岁以前糊里糊涂，真不知道，记不得了，有些人 3 岁以前都记得，还有一些孩子更聪明，我碰到过，生来就记得了。我是 6 岁开始有知识，我后来反省了一下，我是 6 岁一个阶段，6 岁一个阶段，我的龙门阵从 6 岁开始摆起。”

我说：“南老师，我给您汇报一下，我对中国的教育制度非常关注。”

南师说：“那更好，我的《廿一世纪初的前言后语》上册是关于教育的，有一篇文章很重要，只写了一半，还没有写完，你一定要看。几千年的教育，国家没有出过几个钱，但是出了多少人才啊！方法错了、目标错了、内容错了，一切就都错了。我现在办太湖国际实验学校，就是在尝试另外一种教育模式。”

# 第八章 我为南师做川菜

## 一

不知不觉间，已来太湖大学堂 10 天了。

这 10 天来，天气倒也适应，作息时间也符合我的生物钟，唯独天天吃着以清淡见长的江浙菜，嘴里能淡出传说中的“那个”来。

我知道，我是开始想念麻辣爽口的川菜了。

我从小就喜欢辣味。小时候在村上，是远近闻名的“辣子虫”，亲戚们非常欢迎我到他们家去耍，因为我这个小客人最好招待，只需要饭桌子上有炒青辣椒，就算是至美之味了，我就会吃得“神喜人欢”的。后来读书，远走德阳，热爱辣椒之名动机校（四川省机械工业学校），被誉为“辣子王”。

1996 年，我怀揣着一颗“火辣辣”之心，来到都江堰，在一个工厂里开始了我的火热生活。开始不是以文字为人所知，而是以敢于挑战极辣食物而小有影响，在面馆吃面时，我会很低调地对老板说：“三倍辣椒，三倍花椒……”遇到抠门的老板，听到我的话，总会马上变成一张苦瓜脸。据坊间消息，亦有人称我为“辣欢天”。因此，以麻辣著称的“青椒鸡”“手掌鸡”“尤兔头”“绵阳敬米粉”“宏油坊”和几家火锅皆是我最爱光顾的饭店。

我并不大的胃虽然具有无限包容之心——任何风格的菜系都可接受。但自从离开都江堰前，与马及时、王克明、施廷俊诸位在“青椒鸡”一别之后，这些天来，吃着温柔的江浙菜，回味着青椒鸡的余香，对川菜的思念之情与日俱增。

## 二

我思念川菜，但我并不孤单。

因为我深知，我不是一个人在战斗、在思念。太湖大学堂里还有很多人在想念川菜，比如南师。

南师 1937 年 5 月即到了四川，1947 年离川，寓居四川达 10 年之久，舌头天天与辣椒和花椒打交道。60 多年来，南师无论身在何方，胃却朝着四川，无时无刻不在怀念川菜。

我来太湖大学堂之前，南师就请人发来短信，要我在灌县找两个做家常川菜的厨师，南师的要求很简单：“不要专业的厨子，就要家常菜做得很地道很巴适[1]的就行了。”

一次，在饭桌上，南师说：“国平啊，你尝一下，这个油炸花生怎么不像四川的那么好吃啊？”我尝了一颗，答道：“没放盐。”南老师说：“对，四川的这道菜是要放盐的。”

---

1. 巴适，四川方言，指很好、舒服、合适，亦指正宗、地道。

南师后来又多次说："你们不知道，四川菜那个好吃哦，这么多年了，我很想念川菜，红油鸡块、麻辣鸡丝，那个吃起才叫过瘾哦！"

还有一次，南师讲："四川人好客、会吃。那时，有很多老朋友住在四川乡下，我去看他们的时候，主人就从鸡圈里逮只鸡，到鱼塘里抓条鱼，到田边地角摘豆荚，拔青菜，在磨子上推豆花……一会儿工夫就弄出一桌非常可口的菜了，吃得真舒服哦！"

又一次，南师说："提到消夜，我就想起了成都的担担面。味道很好，麻辣味重，就是分量很少，一小碗。为什么会这样呢？分量少因为是晚上十一二点，很多人刚从剧院看完戏出来，吃点东西然后回家，分量少，才会意犹未尽。味道重则是因为深夜还有一些人从烟馆出来，麻辣味重，可以盖住鸦片烟的味道。"

后来，魏承思先生来太湖大学堂，跟我讲："老师在很多地方都要找川菜馆子。而且，老师的舌头非常敏感，尝一口，菜味高下立判。"

魏先生随后讲了一件事：南师在香港时，香港开有一家四川"官府菜"，名气大，价格也贵得吓人，吃饭的人趋之若鹜，排起队等。有一回，魏先生拿了一笔稿费约 8000 元，想到南师爱吃川菜，于是专门请厨师上门为南师做了一桌官府菜。南师兴高采烈地坐上桌子，把菜肴一一品尝后，说："这根本就不是地道的川菜。"结果魏先生一问厨师，原来他们也只是见过这些菜谱，根本没有认真地学过，他们以为这里的人不懂川菜，可以蒙混过关，结果没有想到遇到了舌头与川味打了 10 年交道的南师。

长随南师的刘雨虹老师今年 92 岁了，她的一生堪称传奇，南师不止一次对我说："国平啊，假如我没空做口述的时候，你可以先采访刘雨虹老师，她很了不起啊。"

听了南师介绍，我才知道刘老师原本是河南某县大户人家的小姐，从小向往革命，15 岁投奔延安，见过毛泽东，先入陕北公学，后进鲁艺，著名作家王实味曾是她的中学老师，在四川待了很长时间，先后读过 5 所大学。后奔赴台湾，曾任驻台美军司令部英文翻译。中国第一个女外交官袁晓园是她的姑姐，著名女作家琼瑶是她的外甥女，当代著名学者、中央文史馆馆长、北大国学研究院院长袁行霈是她的小叔子。

刘老师跟随南师 40 多年，默默无闻地为南师整理了很多著作，我看的南师的第一本书《金刚经说什么》就是她整理的。她以前也在四川待过不短时间，川菜自然没有少吃。

有一天晚饭餐桌上有道菜是梅菜蒸肉，刘老师说："看到梅菜蒸肉，我又想起了四川的咸烧白啊，最好吃的是垫碗底的咸菜，真香！还有夹沙肉（甜烧白）和龙眼肉。我们在成都的时候，还爱去吃吴抄手、赖汤圆、麻婆豆腐。"

接着，刘老师还兴致勃勃地讲起了龙眼肉、夹沙肉的做法。

## 三

因为大家都想吃川菜，于是就有人问我："国平，你会不会做川菜呢？"

我说："还可以吧，以前也经常做。"

听者都很高兴，说："老师那么想吃川菜，你就做一两个给老师尝尝吧！"

这些话听了两三次之后，我也有点心动了。

早些年，我父亲就是做厨子的一把好手，村上哪家婚丧嫁娶，都要请他帮忙。就是在非常穷的那些日子，几个普通得不能再普通的菜，也能在父亲的刀下和铲中变成美味。我记得，父亲曾经在我爷爷生日时，做过一道简单的土豆烧肉，至今想起来，依然觉得是人间美味，便忍不住要流出思念的口水。

后来，从贫困年代走过来的我，最大的梦想就是每周能吃一回回锅肉。因此无形中，我对美食的向往，也变成了我学习、热爱做菜的动力。在所有的家务事中，我唯一愿意做而且做得很好的就是做菜。这还要特别感谢我二舅舅开馆子的那段时间，他们当时请了一个从竹园坝来的年轻厨师，还在读书的我与他很谈得来，便经常与他交流厨艺，我还经常动手炒菜，客人居然还很满意。

我对周星驰演的《食神》非常推崇，百看不厌。我个人以为，做菜最大的诀窍是"用心"，只要一个人心中充满了爱和诚，他做出来的菜一定有味道。我做得比较有感觉的菜有回锅肉、土豆烧排骨、香菇炖鸡、土豆烧鸡翅膀、番茄炒蛋、素炒平菇、酸菜鱼、火爆鸡杂等。对我的手艺，批评者有之，但是称赞者更多。

我身边也不缺乏美食界的朋友，比如成都电视台的飞哥，著名美食家袁庭栋、李树人、苏树生、易冠群，著名诗人兼美食家流沙河、石光华、李亚伟、聂作平，电影表演艺术家兼美食家黄宗江，著名道教学者兼美食家王家祐，著名设计师兼美食家古亚东，著名策展人黄礼孩，著名作家兼美食家吴鸿、李中茂、洁尘、何小竹，新加坡著名作家兼美食家尤今，著名辞赋家兼美食家李镜，灵岩书院理事长曲立……我的抽屉里至今还保存着被誉为“饮食菩萨”的98岁高龄的车辐先生的书信几札。

我以为，是美食让我们的生活更美好。

因此，听到大家的建议，我想，我是不是应该出手了，为一群想念川菜的师友做几道力所能及的菜？

## 四

7月6日晚，听说我明晚就要动手做川菜，南师特别高兴，对着一桌江浙菜说：“好啊！你就做几个给我们尝尝！看看怎么样。”

我问道：“老师，回锅肉您是喜欢五花肉还是坐墩肉？坐墩肉不肥，但是五花肉更好吃。”

南师说："肥瘦不管，主要是吃味道！"

我一听，本来有点跃跃欲试的心情，一下子有点紧张了。

因为南师懂得川菜"一菜一格，百菜百味"的特色啊，好不好吃，其他人不一定吃得出来，但肯定逃不过南师的舌头。

当晚，为做好第二天的川菜，我在房间里用半个小时时间涂涂改改、反复斟酌，这期间还在网上征求了几位朋友的意见，最后理出了一个菜单，荤素共计 10 道菜，其中包括回锅肉、土豆烧排骨、麻辣豆腐干、火锅鱼、香菇炖鸡、素炒三鲜、麻婆豆腐、红油鸡块、水煮肉片、鱼香茄子，算了一下，够吃了。

为了做好这些菜，我又记起了我的同事肖玲美女"知之为知之，不知百度知"的教导，上网查了一下这些菜的菜谱，当场把我晕得半死。仅仅回锅肉，就有五六种做法，而且每种做法还大不一样。其他菜也大致如此。

我心一横，算了，还是按自己的做法来做，做了 10 多年家常菜，手中没有菜谱，心中还是有点谱的。

关电脑，灭灯，睡觉。

然而躺在床上却怎么也睡不着，满脑子想的都是这些菜。翻来覆去，我都快翻成咸鱼了，却丝毫没有睡意。

只好又起来，再次审订菜谱。一个朋友在网上说："南老师既然在都江堰待过，你可以考虑做一道都江堰的特色菜嘛，比如白果炖鸡。"一语惊醒梦中人——还没有进入梦乡，其建议当即被我采纳。大笔一挥，我最拿手的香菇炖鸡就被删掉了。

3 时许，实在太困了，我终于睡着了。

## 五

凌晨 6 时 40 分，我被闹钟吵醒，这是我和两位临时采购约定的起床时间，这么早出门是为了能买到菜单上所需之菜。我的眼睛完全睁不开，但是不行，还是强打起精神起床。

到了离太湖大学堂最近的菜市场，已是 7 时半。

这个菜市场不大，我在里面转了一圈，傻眼了。排骨没有了，我很拿手的土豆烧排骨只能取消。火锅鱼需要的草鱼没有，我退而求其次，寻找黔鱼，也没有，再降为花鲢，还是没有，最后只好买了一条胡子鲢回去，勉强用用，这可能是有史以来第一次有人用胡子鲢做火锅鱼，肯定会笑掉很多专业厨师的大牙。炒回锅肉最常用的蒜苗同样没有，这可是必需的啊！我不甘心，在小小的菜市场多转了两圈，无功而返，只好买了几个不辣的青椒将就用。豆腐只剩一小块，看来麻婆豆腐是做不成了，用在火锅鱼里面吧。白果也没有新鲜的，有的只是泡白果，这肯定不行，我只好又买了几个长青椒，准备回去做辣子鸡，整点爆辣的菜给大家开胃。

哎，看来昨晚 3 点确定的菜单又要改了。

午饭时，宏忍法师兴冲冲地过来，手里端着一个塑料饭盒，里面装着一些白果，她说："这是太湖大学堂的银杏树上结的白果。"我心头一喜，看来白果炖鸡这道都江堰菜保住了。

## 六

厨房通知我下午3点半开火。

午饭后，我本来想好好休息一下，以便以更好的状态为南师做川菜。但是没有办法，在床上翻来覆去睡不着。快两点时，我突然想到，白果炖鸡至少要炖3个小时，如果3点半开始的话，加上准备工作，起码4点才能开始炖，6点开饭，虽然鸡肉能炖软，但是肯定汤不会有多香，而这道菜，味道全在汤里了。

我翻身而起，来到厨房。师傅们当然还没有到，我只好请一个服务人员给厨师长打了一个电话，请他提前过来。

我心急如焚地在厨房里转来转去，虽然温度很高，但是浑然不觉。厨师长来后，递给我一件工作服、一顶厨师帽，我穿衣戴帽后，就投入了紧张的工作之中。

我做的第一道菜是需要慢火久炖的白果炖鸡。我先将鸡洗净，鸡腿分开——煮熟后用来做麻辣鸡丝。其余部位，剁块，焯水，然后将鸡油放入锅翻炒，油被炸出来后，去掉油渣，在锅内加水，放入鸡块，大火烧沸后，将其转入砂锅，加姜末、花椒和盐，小火慢炖。5时30分，放入已掏去芯芽的白果。6点起锅入桌。

炖鸡的同时，我将五花肉和鸡腿分别煮熟。最后一看五花肉，再次傻眼，怎么上面还有一截排骨？一打听，才知道原来江南的人几乎不吃回锅肉，而喜欢吃红烧肉，这些连着排骨的五花肉正是用来做红烧肉的最佳材料，起掉排骨之后，本来很瘦的五花肉就显得异常肥腻，但是没办法，生肉已经煮成了熟肉。

在郁闷的同时，我还不得不开始做其他菜的准备工作，比如给鱼码料，准备其他配菜，准备姜、葱、蒜等作料，很是忙碌了一阵子，看着差不多了，就回房休息了一会儿。

5点半，紧张的炒菜工作开始了。我先炒的是番茄炒蛋，将切成小粒的番茄和着鸡蛋粒一炒，起锅之前，撒了一些葱花，就变成了黄、红、绿三色的完美搭配，而味道咸甜兼得。

看着离吃饭时间还有20分钟，我就开始做火锅鱼。先把姜片、蒜片、葱白、野山椒等放进油锅爆炒，然后放入郫县豆瓣和四川泡菜，最后放入重庆火锅料同炒，加水，放鱼块，鱼熟后，起锅，放入竹笋、平菇、小白菜、豆腐等。起锅前，将煮好的鱼块再放入煮半分钟，起锅，看起来颜色红亮，闻起来味道麻辣。

6点开饭时，端上桌子的菜已有白果炖鸡、番茄炒蛋、火锅鱼、泡椒鸡杂四道。估计南师已经坐上桌子了，我就开始炒青椒回锅肉，等送菜的王爱华姐回来，我很期待地问："不知道大家觉得味道如何？"她说："还没吃，在等你呢。南老师说一定要等你一起吃饭。"我连忙请她转告大家，火锅鱼、泡椒鸡杂、回锅肉这些菜一定要趁热吃，不必等我。

然后，我就抓紧时间做水煮肉片，炸辣椒、花椒，炒豆芽，小白菜焯水，煮肉片……这期间，我抽空将师傅们已经撕好的鸡丝进行最后一道工序，加入红油、花椒油、蒜泥等各种调味品，拌了一道麻辣鸡丝。鸡丝拌好，水煮肉片也煮好了，然后，装碗，在肉片上放上炸好的辣椒、花椒，浇上滚烫的油，听到嗞的一声就大功告成了。

由于对厨房环境不熟悉，火力调节开关短时间难以熟练掌握，各种调味品所放位置不一，因此东奔西走、手忙脚乱的场景必然发生，但是总的来说，这次操刀主厨还算顺利。

走出厨房前，我在心里暗叫一声："糟了，忙了一下午，忘记给自己做的菜拍几张照片了。"

## 七

从厨房回到饭厅，众人已吃得满头大汗。

一见我，南师便说："国平啊，辛苦啦！快坐下来吃饭。"然后又对大家说："国平真是太能干了，不仅文章写得那么好，还会做这么好吃的菜。今天这顿饭真是吃得太过瘾啦，好吃得都说不出话来了。"

我连说："不敢！只要大家觉得合口就好。"

刘雨虹老师说："今天的菜很好，要我打分的话，麻辣鸡丝要排第一。"听了大家的鼓励，我心中很是舒服。

马宏达说："今天是7月7日，是卢沟桥事变75周年，我们吃了一桌川菜纪念。"

我说："正好，抗战期间，出人、出钱、出力最多的是四川，今天正好以此纪念。"

晚饭临近结束的时候，刘雨虹老师说："剩下的麻辣鸡丝和白果炖鸡我要了，我要端到房间里晚上饿了接着吃。”

南师说：“这个火锅鱼也不忙倒了，晚上我们消夜的时候，用这个汤煮面，味道会很好。”

晚上8点半，消夜端了上来，我一看，果然是用火锅鱼煮的面条，南师盛了一小碗，边吃边赞：“嗯，很过瘾，真是过瘾！”

大家都纷纷吃了，我连吃了3碗。

## 八

此时，我又想起了南师前不久讲的一个故事。

四川有一个人叫刘航琛，后来到了台湾，是个很了不起的人物，北大毕业的，当过抗战末期国民政府的经济部长。南师那时在成都，大家都喊刘航琛为“航老”。

刘航琛是个孝子，他到了台湾后住在四楼，妈妈八九十岁了，每天他都把妈妈背起，一级一级地下楼梯，到街上去转，晚上又背回来。刘航琛在台湾很穷，他过去虽做过经济部长，自己却没有钱。

有一天，他给一个朋友写个条子，借3000元钱。干什么啊？他想去吃四川馆子。借到钱，刘航琛就到四川馆子去了，四川馆子的老板一看：“哟，航老，您来啦！来干什么啊？”“吃饭。”“请客啊？”“没有，我一个人吃。”于是他就点了四菜一汤，也就是回锅肉、白菜之类。然后又让服务员给他买了一罐香烟，把烟罐打开，说：“我想成都啊。”

吃完了以后，站起来就走了。四川馆子的老板连忙说：“航老，您就走啦？”刘航琛说：“走啦！”老板说：“还没有找您钱哪。”航老说：“给你们的小费。”

南师说：“四川人就这么潇洒。”

7 月底，我回四川，终于找到了家常菜做得很好的余定万先生，和他一起来到太湖大学堂。

从此，南师终于可以每周一、三、五，吃到两道比较地道的家常川菜了。

后来有一次，我的朋友张勤涛先生听说南师想念川菜，特地托我为南师带了地道的辣椒、花椒及其他调味品，以备做川菜之用。

# 第九章　于细微处识南师

一

在太湖大学堂生活日久，特别是每晚大家一起吃饭交流，长随南师左右，对南师了解越多，认识更深，仰之弥高。

南师极其谦虚，从未以大师自居。

在来太湖大学堂之前，我知道很多人称南师为国学大师、佛学大师、易学大师等，但是我来之后，我发觉所有的人都称呼南师为“南老师”。不管是党政要员、学术领袖、各界名流，还是普通拜访者、太湖大学堂的工作人员、学校小学生，都恭敬地称他“南老师”。

我开始不理解，慢慢地我发现，只有这个称呼最适合南师。

我深切感受到南师不仅是大学者、大宗师，他更是一位言传身教、诲人不倦的老师。这是一位可以教你怎样吃饭、怎样走路、怎样说话、怎样问好、怎样读书、怎样做人的老师，细小到站坐卧，宏大到儒释道。

在他身边的每一天，我都学到很多非常宝贵的东西，这些东西我将一生受用不尽。

南师曾在一封信中谦虚地说：“大家都说向我求法，我也没有认为自己开悟得道了，也没有认为自己在弘扬佛法，也没有所谓的山门，也不收弟子，数十年都是如此。”

南师曾讲过：“你们叫我老师，是你们的立场，是你们尊师重道。我如果自认为是老师，那我就昏了头了。”

在南师身边学习的人，大家都是同学，互相交流、互相学习，连南师的儿子们也不例外地称父亲为“南老师”。

一次，南师的儿子南国熙兄来看南师，我同他谈起此事。

他说：“我们做儿女的，跟着南老师还没有他的学生时间长。我二哥曾经讲过一个理念，一般人是‘一日为师，终身为父’，我们是‘一日为父，终身为师’。我们的感受真的是如此。而且儿女有一个共识，认同老师绝对是修行的人，甚至可以说是一个出家人，比如说今天在太湖，他是一个挂单的人。自己儿女认同自己父亲是一个修行的人、一个出家人，我觉得是一个事实。可是，跟一般人很难讲，老师没有真正出家，我们把他定为出家。听到我称南老师为‘南老师’，你会觉得奇怪，假如我们称南老师为‘父亲’，会觉得有一点别扭，有一点肉麻，我们很不自在，不舒服，所以呢，我觉得我们称呼‘父亲’很不爽，我们跟学生是差不多一样的。因为我们做儿女的都认为，老师‘视天下人为儿女，视儿女为天下人’。和很多学生共同的观念是一样的。所以，我们一直没有叫他‘爸爸’，而叫‘南老师’。”

为了传播中国文化，南师与自己的子女聚少离多。因此，有一天南国熙来看南师，下楼告别的时候，他跟马宏达说：“老弟啊，下辈子你来做老师的儿子，我做老师的学生吧！”

南师有次对我说："国平啊，我这一辈子，没有一张文凭，没有一个好的学位，可以用八个字来形容和总结：'一无是处、一事无成。'你来写传记可能要失望哦。"

我连说："南老师太过谦了。"

## 二

南师虽然是一位 90 多岁的老人了，本来应该享受别人的关心和照顾，可是，他对我在太湖大学堂的起居生活非常关心。后来才知道，接触南师的每个人，都会受到他的细心照顾。

我刚到太湖大学堂，南师就对宏忍法师说："王国平才来，你要教他打坐、锻炼、调理身体，先有好的身体，才能工作。"

第四天下午 3 时，宏忍法师便按南师安排，通知我去医务室。一进医务室，只见桌子上已经放着火罐，宏忍法师和实验学校的一位老师一起为我拔火罐和刮痧，不时发出一两声惊叫，不断地说："你的湿气太重了，相当重！"两个人忙活了一个多小时，我倒没有什么，倒是把宏忍法师他们累得不行。宏忍法师告诉我，我的腰和心脏的部位痧特别严重，还需要认真调理。

刮痧完毕后，宏忍法师教我学习膝盖蹲。双手抱膝蹲下，屁股尽量后蹲但不着地，腰、背、头尽量在一条直线上，吸气时闭嘴，呼气时略张嘴，脑袋里尽量一片明澈。我试了试，不太难。

晚饭后，南师问："国平，宏忍师教你什么了？"

我答："膝盖蹲。"

南师说："好啊，你要坚持，这个乞丐蹲啊，是古时候叫花子们饭后休息的一种健身方式，他们都会放一根打狗棒在旁边，双手抱膝蹲着，这对肠胃很好，有利于消化，每顿饭后蹲 15 分钟，受用无穷啊，你快去蹲吧！贵在坚持。"

我找到一处墙角蹲下，心里暗笑自己：原来是我听错了，是乞丐蹲，而不是膝盖蹲。

后来，南师还让宏忍法师教我躺在长椅子上，让腿与身子呈 90 度角绷直，还有在可以调整的木板上站立……

后来，宏忍法师说："打坐相当重要，我来教你练习。"宏忍法师讲了要领后，我便照做，可是直到坐得浑身冒汗，双腿发麻，却怎么也做不到脑海里一片空明。宏忍法师说不急，慢慢来。

从此，我有空都会到禅堂打坐，早晨起床后也会打坐。

## 三

有一天，正在吃饭的南师对坐在餐厅邻桌一角看书的一位先生说："登大师，你教一下国平怎么站桩吧！"

南师口中的登大师是他的学生之一，国际著名建筑师登琨艳先生。说起登先生，在建筑界可是大名鼎鼎，甚至有人称登先生为世界级的创意产业大师。1997 年因在上海的城市更新过程中，独立推动改造市中心苏州河两岸的漕运仓储建筑，保护旧城风貌，而获上海政府的认可与支持，因此获颁联合国教科文组织亚太地区文化遗产保护奖，并多次前往欧美和日本演讲。其实在来大陆之前，他早已是台湾赫赫有名的前卫建筑师。1990 年，登琨艳结束欧洲流浪历程，前来上海隐居，落地生根，其间还在台湾报刊为文叙述上海的变化，并提出“新上海人”的说法。同时中国的创意产业与园区的概念也是他率先提出，并付诸行动的。他也因此被上海市政府选为上海改革开放以来对上海最有贡献的 30 个人之一。

在上海，登先生因为对城市发展的贡献，声名显赫，与陈逸飞、余秋雨被并称“海上三少”。

如今，这位昔日名动海内外的建筑大师隐居在庙港一隅，潜心在南师座下学习，镇日安坐禅堂。当我第一天来时，南师向我介绍他，并指示他写个名字和联络电话给我。个子不高、额前头发稀少的登先生遂来到我面前，递给我一张手写纸条，上面写着他的名字和手机号码，对我说：“抱歉，我已经退休，好久不用名片了，这是我的名字，请指教。”我一看名字：登琨艳。

除非离开太湖出去教人禅修，登琨艳每天傍晚都在太湖大学堂，听南师说话，静坐参禅。有几次，我甚至在前往庙港的路上，看见登琨艳坐在“突突突”的红色小三轮上，往太湖大学堂而去。没人会想到这个坐在小三轮里颠簸的人，居然曾经粉丝无数。但是俗世里的尘埃好像离他很远，每次当他背着小黑包、上下一袭白衣地出现在面前时，你会感觉到他是那么干净与飘逸。

因为南师授意要他教我修养方法，登琨艳有一次把我拉到一边对我说："站桩对您很重要，它可以改善您身体很多问题，如果您依法努力用功，一周内，您应该会出现拉肚子，不要怕，那是体内的排毒现象，您有空看一下会善寺学员们的心得报告。"然后，登琨艳就开始教我站桩："双腿微分，中可容一足，双腿弯曲，收缩双股……"登先生边演练边解说："每次至少站 15 分钟，如果一次站不了，可以分两次站桩，但是必须站够 15 分钟。"我稍有不慎，便会被登先生批评："腿不能太直！全身要放松……"后来，我每天早、中、晚三餐前必须在房间站桩 15 分钟，效果很好，现在仍在坚持。

登琨艳修持非常用功，南师对他评价很高。有一次，南师对我和客人们说："你们知不知道，登大师以前在台湾大名鼎鼎时，曾经一个人放下一切，在欧美流浪了一年，走到哪里，就在哪里睡，有时睡在火车站，有时睡在教堂门口，有时睡在公园里的椅子上，还常跟流浪汉混在一起。"

对南师的安排，登琨艳极其认真地对待。有一天，登先生很客气地对我说："高血压可能是身体气血不畅导致的。"然后带我去禅堂，教我在禅凳上练习颈椎倒挂 5 分钟。

一天晚饭后，南师又指示登琨艳教我，他遂教我唱诵法门："你呼吸不好，教您 a 字字母唱诵，这可以打开胸腔区域的气脉，也可以协助解决高血压的问题。"然后，教我端坐在椅子上，双手放在膝盖上，打开胸腔，放声唱诵 a 字字母。

有时候，我练得不专注时，登琨艳会语重心长地说：“国平，南老师让你来太湖大学堂，除了请你来写传记，更重要的是，他是用这种方法来度你，他是让你来这里调整身心的。”一席话，让我顿时心生愧疚，满头大汗涔涔而下。

我曾多次开口想采访登先生，但是都被他拒绝了。

## 四

有天晚上，南师饭后跟大家一起说话，说着说着，南师突然停了下来，对我说：“国平啊，坐的时候，不要摇，要坐得稳稳当当，摇来摇去会把运气摇跑的。”大家都笑了，我知道南师是用这种幽默的方式点化我、提醒我，要注意坐姿。

南师怕我尴尬，接着说：“其实，修行是不分时间和场合的，行走坐卧都可以修行。身体坐直，双手放在膝盖上，身子不要摇晃，可能开始不习惯，慢慢地你就会感觉这样的坐姿很好。”

我照做了后，感觉果然很好，纠正了我多年不雅的坐姿。

另一天晚上，我向南师请教睡姿，我说：“据资料上讲，睡觉时右侧卧睡的姿势比较好，最好用右手手心对准右耳耳心，这样会形成一个小周天，可以达到阴阳相济、水火交融的效果。”南师说：“也不尽然，物极必反，你老是右侧，而且压住右手，也不利于右手的血液循环，你可以试试两边都睡一下。”

我也曾向南师请教走路的方法，南师说：“最好的方法就是抬腿时像老虎那么有力，落地时像狸猫那么轻柔，落地时意念中要让脚尖紧紧抓地。快走的时候，全身要放松，双手要自然甩动，甚至可以甩到与肩平，很自然地，你会越走越快，血脉越畅，经络越通，最后就会感觉到好像御风而行，要飞起来了。”

按照南师的意见，我每天晚上都会顺着太湖大学堂的环形道路快走两圈，约40分钟，换来一身大汗淋漓，然后再去做70个仰卧起坐，换来浑身腰酸背痛。3个月下来，瘦了20斤。

饭后大家常读短信息段子一笑，有天我掏出手机读了两条短信息，大家哈哈大笑。笑过之后，南师说：“国平啊，你的眼睛是不是有点近视啊？”我说：“近视倒说不上，主要是以前躲在被窝里偷偷看武侠小说，姿势有点不端正。”南师笑了笑：“大家都是武侠小说爱好者嘛！”然后，转头对宏达兄说：“把上次日本朋友送我的那个视力保护器拿给国平，可以帮助他矫正一下看书的姿势，眼睛一定要保护好。”

记得有一天下午，宏忍法师打电话给我，让我下楼去拿药，我很惊讶，怎么会送药给我呢？宏忍法师告诉我：“老师昨天晚上在饭桌上看你气色不好，有点气虚，回房后亲自给你配了两种药，分别碾细装在两个瓶子里，帮你调理身体。让你每餐饭后服一次，每次一勺，服完后，再给你配药。”

宏忍法师又拿出一瓶白色的药膏，递给我说：“老师听说你睡觉有打鼾的情形，检查结果又不是因为息肉造成的。老师很担心，专门找了一种药品，这是元宝[1]从美国带回来的，

---

1. 元宝，刘雨虹老师的女儿。

据说效果不错，送给您试试，不知道有没有效果。是这样搽在鼻翼两边的……”

宏忍法师还在一边为我示范搽药，而我的一颗心已经飞到了南师的办公室。南师那么大年龄，那么多事情，那么累，居然还为一个比他小近60岁的晚辈操心，为我碾药，为我寻药。

晚生如我等，本该年轻力壮的我们去照顾南师，而我何德何能，却让95岁高龄的南师关心我、照顾我？

平时南师很忙，他总想抓紧时间向我口述他的故事，但是当他每次忙完时，都已经半夜了。老师很想给我打电话，让我起来跟他一起“摆龙门阵”，可是老师非常爱护我，不想影响我休息。虽然我每次都跟南师说，没关系，没关系，可是南师一次都没有半夜把我叫起来。以后再也接不到老师的电话了。

南师虽然已经走了，但是那两个药瓶和一瓶没有用完的药膏已被我珍藏在书桌上，珍藏在人生的记忆里。

## 五

南师说：“国平，你做这个口述是一个长期性工作，所以你的生活需要有规律，建议你列一个作息时间表，每天按时作息。”

于是，我按照南师的建议，制作了自己的作息时间表。

7：00，起床。

7：00—7：20，打坐。

7：20—7：30，洗漱。

7：30—7：50，站桩。

7：50—8：20，早餐，乞丐蹲。

8：20—9：00，读书，主要书目有《维摩精舍丛书》《宫女谈往录》《胡适口述自传》《曾国藩》《大国学：季羡林口述史》《中华民国史》《南渡北归》《重说中国近代史》《两岸密使50年》《禅门内外》《金粟轩纪年诗初集》《廿一世纪初的前言后语》。

9：00—11：00，整理南师口述历史。

11：00—11：30，创作大型组诗《青春肖像》，计划写不同时期涌现出来的100个青春人物，起止时间为1900—2000年。包括梁启超、章太炎、聂耳、遇罗克等。

11：30—11：50，站桩。

11：50—12：30，午餐，乞丐蹲。

12：30—13：30，午休。

13：30—14：00，锻炼，主要是打太极拳等。

14：00—15：00，编辑政协文史资料《岁月的记忆》。

15：00—16：00，编撰《5·12大地震都江堰备忘录》。

16：00—16：30，禅堂打坐。

16：30—17：00，环太湖大学堂慢走，呼吸新鲜空气。

17：00—17：40，整理南师口述历史或其他访谈者口述历史。

17：40—17：55，站桩。

17：55—19：00，晚饭，乞丐蹲。

19：00—21：00，做南师口述记录或者聊天。

21：00—22：00，绕大学堂快走两圈，做仰卧起坐 70 个。

22：00—22：30，通过网络了解当天时事新闻。

22：30—22：45，打坐。

22：45—23：00，站桩后休息。

每天，我几乎都是按这个作息时间表生活和工作的。

## 六

我平时比较留意方言，因此南师讲话时，经常听到四川方言从他的嘴里脱口而出。比如“摆龙门阵”“格老子”“冲壳子”“龟儿子”“哥子”等，非常自然地就说出来了。

我想，南师 1937 年来川，1947 年离开四川，在川生活了 10 年。这 10 年恰恰是他最容易接受和吸纳新事物的年龄。一个人在一个地方生活了 10 年，语言多少都会受到影响，对四川话情有独钟是很正常的。

南师曾多次讲，四川方言太有意思了，近 70 年后，他都能随口说出一些四川歇后语，这印证了一句话：凡是有大才华大智慧之人，大多都有惊人的记忆力。而且南师是个有心人，他在四川时，还专门买了一个大本子，将四川人常说的歇后语记了满满一本子，听说这个本子后来还被南师带到了台湾，后来因多次搬家，不慎丢失，南师后悔了很久。

有一天，南师对在座的女士们说："你们要是生活在四川就好了，四川男人是耙耳朵，对女人好得很。"

这个"耙耳朵"也是典型的四川方言，有人就问："耙耳朵是什么意思啊？"南师就呵呵笑了起来："就是软的意思，形容某个菜做得比较软，四川人就会说'耙'。耙耳朵就是'怕老婆'，就是'妻管严'，男人只要敢不听话，女人就会用手揪住他的耳朵，惩罚他，天长日久，耳朵就软了。"大家都笑了。

一次，我在吃饭时，一不小心说了一句四川话："这回遭整凶了。"大家都一脸茫然地看着我，只有南师听得懂。他给大家解释："整凶了，就是这个事做得太厉害了，太过火了。"

南师有次跟大家讲，四川人说话很温和，比如一个人抱两个西瓜被人撞掉了，他会说："你看，你把我的西瓜撞掉了。"

刘雨虹老师接着说："要是两个山东人在一起，一句话没说就先打起来了。而两个四川人吵架，吵了半天之后，一个就说：'你等着，我去喊我哥来！'另一个就说：'随便你。'然后就各走各的了，因为是四川人，所以这场架根本就打不起来。"

# 第十章　“人民公社”故事多

## 一

“人民公社”已经消失很多年了。

但是熟悉南师的人都知道，在太湖大学堂，还有一个“人民公社”每天人聚人散，热闹非凡，这就是南师的餐厅。

无论是在中国台湾、香港地区和美国，还是现在的太湖大学堂，南师的生活起居是比较有规律的。晚上10点钟以后从饭厅回住处休息一下，再处理事，凌晨会禅坐；早晨睡觉，中午起床；下午到办公室处理事务，审阅书稿，答复来自四面八方的报告、书信；晚上6点钟到饭厅接待访客，在饭桌上和大家谈天说地，一般情况下这也是他一天中唯一一次吃正餐。据魏承思先生讲：“南师数十年如一日都是这么过来的。饭桌成为南师了解外部世界的一个窗口。”

南师对我说：“我这个‘人民公社’是有来历的。”

原来，南师居台后期，寓所门口经常停着一二十辆高级轿车，一批文官武将听课之余，便在这旦谈天说地，碰到晚饭时分，大家就围坐成一桌或两桌，无拘无束地边吃边聊。有一次，王升称南师寓所像大陆的“人民公社”，于是，“人民公社”这个绰号就流传了下来。南师走到哪里，“人民公社”就成立在哪里。

南师将自己的餐厅称为“人民公社”，意思是说，凡来访宾客，无论男女老幼，地位高低，均可留下就餐，就是送货的伙计、收账的先生，南师也要让他们吃完饭再走。统统用好酒好菜招待，常常席开两三桌。就像1958年开始的“人民公社”体制，全村的人都在人民公社的食堂里吃喝。难怪我第一次来太湖大学堂时，南师就说：“我这里是‘人民公社’，不吃白不吃。”

“座上客常满，樽中酒不空”是“人民公社”的生动写照。

南师总是笑着说：“欢迎大家来到‘人民公社’，我在台湾时就是这样，每天都有好多学生来我家里吃饭，每天都高朋满座，最少两桌，多的时候好几十个人。”

南师在台湾的“人民公社”地址多变，经常在那里吃饭的人也有聚有散。

南师在美国的“人民公社”位于华盛顿的“兰溪讲堂”，经常在那里吃饭的人有南师的学生和一批当时的留学生。

南师在香港的“人民公社”位于坚尼地道。

现在太湖大学堂的“人民公社”，经常在这里吃饭的人更多。如果没有客人的话，主桌上都有相对固定的位置，坐的都是南师的学生，但更多的时候都有从四面八方前来拜访南师的客人们。

依我看，南师的饭桌已成为太湖大学堂的中心与灵魂。

当然，要来拜访南师也不是一件容易的事，因为每天南师有太多的事情要做，他真的太累了。

## 二

每天晚上 6 点，南师准时来到餐厅。

他穿一袭灰布长衫或者白色衣裤，拄着拐杖，面带微笑，步履轻盈地走进来，跟大家一一打着招呼，在这一瞬间，我相信所有的人都会被这位和蔼、安详、平静、慈悲的老人所感染。

南师的座位做了一些改造，主要是为了让南师坐得舒服，专门在椅子的两侧和底部添加了一些垫子。

南师与大家一起吃晚餐，总是不停地招呼大家夹菜，然后说这个菜不错，大家尝尝，生怕没有把大家招呼好、照顾好。

南师吃东西，几乎都是自理，他虽然 90 多岁了，但是不喜欢麻烦别人。偶尔有学生为他夹菜或者剥虾皮、剔鱼刺，南师总是很客气地道谢。但是，我看得出来，他更喜欢自己动手、丰衣足食。南师一生足迹踏遍千山万水，对菜肴那是舌尖轻轻一尝，优劣了然。但是，我每次都只听到南师表扬厨师："这个鱼味道不错！""这个茄子烧得很好！""羊羔肉做得很嫩！"

饭桌上，大多时候是南师一个人在滔滔不绝地讲话，90%以上的时间都是他在说。因为远远近近来看他的人，都是想听他说说话，有疑问需要解答，他不说话不行啊。对于这些来来往往的人，南师很无奈，常说自己是"陪吃饭，陪聊天，赔笑脸"的"三陪老人"，但他总是以佛家的慈悲语、和善语、柔软语使来客生喜乐之心。

因此，刘雨虹老师说：“其实，这些年来，南老师没有吃过一顿合胃口的饭，因为10天之中9天有客人，有时生张熟李，前来的各方豪杰志士们同桌进餐，老师酬酢应对，哪有工夫吃啊！因为客人都是来拜望老师的。晚上9点多10点才回到自己的地方，发现有些饿了，吃什么呢？也只能胡乱将就吃一些作罢。”

有一天晚上，南师也在饭桌上，刘老师绘声绘色地给我们讲南师吃东西的事：“说到南师吃东西的事，有一次真是太有趣了。老师是每天夜里工作的，有一天到凌晨三四点钟，有点饿了，在冰箱中找到一包生水饺，他那个有智慧的头脑，突然感觉水煮没有蒸的快，就在电锅中蒸。结果蒸了一个小时仍是硬的……怪不得爱迪生有两只猫，他就在墙上挖了一大一小两个洞，大猫走大洞，小猫走小洞。所以头脑极不平凡的人，做法就是特别。”

南师后来吃的是什么，大家不得而知。第二天他在办公室自己说起这件事，大家都大笑不止。后来，刘雨虹常跟南师打趣说：“老师啊！我的福气比你好，因为我自己会做啊。我说这个话，大家不要误会，以为没人照顾老师的饮食。其实帮忙的有好几个人呢，只因为老师不愿意麻烦别人，所以问他想吃什么，他都是说‘随便吧’，偶尔会说皮蛋粥或豆腐之类的，结果大家只好瞎猜了。”

此时，我又想起了南师晚上回房前总不忘提醒一句：“王国平，你每天从餐厅里拿一点零食到房间去，饿了就吃点东西。”

## 三

宏达兄是在南师晚年一直追随身边的学生，他为了协助南师工作，毅然辞去公职，来到太湖大学堂，成为南师秘书室的重要成员，随侍南师左右。在与南师朝夕相处的100个月时间里，每天陪南师在“人民公社”接待来访者，时时为南师的博大胸怀所感动。

宏达兄曾满怀感情地说：“大学堂开办6年来，仅每天‘人民公社’式的晚饭，耄耋之年的南师常常要应酬有缘来访的客人，这些客人三教九流都有，并非传言所说的‘非富即贵’。南师有教无类，有缘能来见面的，他都慈悲平等相待，谈笑风生，希望人家不空来一回，希望对人家有启发、有帮助。说是吃晚饭，其实他都在照顾客人，答复客人的问题，寓教育于谈话中。南师以自己的身教言传，影响着有缘见面的人，借以影响群伦、影响社会。晚饭后，南师一般都会上课，这期间也常常答复学人报告。送走客人后，处理内部外部事务，常常到凌晨。从午后到凌晨，每天至少12个小时，南师几乎马不停蹄，应对各种事务，却宁定空灵，简洁明了，干脆利落。偶尔有空就定一下，很快恢复精神。南师数十年如一日，没有休假，不肯空过一天，没有享清闲。以我们年轻人的体力，还远跟不上他这么大的工作量。他所做的一切，无不围绕着‘教化’这条主线。你说他为名吗？他年轻时即已成名，后来逃名还逃不掉，也从不宣传自己或自己的书。人家给他跪下磕头，他同时跪下磕头还礼。你说他为利吗？

他在大陆这些年讲课，什么时候收过讲课费？都是财与法双手布施。他也极难接受供养，人家供养红包，他把空的红包留下，连说‘收到了，收到了’，钱却马上换个红包当场供养回去。他说劝人布施如钝刀割肉，没见过有人布施了以后‘三轮体空’的，大家都是以做生意的动机来供养，所求的更多。你说他为政治资本吗？他的确不是一般地清高，真的没把任何权势放在眼里，当然也包括了官与财，常常见他跟这类客人讲话直言不讳、毫不客气。他对人是应机施教，有教无类，一视同仁。这么大的年纪，那样地只争朝夕，传道解惑，呕心沥血。古今中外，试问有谁见过或听过这样的长者、导师？这些给人说起，没有人会相信的。”

我虽来大学堂日短，对宏达兄的话，然亦深有同感。

有一天晚饭时，南师家乡温州和乐清的地方领导浩浩荡荡10余人来看南师。一见南师进餐厅，一个老太太立即抢上前去，掏出一个大大的红包，供养南师，南师推辞不了，只好说：“那我收下。”然后转身将红包交给宏忍法师，让她取出钱，装进大学堂自备的红包，又回礼给那位老太太。

此时，一个10多岁的男孩走上前，大人说：“快给南爷爷跪下磕头。”南师说：“不用了，不用了。”

小孩子马上跪下磕头，南师也连忙跪下磕头还礼。

众人一见，连忙劝阻小孩子磕头，南师方才罢了。

## 四

晚饭后，就是自由交流时间。

工作人员刚把餐桌收拾干净，消夜的茶点就上来了，既有饼干、凤梨酥、花生、松子、糖果等各种零食，也有时令水果，有时候彭嘉恒先生还要把他珍藏的红酒打开，邀请大家品尝，此时，很少喝酒的我也难却彭公子盛情，抿上一小口。

人们一边吃着茶点，一边听南师继续谈天说地。时间大约从 7 点持续到 9 点，有时候甚至要延迟到 10 点过。这段时间内容很丰富，多数时候是上课，读学生报告并现场批示，有时候观看资料视频，有时候读《金刚经》，有时候订正《成唯识论》有关注疏，有时候跟大家讲一些趣事，有时候读一些手机段子，有时候读一些与南师和太湖大学堂或者吴江太湖国际实验学校有关的文章，有时候读一读登琨艳等学员们的心得报告……总之，正如南师所说："每天晚上的节目很多，五花八门、花样齐全。"最有趣的是读手机段子，大家争先恐后地诵读自己手机上的精彩段子，很多时候引得大家开怀大笑，而每当有些"二黄二黄"的短信，大家不好意思读时，常会发给马宏达兄，请他代为诵读，宏达兄总会说："难道我看起来像坏人吗？"

遇上南师讲课，工作人员便会抬进一个大白板。因为南师方言口音极重，加上四处驻留，各地方言更是夹杂其间，尤以四川话为甚，一般人难以全部听懂。因此，南师所讲的重要内容、疑难问题、诗词歌赋都会由专人择要书写在白板上，抄写者主要是两个人，都是长随南师的老学生，一为宏忍法师，一为李淑君姐。她们对南师语言熟稔，又对南师所讲内容有所了解，因此，南师一讲，她们便能同步板书，然后，便听见餐厅里的听众间传来一片笔在纸上抄写的沙沙声。

闲谈时，南师的烟抽得很勤，几乎是一支接一支，南师抽的烟牌子比较固定，就是“中华”。南师告诉我：“一天要抽三四包烟。”很多人不能理解南师，一个深谙养生之道的人，怎么会抽烟盒上注明“吸烟有害健康”的香烟？因此当一个美国学生看到南师点了一根香烟惬意地吸起来时，竟难过得哭起来。

据刘雨虹老师讲，南师吸烟是有故事的。想当年，南师在四川峨眉山大坪寺闭关，习惯了清新的空气，无奈下山后顿感“人味”颇重，实在受不了，便燃起香烟，把“人味”赶走，其实并没有把烟吸进肺里。南师的吸烟与众不同，倒更像一种把玩，优雅得很，空气中没有讨厌的烟气，他的身上、口气中也没有烟味。而且，南师抽烟从不要别人点火，必须自己点，就连他最亲近的学生也“无缘”此事。他说，我有手有脚，自己能做的事，为什么要摆谱让别人做呢？

刘老师的“香烟龙门阵”后来得到了证实。7 月 12 日晚上，南师跟我说：“我每天抽多少烟？不知道，但是没有一支烟吞进肺里去了的，都从牙缝里溜走了，跟烧香一样。”

熟悉南师的人总说，南师经常叹气，我也多次看见南师一边抽烟一边独自叹气。是有隐衷，还是有何心事未了？抑或是众生“人味”太重，实在难度？追随南师 40 多年的刘雨虹老师认为："上述原因可能兼而有之吧。做名人难，做一个要时时刻刻都为人师表、做人楷模的名人更难。正所谓'曲高和寡'，来拜访南师的人可谓是三教九流，无所不包，难怪有人称南先生'通天教主'，南师也自称是'老妓女'，整天'接客'，迎来送往。但真正能登堂入室的却无几人，这份热闹中的孤独怕是别人不晓得；来访人中虽不少诚心求教者，也有许多附庸风雅者，或说些不干不湿的话，或提些难为之请，南师有感众生烦恼业力深重，又怎能不叹息？南师一生致力国学及禅学研究和教学，门下学人亦无数，但真正能接南先生之棒的人却不知是谁，这也是南先生最无奈的事之一，叹息也是一份无奈吧！"

有时候，整个餐厅突然安静下来，南师就会问："牟炼，今晚安排有什么节目啊？"牟炼就答："学习一篇修行心得吧。"

9时许，厨房会为南师和大家准备小食，有时是抄手，有时是水饺，有时是面条，有时是豆浆……南师总会吃上一小碗。

假如没有特别重要的事情，消夜后，南师通常就该回主楼工作了，他总会说："今晚就这样了？"然后站起来，从衣帽架上摘下帽子，取下手杖，施施然走出去。跟随的同学就会随手从桌上帮南师拿两块凤梨酥或是其他零食——准备送给主楼门口的保安员，小跑着跟上去。

南师在主楼又开始了一天繁忙的工作。

热闹了一晚上的"人民公社"又恢复了平静。

# 第十一章　心随帆渡蜀山青

## 一

一天午饭时，居然在桌子上遇见了一位四川老乡——来自德阳的高红梅，她带着妹妹和女儿一起来看南老师，因为我曾经在校址位于德阳的四川省机械工业学校读过几年书，故而倍感亲切，谈及德阳的风土人情和历史变迁，乡音悦耳，很是欢喜。

晚饭时，南师很高兴，说："高红梅来啦！有什么好东西带来没有啊？"

高红梅说："7卷本的《刘止唐文集》终于出版了[1]，这是南老师一直关心的事，我这次带了30套过来。"

南师说："好啊，这是好书，刘止唐是清代四川一个了不得的人物，他的书你不要到处乱送，要送给真心喜欢的人。我这里也用不了那么多书。这样吧，去年都江堰准备建'青城书院'（今灵岩书院），还请我题了院名，我看把这些书

1. 此处引高红梅原话，实际上《刘止唐文集》这套书是仿古印刷，未公开出版。

由国平转送给他们吧！”

两周后，我将这批书带回了都江堰，代表南师分别赠予都江堰市图书馆、文化馆与南师题写院名的青城书院。

说起四川双流人刘止唐（1767—1855），南师相当推崇，在南师出版的第一本著作《禅海蠡测》里就曾有记述。刘止唐名沅，一字纳如，号清阳居士。清代著名思想家、教育家、儒学家，其事迹列入《清史·儒林传》，被尊称为“川西夫子”，一生著作宏富，总其名《槐轩全书》，被《续修四库全书》收录。他以儒为宗，融道入儒，会通禅佛，全新阐释传统的儒家经典，力求恢复先秦儒学元典精神，还原“圣学”，注释诸经，旁征博引，考辨学术，揭示人生真谛，自成一家，最终形成了影响长江南北的“槐轩学派”，创建“刘门道”，是历史上少有的被人奉为教主的学问大家。

南师又问：“刘止唐医术的传人周老先生还好吗？”

高红梅答：“周大爷还好，我前段时间还去乡下看过他，他时常念起您，让我代他向您问好。”

原来南师口中的周老先生叫周元邠，生于1915年（已于2018年去世），四川绵竹人，早年曾随刘止唐传人学医，医术精湛，为槐轩学派第四代传人，因曾任职于武汉大学的余思非而与南师结缘，两位高龄老人虽从未谋面，但惺惺相惜，神交已久。

随后，南师鼓励我说：“国平文笔很好，极有才华，是名记者、名作家，又是你老乡，他最近写了袁老师灵塔修建的文章，现在一起来读一读，怎么样啊？”于是，由崔德众兄朗读该文。

这篇文章记载的深情厚谊，是南师一生尊师重道的生动写照。

## 二

七十年来春梦尘，四恩未报客心惊。
云山家国愁千节，未转金轮愧此身。

这是南师题写的《忏摩》一诗，时在 1987 年，南师已离乡 38 年，旅居美京两载有余。

南师虽身在异邦，却心系故国。此时，流淌笔尖、涌上心头的皆是江浙故土、中原山水、蜀中师友……对于四川和成都尤其难以忘情，从南师《读客示嘉陵山水图》一诗的字里行间，可窥见一斑：

峨眉峰顶一轮明，照到人间未了情。
回首嘉陵江畔路，心随帆渡蜀山青。

南师离开大陆赴台前，有长达 10 年的时光是在四川度过的。心为之系者，莫非青城山色、峨眉秋月、灵岩红叶、锦江碧涛、鹤鸣松声、蓉城花开；梦魂为之萦绕者，皆是屯垦戍边的凉山旧事、中央军校的战友深情、自流井畔的忘年之交、华西坝子的翰墨书香、伴行蜀山的芒鞋竹杖……

三

岁月如风，往事并不如烟。

1947 年，与袁焕仙成都一别之后，无论身在中国台湾，还是旅居美国，已为一代大师的南师无一时不惦念蜀中师友。可惜囿于彼时特殊时局，音讯阻隔，南师曾多次通过各种渠道打听师友下落，然皆无果。南师唯有将一腔牵挂化作缕缕诗情。

在台湾时，南师某晚通宵未眠，读罢《续指月录》后，挥笔题诗道：

四百年来访道人，已无一法可留心。
自从只履西归后，回首灵山云更深。

此后，南师曾在诗《无题》中写道：

又是春回二月天，百花供养住三禅。
云山万里归初地，虚室祥光照大千。

后来，又在另一首《无题》中吟出：

事业名山道不穷，更无妄想念真空。
只缘一会灵山后，犹堕慈悲烦恼中。

南师还在《再赠萧天石兄》一诗中深情地追忆了蜀山蜀水：

三十余年物外情，浮沉未肯入流清。
青城山色峨眉月，云笈还山梦亦轻。

某日，一位客人前来拜访南师，谈及彼时国际形势。客人的一席话触动了南师的思绪，使他回忆起了恩师袁焕仙曾经说过的“处处人呼癸，山山鹿养茸”之句，遂有感而发，成绝句云：

江山犹是霸才空，何处林泉鹿养茸。
呼癸万方多难日，为谁独步妙高峰。

故园千山万水长相忆，灵岩一草一木总关情。

1985 年南师赴美，旅美三载，思乡之情益重。南师未尝一日不思念中华故土。次年中秋，岁在丙寅，面对朗朗明月，遥望大洋彼岸，先生情难自禁，夜不能寐，口占一绝《丙寅中秋》，以慰思乡之情，字字凝真情，句句荡人肠：

江山今古一轮元，海外中秋月在门。
百万龙天齐问讯，何时回首照中原。

随后，南师开始尝试着以书信的方式与亲人和故交联络，已逾花甲之年的他写信给蜀中认识的朋友张怀恕女士，请她帮忙打听老师袁焕仙的下落。张怀恕是五通桥人，她曾经参加过四川第一次县长考试，当时考第一名的是出家前的隆莲法师，但隆莲法师没有去做县长，张怀恕也考上了，后来做了某县教育局长。当年南师从峨眉山闭关下来，有半年多时间就住在张怀恕家里，她家里有《古今图书集成》等很多书籍，南师在她家里一边住，一边看书。

南师的信发出去后，近半年没有消息。就在南师以为信函又将石沉大海时，竟意外收到张怀恕女儿秦敏初的回信，得知张怀恕已经去世。当时大陆的变化很大，张家也多次搬家，这得感谢非常负责任的成都邮政工作人员，经过五六个月的辗转查访，终于把南师的信送到张怀恕女儿的手里。这么多年来，南师一直感激这个素不相识、不知姓名的邮差，让他又有了蜀中朋友的音讯。秦敏初收到南师的信非常高兴，立即帮忙打听很多老朋友的消息。

从秦敏初那里，南师得知恩师袁焕仙已仙逝。南师曾以手中留存的原《维摩精舍丛书》第一函为母本，将此书在台湾重印于世；而现所见到的所谓《维摩精舍丛书》第二函，是好事者擅自收集资料编辑成书的。

得到恩师已去世的消息，身在异乡的南师不胜悲伤，当即含泪捉笔，作词一首以纪念——《得蜀中故人子女信口号》：

四十年前西蜀，
恩情辜负何多，
干戈丛里，

死生离恨，
处处闻悲歌。
行遍天涯我亦老，
海山回首南柯，
大地还生春草，
人间电掣风摩，
浮世泪婆娑。

一句“浮世泪婆娑”，道尽了南师对恩师的无限深情，数十年来父子般的师徒情谊，历时间之邈远而俨然未散。

或许此时，南师正面朝灵岩，心雨滂沱。

## 四

通过秦敏初的帮忙，南师先后联系到了最好的朋友杨光岱和维摩精舍的同学邓岳高、李绪恢、傅渊希等，为了表达自己对蜀中友人的想念，南师每年都从美国和中国香港汇款给秦敏初，请她代表自己，于端午、中秋、春节等时节去看望和拜访朋友，包括袁焕仙的三太太和女儿袁淑平等，给他们一定的资助，同时也资助贾题韬等人，10多年来，从未间断。直至近年，蜀中友人集体商议请南先生不要再寄钱了方止。

此时的南师虽已名动四海，但是自幼尊师重教的他，几十年来，对父母师长感念甚深，照顾有加。尽管恩师已故，但是恩师埋骨何处却杳无音信，这成了南师心中无法挥去的牵挂。

2006年，南师在太湖大学堂讲习期间，依然没有放弃寻找恩师袁焕仙灵骨的下落。

当年，时任中国科学技术大学校长的朱清时先生拜访南师，与南师交流佛学与科学的关系，相谈甚欢。临走时，朱先生表示，若有机缘，拟引荐四川的几位年轻名僧来太湖大学堂拜会南师，以期启发他们开创新时代的禅佛传承。

2008年10月1日，朱清时先生与成都文殊院住持宗性法师（现兼任中国佛教协会驻会副会长）来到太湖大学堂，拜访南师。席间，南师谈起抗战时在成都任教于中央军校，其宿舍恰在北校场后门，隔邻即是文殊院前门，谈到与文殊院方外之友的过往，以及辅助袁焕仙在成都三义庙创办维摩精舍之过程，还有与传西法师、印华法师之因缘等旧事。当谈及寻觅袁焕仙灵骨隐迹，南师深以为憾！随后南师问宗性法师："法师俗家原是哪里人？"宗性法师答："我是重庆潼南玉溪口人。"南师一听大喜，说道："哎呀，玉溪口我住过的，那是跟焕师一起，回到他第三个夫人的家乡玉溪口过年去的。玉溪口是潼南重镇，潼南县是傅真吾的家乡，也是杨尚昆的家乡。我在四川边区担任凉山垦殖公司总经理的时候，还是用的'南玉溪'这个名字。所以听到你是玉溪口人，真是心头一亮，这一下找到对象了。我有件事情，听说袁老师的骨灰在潼南玉溪口，能否麻烦你帮忙查一下，就在我师母家宅旁的菜园子里。如果能把袁老师的骨灰找到，我想修一个灵塔做纪念。”

宗性法师当即应承了下来，回川后四处打听袁焕仙灵骨下落。辗转数度，寻访多人，才了解到袁焕仙去世后，骨灰开始是放在成都家里的。不久，“文革”爆发，局势动荡，为了保护袁焕仙的骨灰，袁焕仙的三太太陈雪萍委托亲戚李成武，将袁焕仙的骨灰坛子背回潼南玉溪口。之所以将袁焕仙的骨灰送回玉溪口：一是因为陈老太太娘家就在玉溪口，有亲戚可以帮助埋葬和守护；二是因为袁焕仙为玉溪口做了很多好事，与玉溪口感情极深；三是潼南和玉溪口有很多人是袁焕仙的朋友和学生。潼南县长高登海（号柱东）、议长田肇圃皆是袁焕仙的好友。《维摩精舍丛书》第一函中，曾收有袁焕仙致高柱东的书信两函，并有诗《玉溪口舟行经红岩嘴夜抵潼南口号》记之：“一苇红岩后，微微夜色升。疏林传暮鼓，渔火接风灯。水落舟行碍，潮平渡幸能。莫愁云黑月，恐是有龙兴。”后来袁焕仙离开潼南时，也曾以诗《别潼南诸子》告别潼南诸位好友：“不可别君日，纾怀强赋诗。何堪春冷冷，况对柳丝丝？飞鸟营巢急，归车载道迟。殷勤报桃李，珍重未开时。”

南师也曾随袁焕仙到潼南，数次住在议长田肇圃的家中，情感亦深。1946 年，南师离川赴滇前夕，在重庆会见田肇圃，有感五载暌违，聚散如梦，遂赠词一首：

云水萍飘岂偶然，九年足迹遍西川。管他鬓到秋边白，落得人闲月似烟。

肠空转，事难全，又入阎浮欲界天。樽前酒醒荒唐梦，君向潼南我向滇。

由此可见，袁焕仙与南师师徒对潼南玉溪口的感情何其之深。袁焕仙去世后，灵骨归此亦是情理之中事。

当时，李成武夫人娘家住在潼南青石坝，李成武先将袁焕仙骨灰放在青石坝岳父家中，岳父家人认为不吉利，几天后，李成武又将骨灰背到了玉溪口红花乡（今属古溪镇）陈老太太的姐姐家。当天晚上，姐夫半夜就将袁焕仙的骨灰背上山，找了个地方埋了，并委托儿子李成卓和李成群守护。20 世纪 80 年代期间，成都维摩精舍的后起弟子们来到玉溪口，准备将袁焕仙骨灰请回成都供奉，但是当时情况不明，陈老太太没有同意，弟子们就回去了。陈老太太及家人担心骨灰被弟子们私自取走，又在一个夜里，另外在家宅旁的菜园子里找地方挖了个洞，埋了起来。

得到袁焕仙骨灰埋在潼南玉溪口的确切消息后，2009 年 2 月，宗性法师致函南师，提议寻访袁焕仙灵骨，建墓纪念，他在信中云："另向您老提一建议，关于袁老夫子墓地事宜。袁老夫子在佛学上的造诣和禅学修为，在四川佛教史上是应记下一笔的。现袁老夫子的灵骨栖隐玉溪，愚见以为，当修葺墓地，竖立墓碑，立墓志铭，以供后世凭吊……"

南师当即回函："法师来函，提示吾师焕公遗蜕，尚在潼南玉溪，应需建纪念塔一事，忽而使我如见当时同参同学中，有一故友之感。但此事，唯再请法师代觅一潼南当地善信，能发心对此任劳任怨者为之，如是玉溪镇或潼南本地之出家人或善信居士更好。所有经费，统归我负担……”

但是，寻找何其艰难。时过境迁，许多当事人皆已故去。宗性法师和陈老太太的外甥李成卓、李成群联系，对方一听说是成都来的，就不同意相见。后来，宗性法师又通过奶奶和父亲的关系，找到当年背骨灰回去的李成武，让李成武陪着宗性法师去了玉溪口，加之当地镇委书记又是宗性法师的朋友，书记派了一个村支书陪宗性法师找到李成卓、李成群。李家说，袁家还有后人，他们没有来，这件事情就不能动。于是，宗性法师马上给袁焕仙的外孙张谷打电话，张谷当天下午就赶到了潼南。第二天带了袁焕仙的照片、袁淑平的回忆录等出示给李家的人，经得同意后，开始在一片菜园子里挖掘盛放骨灰的坛子。但是由于时间太久，李家人都不记得埋在什么位置。从上午 11 点开始，直到下午 4 点才找到斜埋在菜地里的骨灰坛子。

早在 10 多天前，宗性法师一次上殿时，就在心里说：“袁公啊，你都是很有成就的人了，你的事情办得不顺利，你可否给一点提示？”结果，当天晚上宗性法师就做了一个梦，梦见袁焕仙骨灰坛子是斜着放在一块菜地里的，周围很脏，还有粪土，居然与 10 多天后的情况非常巧合。

更有奇者，宗性法师回潼南办理迎请袁焕仙灵骨事宜，寺内诸人并不知情，回来当晚，寺内一名叫宗华的青年比丘梦见寺内年轻僧人皆在餐厅服务，侍奉宾客，寺中树林内走出送葬队伍，数人手捧牌位随行，居然见到了袁焕仙及章嘉活佛的牌位……

袁焕仙灵骨回迁时，宗性法师曾于当日说有一偈：“无来无去法界游，云水生涯牧白牛。归来拈出南泉句，春光遍野满枝头。”

此事初始，由朱清时校长介绍宗性法师拜访南师，引出此段因缘。宗性法师应请袁焕仙灵骨抵文殊院次日，朱清时恰巧再来文殊院访宗性法师，朱校长遂礼拜袁焕仙灵骨。朱清时因拜访看望住在成都的袁焕仙之女袁淑平时，袁淑平讲起父亲有部分文稿当在文殊院，朱清时遂往文殊院查访，因而结识宗性法师，其后引荐其拜访南师……

经过诸多因缘相助，袁焕仙灵骨从潼南玉溪口回到成都。这或许是2009年春天，最让南师激动的消息。

## 五

袁焕仙的灵骨回迁后，已92岁高龄的南师开始思考与寻找袁焕仙灵塔建设地点。他最开始考虑到，灌县灵岩寺于袁焕仙和自己意义非凡，想将灵塔建于灵岩寺，后又以为可建于昭觉寺，最后经多方考量，决定让袁焕仙灵骨安息故里盐亭凤灵寺。

随即，袁焕仙灵塔建设工作全面展开。作为袁焕仙的大弟子，南师倾尽心思，全力以赴。他曾说：“维摩精舍之友及同学等，亦皆见证于丛书所列名字。而今看来，最后尚在人间者，唯我一人而已。故我对焕师灵骨安置，实亦义不容辞，义所当为。”

2009年8月11日，南师拿出稿费50万元，安排老古文化事业公司汇入宗性法师账户。后南师考虑到修建资金可能不够，为避免让宗性法师自掏腰包垫资，遂又汇去20万元以补不足。宗性法师认为即使垫资也是理所当为，故收到20万元后，他特别安排其中10万元作为灵塔维护费用，另10万元作为贫困大学生的助学金，以圆满完成此一大事因缘的功德。袁焕仙先生现仍在世的女公子袁淑平及其子张谷，也是从旁出力出钱，欢喜助成此事，实亦功不可没。

除了提供灵塔修建资金，南师看过宗性法师来函所附袁焕仙灵塔设计图，又请他的学生登琨艳先生找来诸多佛门灵塔资料，最后确定灵塔样式，并请登琨艳先生做了袁焕仙灵塔模型。

南师本想亲自赴盐亭为恩师袁焕仙勘察灵塔建设地形，却因年事太高，身体欠佳，不得不于8月14日午后，委托登琨艳前去勘察。登琨艳飞抵成都与宗性法师会面，盐亭凤灵寺方丈正祥法师由盐亭赶来，会商灵塔建设事宜。下午，登琨艳到德阳勘选灵塔建筑石料，当晚赶到盐亭。次日上午勘察灵塔选址，勘察地形后，确定在凤灵寺右边，当地所谓凤凰头右侧平地为基地。当日下午赶回成都，与袁焕仙外孙张谷会谈灵塔建造事宜。

2009年10月28日，袁焕仙灵骨移葬盐亭灵塔地宫，张谷携妻韩宁平代表袁焕仙家人参加，南师的季子南国熙及其妻何碧默，以及马宏达、乌慈亲、登琨艳代表南师参加。仪式由宗性法师主持，盐亭凤灵寺正祥方丈率僧众20余名及当地居士数十名参加，盐亭县委书记胡安虎及政协相关领导参加了移葬仪式。袁焕仙弟子邓岳高之子邓觉新兄弟、伍心言之孙伍丕庆也闻讯赶来参加仪式。

仪式上，张谷代表母亲袁淑平等家人致辞。

南师虽然未能亲自参加，但写了情深意切的颂词，由南国熙、何碧默、马宏达、乌慈亲、登琨艳同诵。颂词曰："叩告先师袁公焕仙先生法鉴：法乳深恩，未报万一，造此灵塔，永式古今，蜀道艰辛，衰暮难行，特遣子弟，叩拜法身。"

宗性法师随后致辞："精舍榴窗分外晴，灵岩昨夜雨纷纷。淡白深红黄叶坠，屑语酬答接后昆。恭维袁公焕仙先生，昔游法海，彻悟真空。眼明手快，语出心宗。此缘难尽，胜因隆丰。嗣裔并门下弟子等，寻真骨用酬深恩，建灵塔而彰师道。巍巍乎仰止弥高，浩浩乎源远流长。既今灵骨奉安一句，又如何举扬？拈出夫子一指禅，双林华白已无言。"

此后，张谷、南国熙手捧袁焕仙灵骨坛放入灵塔下面的地宫，封盖。近午，仪式圆满完成。

随后近两年来，宗性法师于教务繁忙之际，仍分神督建灵塔工程一应事务，诚敬其事，应对得体，始终如一。南师在寄给宗性法师的回信中，曾由衷赞叹道："法师真信人也。在儒而言，有受人之托，忠人之事之德；在菩萨行而言，则有言行利他之道也。""法师青年有为有守，能尽心为人，诚为此时此世不可多得之胜范。"

2011 年中元节，袁焕仙灵塔工程圆满完成。灵塔为六角形，线条流畅，气度非凡，的确是大家手笔。

早在 2009 年，尽管南师当时已 92 岁，年迈力衰，老眼昏花，久不写字，但为尊师重道，亲自撰写了袁焕仙灵塔上的所有文字。其情其景，足感世人。

塔身正面为浮雕袁焕仙像。

背面为南师亲撰“维摩精舍先师袁公焕仙之灵塔”。

塔身左侧面为南师亲撰颂词：“灵山一会，俨然未散。高山拥县，佛火封龛。心光焕发，莲开千叶。及门弟子南怀瑾拜颂。”

塔身右侧面为南师亲书《先师焕公示众警句》：“业识奔如许，家山到几时。漫言精进我，羞对天人师。五蕴明明幻，诸缘处处痴。藏珍谁可拟，之子欲何之。弟子通禅妙一书，己丑冬日，时年九十二。”

其余两面为建设人员名单。

南师依稀记得，早在很多年前，袁焕仙就曾为盐亭紫岩寺写过一副对联，最后两句为“高山拥县，佛火封龛”。谁能想到，几十年后，恩师真的魂归故里，在盐亭凤灵寺佛火封龛了。

恩师灵塔建成，南师夙愿终了。但是，两位大师绵绵七十载情同父子的师徒之谊，却如灵岩红叶岁岁似昔，峨眉青松年年不老，太湖碧波涛声依旧。

# 第十二章　南师“骗”人办女学

## 一

第一次见到王红，是在太湖大学堂的餐厅里，她行色匆匆，眼镜下的眸子里闪烁着智慧，一看就是一个风风火火的女强人。

那是 2012 年 7 月 10 日。

王红从北京来向南师报告女子德慧大学堂的开办情况。

晚饭时，南师说：“今天，王红来了，她可是在国外担任过大记者的啊。”王红曾任欧洲《金融时报》记者、北京大学国际 MBA 公关与市场推广主任、《财经》杂志主编助理、欧美同学会 2005 委员会秘书长。

我对王红与南师的缘分很感兴趣，王红一说起与南师的结缘，就滔滔不绝地跟我谈起几年前的往事。

2008 年，王红时任欧美同学会 2005 委员会的秘书长，这个组织的理事们都是受过世界上最好的教育，又都是各个行业最顶尖的一群人，但是王红在和他们接触的过程中，感觉这些媒体光环下的名人，也需要精神上的进一步提升。

王红说：“当时我就想该怎么样帮助到他们，让他们的生命有所改变。但是让谁来帮助他们呢？首先，不能用宗教的东西，这会给我工作的这个组织带来伤害。其次，这些人是受过世界上最顶尖教育的，用谁来征服他们？想来想去，只有南老师是最合适的人，他老人家博古通今、融汇中西，于是我请李青原大姐帮忙联系，青原跟我说，帮你联系可以，但是你不要抱有希望。没有想到，很快，青原大姐就给我回了话，说老师答应了！我当时都傻了，没想到事情进展如此顺利。”

说到第一次见面，王红特激动：“我们是 2008 年 5 月 28 日下午 3 点 50 分到的，欧美同学会 2005 委员会一行 40 多人排好队，等着老师来，老师就从他那个屋子‘飘’了过来，他个子不是很高，穿着一件灰色的长袍，走路是那么轻。因为大家仰慕已久，见到老师的时候本能地有一点发呆，然后就有一个人说，哎，老师怎么是飘过来的呢！我们才反应过来。与老师合照的时刻感觉很奇妙，没有逻辑，没有思想，一切就停了。合照之后大家就进了教室，老师那天特别高兴，从 4 点讲到 6 点。讲到 6 点我们吃晚饭。”

王红喝了口茶，看了看时间说：“当天晚上，也是这个时候，7 点钟，那天老师讲得特别‘嗨’嘛，7 点钟又接着给我们讲，最后他索性就坐到台子上去，趺跏上座，给我们讲怎么样去观呼吸，他面对的是一群精英分子嘛，他就讲‘少年戒色，中年戒斗，老年戒得’。他说：‘你们这群知识分子用脑过度，已经伤到了身体的先天之本，应该要好好地保养。’这么多年过去了，老师当时讲课的场景就好像是在昨天。”

## 二

我不解地问："老师怎么让你办女子德慧大学堂呢？"

马宏达笑道："她是被老师'骗'来办学校的。"

事情还得从王红办"未来中国助学联盟"组织说起。

王红说："2010 年，我在一些大德的支持下，创办了公益组织'未来中国助学联盟'，用国内外各行业领军人物的视野与思想，与年轻人对话，传递思想，分享生命。我希望请一位德高望重的人给'未来中国'题词，想来想去，还是觉得南老师是最合适的！我上午跟宏达写邮件，告诉他我现在想做这样一件事情，能不能请老师给我题个字，下午宏达就给我回了邮件，说老师同意了，给你题'再造中国，走向未来'。我又傻了，可以说是喜出望外。很快宏达就把东西寄给我了，收到时我特别特别感动。我说给老师寄点钱吧，表示一种尊敬。老师说，你留着做事情吧。我感动得不知道说什么了，觉得自己何德何能，受到这样的信任与厚待。我做'未来中国'差不多 3 个月之后，就逐渐体会到了老师的眼界，实在那么远，那么远。2011 年底，我收到宏达的一条短信，说 2012 年 1 月 7 日，老师要在太湖大学堂讲'女性的修养'，让我如果方便就来听讲座。"

王红不知道，南师此次请她来，是有重要使命要赋予她的。

1 月 8 日下午，王红拜见南师。在南师的办公室，他就像一个父亲一样说："王红来了，来来，快坐快坐。"招呼她吃这个，喝那个。

南师就像对自己的孩子一样对王红说："有件事，要你去办，我想了几十年了，一直在找这个人，你是最合适的人，你去做。"

王红问："什么事啊？"

南师说："去办一个女校，叫女子家职科技艺术学校，家职就是家政的意思，但家政在大陆叫得变成保姆了，所以就叫家职。"

王红想都没想，当即对南师说："行，我做！"

当天晚上吃饭的时候，马宏达说："老师特别高兴。"老师对着餐厅所有的人说："你们看啊，你们听着，王红她答应了啊，她答应做女校的事情了！"王红自己还傻乎乎在那乐呢！马宏达说："你还在那乐呢，你不知道老师给了你银元宝。"王红就笑着问："老师，什么是银元宝啊？"

听到这里，我也忍不住问在座的南师，什么是银元宝。

南师乐呵呵地说："我给大家讲个银元宝的故事。抗战时期，美丰银行老板康心如请川盐银行的老总吃饭。大家就说，每个人讲一个故事，关于有钱痛苦的故事。康心如就讲，他每天都很辛苦，晚上还要打算盘算账到很晚，老婆缠了小脚，每天做女红陪他。他们隔壁是一对做豆腐的青年夫妇，每天他们一边磨豆腐，一边说笑话，一边唱歌。康太太说：'你早点休息吧，那么辛苦干吗？你看隔壁两口子，没有多少钱，过得多开心啊。'康心如说：'我马上就可以让他们不开心。'康太太吓坏了，以为丈夫要做杀人放火的事。结果呢，只见康心如用毛巾包了一个银元宝，扔到隔壁家里了。然后便听见隔壁传来了惊叫，跟着便没有声音了。从此隔壁再也没有歌声，没有欢乐了。”

南师又点了一支烟，说：“这就是银元宝的故事。”

马宏达开玩笑说南师丢了个“银元宝”给王红，王红这下该有得玩有得愁了。

## 三

王红记得，为了提倡女子修养，南师分别于1月7日、2月18日、3月17日连续三次讲“女性的修养”，前所未有。他引经据典，从“西周三母”太姜、太任、太姒的母仪天下，讲到明代女诗人冯小青的“愿为一滴杨枝水，洒作人间并蒂莲”的大悲情怀。他说：母教，比哪个学校都重要；中华民族需要站起来，未来的时代需要女性站出来，这不是说一定要女性来做领袖的意思，而是女性作为社会的基本力量，需要培养建立妇女的道德，来影响男人，影响社会与世界。南师认为，办女校，是为了培养真正有品德、有才能的女子，这样的女子“母仪天下”，能产生四两拨千斤的杠杆作用，使社会、使世界好转起来。

2月18日，南师第二次讲课结束后，王红又去南师的办公室，跟南师讲：“女子家职科技艺术学校，这个名字不是很好，想请老师重新给起个名字。”

南师想也没想，说：“就叫女子德慧大学堂吧。”

晚上吃饭的时候，就像平常每天那样，南师看着王红，他说："王红啊，太好了，太好了，我想了几十年的这件事，终于有人替我动起来了，太好了。"

然而办女学，远远不是王红想象的那么简单。

南师给王红的是一个大石头，她连从哪儿啃都不知道，出去慢慢啃的过程中，才终于明白马宏达说的"银元宝"是什么意思了，王红的压力特别大。

她跟我说："国平啊，当时朋友们说什么的都有，反正大多数人告诉你，别干了，这事没法弄，这太难了，这怎么弄啊？我自己也不知道从哪儿下手，它不像你写篇文章，你自己能够驾驭，这个整个架构、商业模式、筹款、寻址、办手续、团队、人马，多少事？我觉得自己那会儿特别焦虑。5 月 18 号来见老师的时候，明明准备了那么厚的资料，见到老师，我一句话也说不出来。我说，老师啊，你选了个最差的人做这件事情，我学了半天，觉得自己是最该上这个女校的，这是真心话。饭后，南老师系统地把女校的教学内容、传播方式、研究重点一一阐述。他说，你们要建立一个女史研究小组，费用我来出，把二十四史重新研读，把女性在各个朝代发挥的历史作用整理出来，没有人做过这件事情。王红，你要带头读，你要做女校的第一个学生。他神采飞扬地说，要记住这一天：5 月 18 日，我们对中国的教育是一种革命的创新！"

2012 年春节，袁明教授去办公室看望王红，王红跟她说起了这件事。袁明说："王红，你胆子真大，什么事你都敢应。”

王红说：“怎么了？”

袁明说：“你知道这是多大的一件事吗，你怎么就敢应了呢？”她又说：“老师看人太准了，也只有你这样的人敢答应。”

王红说：“老师说：‘趁着我活着，把这事情办了。’我只能说 Yes（好）嘛！”

## 四

7月10日之后的那几天晚上，我听到南师反复说了两句话。

第一句话是：“办女学是我晚年最重要的一件事，趁着我还活着，必须把这事情办了。”

第二句话是：“王红啊，我对不起你啊，把你害惨啦。”

其实，南师关于女学还有更重要的一个观点。

南师以少有的斩钉截铁的语气说过：“我们这次办女校便是要推广这样一个教育文化，是希望女性负担起来男性没有做好的工作，女人出来，把推动社会国家文明进步的责任承担起来，承前启后，继往开来，以身作则，教育好下一代。”

王红说：“半年来，我已经瘦了 20 多斤。”

南师说：“我倡议办女子学校这件事情，把王红骗惨了。但是，我只倡议，但开风气不为师嘛。王红，你要记住——”

停顿了一下，面带微笑、慈眉善目的南师突然严肃起来，用手猛力拍了拍桌子，说："做任何事，只要一开始，就不要后悔，哪怕错了，也要将错就错，错的也是对的。"

随后，南师让宏忍法师和牟炼抱了一大摞书出来，包括《中国十大皇后》《中国后妃传》《冯太后传》等供王红编撰教材时参考。

南师说："办女子学校是我晚年最重要的事情之一。"他再次重复道："趁着我还活着，把这事情办了。我以前在香港，就想办一个女子学校，让女孩子从小就进学校，学琴棋书画，什么都学，把每个女孩子都培养成才女和淑女。如果谁要讨老婆做'中国第一夫人'，非到我这里来找不可。"

王红说："我请了台湾的陈曹倩女士来我们这里教女红。"

南师说："这个人很好，当然，女红包括很多啊。比如我们穿的衣服，以前都是自己做的，现在呢？一个国家的标志就是文物衣冠，韩国的服装是我们明朝的，日本的和服是我们唐朝的。我们为什么没有自己的'衣冠'了呢？我身上这套衣服是泰王做的衣服，是泰国皇帝自己设计、自己制作的，当时一共给（中国）台湾送了两套，一套送给了蒋介石的秘书长马纪壮，一套送给了我。而我们自己却没有自己的服装啦。"

谈到女子教育，南师又说："我们现在办教育，不能只教琴棋书画、女红之类，还应该教她们怎样做一个健康、快乐的女人。"

我对王红说："当今中国，女性地位得到了空前提升。但是今天的女士们虽然在政治中有权利了，在社会上有影响了，在商场里有魄力了，在家庭中有地位了，在口袋里有钞票了……但是，越来越多的女性发现自己更迷茫了。她们在这个高速发展的社会面前，困惑、茫然、焦虑、纠结、郁闷、空虚、寂寞、彷徨……科技越发达，物质越丰富，时代越进步，而她们越来越不知道，该怎样做女人了，尤其是做一个优秀的女人！我建议，融合南老师的思想与理念，组织专家专门编辑出版一套书，既作为女子德慧大学堂的教材，也作为惠及社会广大女士的优秀读物，用一套书的声音，唤醒那些沉寂和迷茫的内心。用一套书的力量，教会她们怎样做一个优秀的女人。”

南师、王红连连称好。

王红说：“我希望在不影响传记写作的前提下，邀请王国平参与我们这个团队，担任我们德慧女子书系的总策划。”

我不假思索地回答：“好啊！”

然后，我看见在座的人都乐呵呵地盯着我，我才恍然大悟，暗叫不好：“难道我也捡到了一个‘银元宝’？”

# 第十三章　南师眼中三首诗

## 一

7 月 9 日开始，凤凰卫视连续 5 晚播放纪录片《西藏的西藏》。

大家本来不知道有这么一部片子，后来，南师说："胡德平夫妇来电话告知此事，希望大家看看这个片子。"一看之下，大家都认为这是一部摄制相当认真的纪录片。

《西藏的西藏》共分 5 集，分别为《神秘文明的遗痕》《探寻象雄文明源头》《神秘绚烂的西藏之花》《象雄文明失落之谜》《苯教今生》。诚如推介语所言："尘封在阿里荒原的古老文明，藏传佛教之前的苯教传承。象雄，西藏文明真正的根。难以解读的象雄文字，绵绵若存的神秘修行，朝圣、祭祀、供奉，横亘千年，佛苯之争。让我们一同上路，探知象雄文明的神秘面孔。"这部纪录片，可以让很多人了解西藏的象雄文明和苯教文化。

每一集看完，南师都会做一些评述。因为南师早在四川时，20 多岁的他就已经被授予密宗上师。

1945 年，南师在神通俱足的风了和尚的陪同下，远走西康、西藏，参访密宗各宗各派。风了和尚为他护法并安排行程，满空法师为他担任藏语翻译，四川高等法院首席检察官谢子厚大居士则供养他红教、白教、黄教、花教等的多种秘藏法本。也许由于南师曾拥有当时西昌行辕公署少将参议的头衔，因此他能在康藏一带得到顺利的安排，并有得以参透密宗各派奥秘的方便。

这一次远行中，南师拜访了贡噶活佛、根桑活佛等当世大德，得到多位上师的印证，承认南师为合格的密宗上师。后来，贡噶活佛还在成都名刹大慈寺，特地为南师传授了显密大小戒律，并亲手书写藏文传法传戒的证书交给了南师。

由此可见，南师对于西藏和苯教、藏传佛教了解甚深。

我曾经见到关于南师学习密宗的文字。可惜一直没有机会向南师求证。文中南师如是说："我们当年学'大'密宗的法，很痛苦！求法就求了好几个月，天天到上师面前磕几十个头；天天供餐，上师始终不理你，几个月后总算答应了。据说要与大法有缘的才能传，一百多人报名登记，只圈定二十多个有缘的人。传法前，上师本身在坛城内念经念咒，手中的铃杵叮叮咚咚，比唱歌演戏还要忙；坛场从早到晚供佛的檀香、沉香不断，庄严得不得了，修七天七夜，要修到护法神现身。譬如道场的护法若是韦驮、关公，那硬是修到韦驮、关公站出来让你看，这个坛场才可以传法。到传法时严重了，前门上锁，后门上锁，有卫兵站岗，二十多个人，膝盖早已跪酸了，也不敢抬头，偷望一眼，上师宝座依然是空的。最后终于等到上师出场，坛场庄严肃穆，这下可传大法了！搞了一百多天，花了那么多钱，老人家一上座，静悄无声，桌子一拍‘啪’一声巨响，半天没有开口，再偷偷一看，上师不见了！莫非上师有隐身术？原来进房间去了，是上师不高兴吧？然后我们央求大师兄再恭请上师，上师上座说：‘大法已经传完了，没有懂吗？’他骂了一顿。好，大法不懂，比大法差一点的传给你们：‘我，就是佛，一切不管，好了！’又下座进去了。两句话，花了那么多钱，磕了那么多头，这个大法传完了！这是大密宗，你看厉害吧！实际上他传了吗？真传了！你们当中有敢相信自己就是佛吗？除非发神经。如果你不发神经而相信自己是佛，那就差不多了。但是凡夫多是不信自己是佛，或者信成发神经。”

由《西藏的西藏》引出了一系列话题，其中就包括仓央嘉措的诗歌和曾缄的《布达拉宫辞》。

## 二

南师说：“我认为，中国文学史上有三首长诗写得最好。”

我是一个写诗的人，自然极为关切如南师这样一位国学大师眼里的好诗是哪三首。南师不紧不慢地说：

一为白居易的《长恨歌》，妇孺皆知，不再多提。

一为吴梅村的《圆圆曲》，知者甚少。

《圆圆曲》是清初诗人吴梅村的诗歌作品，同时也是清诗中享有最高声誉的七言歌行。写于顺治八年（1651），在作者由明入清后第8年。诗的历史背景是公元1644年的甲申之变，以吴三桂和陈圆圆的悲欢离合构成全诗的叙事情节。崇祯十七年（1644）李自成所部农民起义军向北京发动了猛烈攻击，明廷在军情万分紧急的情况下，最后才决定将驻防于关外的宁远总兵吴三桂撤回保卫京师，当吴三桂军行抵河北丰润时，北京已经陷落了，并且得知崇祯帝自缢于煤山的消息。吴三桂驰返榆关，准备向起义军投诚。传说因为他听到爱妾陈圆圆被掳，才愤而投清，并引清兵入关。在一片石大战中，起义军失利，李自成被迫退出北京城。因为一个女人造成的这一历史的骤然变化，使本来走向胜利的起义军归于失败，终于导致了清王朝在中国的建立。

该诗因金庸先生的《鹿鼎记》而为部分武侠读者所熟悉，尤其是其中“恸哭六军俱缟素，冲冠一怒为红颜”两句广为流传。

鼎湖当日弃人间，破敌收京下玉关。
恸哭六军俱缟素，冲冠一怒为红颜。
红颜流落非吾恋，逆贼天亡自荒宴。
电扫黄巾定黑山，哭罢君亲再相见。
相见初经田窦家，侯门歌舞出如花。
许将戚里箜篌伎，等取将军油壁车。
家本姑苏浣花里，圆圆小字娇罗绮。
梦向夫差苑里游，宫娥拥入君王起。
前身合是采莲人，门前一片横塘水。

横塘双桨去如飞，何处豪家强载归？
此际岂知非薄命，此时只有泪沾衣。
薰天意气连宫掖，明眸皓齿无人惜。
夺归永巷闭良家，教就新声倾坐客。
坐客飞觞红日暮，一曲哀弦向谁诉？
白皙通侯最少年，拣取花枝屡回顾。
早携娇鸟出樊笼，待得银河几时渡？
恨杀军书底死催，苦留后约将人误。
相约恩深相见难，一朝蚁贼满长安。
可怜思妇楼头柳，认作天边粉絮看。
遍索绿珠围内第，强呼绛树出雕栏。
若非壮士全师胜，争得蛾眉匹马还。
蛾眉马上传呼进，云鬟不整惊魂定。
蜡炬迎来在战场，啼妆满面残红印。
专征箫鼓向秦川，金牛道上车千乘。
斜谷云深起画楼，散关月落开妆镜。
传来消息满江乡，乌桕红经十度霜。
教曲妓师怜尚在，浣纱女伴忆同行。
旧巢本是衔泥燕，飞上枝头变凤凰。
长向尊前悲老大，有人夫婿擅侯王。
当时只受声名累，贵戚名豪竞延致。
一斛珠连万斛愁，关山漂泊腰肢细。
错怨狂风飏落花，无边春色来天地。
尝闻倾国与倾城，翻使周郎受重名。

妻子岂应关大计，英雄无奈是多情。
全家白骨成灰土，一代红妆照汗青。
君不见馆娃初起鸳鸯宿，越女如花看不足。
香径尘生鸟自啼，屧廊人去苔空绿。
换羽移宫万里愁，珠歌翠舞古梁州。
为君别唱吴宫曲，汉水东南日夜流！

南师说，陈圆圆此生，无论或谤或誉，能得吴梅村此诗一唱，也不枉了所背的一世骂名。所以说，真正了解陈圆圆的，既不是李自成——他粗鄙无能、不懂爱情，也不是吴三桂——他引清兵入关，践踏爱情，而是江苏太仓的大才子吴梅村。

三

还有一首是《布达拉宫辞》。

南师说："宏达，你去把曾缄的诗词复印一份过来。"

然后，南师把曾缄翻译的《仓央嘉措情歌》和他所写的《布达拉宫辞》递给我说："曾缄是了不得的大诗人啊！"

接着南师回忆了得到这些作品的来历。

这件事跟一个叫印华法师的比丘尼有关。印华法师是太虚法师办汉藏佛学院时的学生，抗战时期曾到世界级大诗人泰戈尔所在的大学读书，后来任温江尼众佛学院院长，为当时川西尼众中之翘楚。南师到峨眉山大坪寺闭关，亦得益于印华法师的推荐。南师闭关期间，她是虔诚发心供养的外护之一。南师曾在一首名为《忆禅人印华法师》的诗中写道："印心促膝记当年，定起绳床月满天。几点蜡梅花欲蕊，经窗相对两无言。"这首诗记述的是南师当年接引印华法师悟道的公案。

1942年，南师在灵岩寺参禅，突然收到一封信，传西法师帮忙拆开一看，是一本1939年1卷8期的《康导月刊》杂志，杂志里就载有曾缄翻译的《六世达赖仓央嘉措情歌》，后来曾缄又写了传世名篇《布达拉宫辞》，闻名海内外。

南师微笑着说："一看文字，就把我吸引了，非常喜欢。我把这些诗翻来覆去地读，背得很熟。这些诗也一直带在身边，哪怕到台湾，也没有舍得丢掉。现在都还能背《布达拉宫辞》。"

说着，南师抖了一下烟灰，背了起来：

> 拉萨高峙西极天，布拉宫内多金仙。
> 黄教一花开五叶，第六僧王最少年。
> …………

这首长达44行的诗，南师张口就背，其惊人的记忆力，让在座的学生和客人佩服得五体投地。

南师又说："你们四川人了不起啊，曾缄也是四川人啊。"

在座的其他同学立即"鼓噪"起来："老师，你对其他每个地方都有褒有贬，为什么一直在说四川的好话？这么多年了，我们就从来没有听见你说一句'四川不好'的话。"

南师说："对不起，我喜欢四川。"

南师又捡起刚才的话头，说："曾缄是北京大学的高才生，后来又到蒙藏委员会任职，工作期间他搜集、整理、翻译了仓央嘉措的藏语情歌 66 首。其翻译版本在现行汉译古本中公认成就最高。"

我想，所有喜欢仓央嘉措诗歌的人，尊崇南师的人，都应该读一读曾缄写仓央嘉措故事的这首《布达拉宫辞》：

拉萨高峙西极天，布拉宫内多金仙。
黄教一花开五叶，第六僧王最少年。
僧王生长寞湖里，父名吉祥母天女。
云是先王转世来，庄严色相真无比。
玉雪肌肤襁褓中，侍臣迎养入深宫。
峨冠五佛金银烂，绛地袈裟氆氇红。
高僧额尔传金戒，十五坐床称达赖。
诸天为雨曼陀罗，万人合掌争膜拜。
花开结果自然成，佛说无情种不生。
只说出家堪悟道，谁知成佛更多情。
浮屠恩爱生三宿，肯向寒崖倚枯木。
偶逢天上散花人，有时邀入维摩屋。
禅修欢喜日忘忧，秘戏宫中乐事稠。
僧院木鱼常比目，佛国莲花多并头。
犹嫌少小居深殿，人间佳丽无由见。
自辟篱门出后宫，微行夜绕拉萨遍。

行到拉萨卖酒家，当垆有女颜如花。
远山眉黛销魂极，不遇相如岂自嗟。
此际小姑方独处，何来公子甚豪华。
留髡一石莫辞醉，长夜欲阑星斗斜。
银河相望无多路，从今便许双星度。
浪作寻常侠少看，岂知身受君王顾。
柳梢月上订佳期，去时破晓来昏暮。
今日黄衣殿上人，昨宵有梦花间住。
花间梦醒眼朦胧，一路归来逐晓风。
悔不行空学天马，翻教踏雪比飞鸿。
踪迹分明留雪上，何人窥破秘密藏。
哗言昌邑果无行，上书请废劳丞相。
由来尊位等轻尘，懒坐莲台转法轮。
还我本来真面目，依然天下有情人。
人言活佛能长活，争遣能仁遇不仁。
十载风流悲教主，一生恩怨误权臣。
剩有情歌六十章，可怜字字吐光芒。
写来旧日兜棉手，断尽拉萨士女肠。
国内伤心思故主，宫中何意立新王。
求君别自熏丹穴，觅佛居然在里塘。
相传幼主回銮日，侍从如云森警跸。
俱道法王自有真，今时达赖当年佛。
始知圣主多遗爱，能使人心为向背。
罗什吞针岂诲淫，阿难戒体知无碍。

只今有客过拉萨，宫殿曾瞻布达拉。
遗像百年犹挂壁，像前拜倒拉萨娃。
买丝不绣阿底霞，有酒不酹宗喀巴。
愿君折取花千万，供养情天一喇嘛。

我之所以将此诗抄录于本书，绝非为了凑字数，而是我想要用这种方式向两位大师——曾缄先生和南师致敬！

# 第十四章　楼成人去散亦聚

## 一

南师的长随学生李慈雄先生一直以来有一个心愿，要在上海为南师建一个书院，让南师方便在上海讲课。

经过南师首肯，定名为“恒南书院”。

无论何时何地见到李慈雄，他都是精神饱满，声音洪亮，浑身散发着书卷气息。只要无重大事情，李慈雄就会从上海赶回学堂，陪南师吃晚饭，然后在禅堂的一间关房里静坐修习。我曾到过他的关房，房内陈设极其简约，除了一张书案和些许纸笔，几无他物，你完全想不到住在这里的竟然是享有建筑界“地砖之王”之名的商界大亨。

有天晚上，讨论结束，南师回主楼后，李慈雄与我在餐厅继续聊天。他说，早在台湾大学电机系读大二时，他就开始关注传统文化。而他之所以引起南师的关注，缘于他推荐南师新书《论语别裁》非常努力，卖的书总是最多的，他自己也在书中获益匪浅。虽然他学习的是现代物理，但是他依然感到现代物理学无法解决他心中对宇宙源起的困惑，于是就去拜访南老师，希望在南老师那里学习。南师看了看他说：

“你到我这里听课要交费的。”李慈雄说：“我家境困难，勉强交了大学学费，没有钱来这里听课。”南师说：“那你可以在我这里打工。”

李慈雄端起茶喝了一口，爽朗地笑了笑，接着跟我讲。

当时李慈雄对南老师说：“我不知能否干得了。”

南老师说：“就是打扫厕所、擦地及倒茶待客这些杂事。”

李慈雄高兴地说：“这些我干得了。”

南老师问：“什么时候开始干？”

李慈雄回答说：“现在就干。”

于是，他当场挽起袖子就做起来……

李慈雄悠悠地回忆道：“当时老师很严格，会趴在马桶旁边看里面有没有刷干净。我洗刷的玻璃茶杯，他会拿到太阳光底下看，发现杯沿不净处就要我再去洗。尤其是当我给客人倒茶，不小心洒水到茶杯外，南老师当众不客气地说：‘看，这就是台大电机系的学生，茶都不会倒。’我常常羞愧难当，下不了台。”

同样的话题，南师、李淑君和刘雨虹老师都对我讲过。

南师说：“国平啊，你可能想不到，我当年还教过慈雄刷马桶，跟在我身边的人，我要求相当严格，做什么事情都要认真。”

李慈雄说：“其实，我明白，南老师这样做，是想打掉台大学生骄傲自大的习气，磨难我，考验我，让我动心忍性，增益其所不能。经过持续半年的测试，都没有让我打退堂鼓，依然坚持不懈地做那些再简单不过的琐碎之事。”

半年后，南师开始教他第一篇文章《史记·货殖列传》。

李慈雄说，他当时想学的是佛学，老师讲《史记·货殖列传》，开始他感到迷惑不解："我又不做生意，学这个干啥？想不到10年后，我在美国斯坦福大学拿了博士学位，到美国电话电报公司工作，后来又到世界银行工作。1987年，老师突然叫我离开美国回大陆做生意了。冥冥中老师似乎在几十年前就规划了我今天的行止。"

说起南师的教导，李慈雄永远记得，自己在离开美国前往上海的时候，南师语重心长地说："世界上最厉害、最有效的东西就是诚实、信用，你去大陆就带这个文化理念回去。"

于是，李慈雄放弃高薪，卖掉了在美国的别墅，带着妻儿在上海起家。1989年，创办了斯米克有限公司，1990年5月起开始在大陆的企业投资，1993年成立了上海斯米克建筑陶瓷有限公司并担任董事长。主要经营建筑陶瓷、电器电子及造纸、房地产等行业。

李慈雄对我说："国平，我最听老师的话，老师叫我辞去世界银行的工作，我就辞。老师叫我到上海建厂，我就到上海，我是第一个到上海投资的台商。老师叫我恢复洞山寺，我就恢复。"

江西宜丰洞山普利禅寺是曹洞宗祖庭，由洞山良价禅师在此创宗，沧海桑田，该寺毁损严重。李慈雄、吕松涛、陈金霞、戴卫东等几位响应南师号召，出资复建该寺，如今即将竣工。而为之付出巨大心血的南师，却再也无法亲临欣赏巍峨庙貌，聆听梵声缭绕。

## 二

去太湖大学堂之前，就已经听说慈雄兄在建恒南书院，一心想去看看。

7月11日晚上，南师说："慈雄，你的书院建得怎样了？"

李慈雄说："主体结构已经完成，正在进行内部装修。"

南师说："明天，牟炼、国平、王红，你们三位就代表我去慈雄那里看看吧。牟炼，你把摄像机带上吧，可以拍点东西回来。"

我们三个人听了非常高兴。

第二天，我们匆匆吃过早饭，坐上慈雄兄的车直奔书院而去。在车上，慈雄兄向我们介绍了书院的情况："书院是秉承南老师意愿而建造，作为南老师弘扬文化的基地之一。南师欣然首肯。我把这件事当作回报南老师的第一等大事在做。"据他介绍，2007年选定浦江镇恒南路为书院院址，该处位于友谊河及三友河之侧，颇有儒释道三友及东西文化二友之意蕴。由美国著名设计师肯·詹金斯（Ken Jenkins）设计，南师亲加指示，再由斯米克公司房产部汪松等人负责建造，已近5年，即将竣工。

南师曾于2011年对李慈雄兄说："慈雄啊！房屋不重要，重要的是内容，赶快盖好吧！不要等公路修好时，车子已跑不动了。"岂知南师一语成谶，先生竟未能亲临讲课，令人痛悔无尽。

恒南书院位于上海闵行区恒南路1288号，这是一处环境优美的所在，主体坐北朝南，俯瞰是一片开阔的绿地，而且东侧与南侧都有河流经过，波光粼粼，杨柳依依，生气十足。

陪同我们参观的是斯米克公司的郑主任和戚小姐，他们一路引领我们，一边向我们介绍书院的情况。

书院的整体建筑和室内设计风格虽然延续了太湖大学堂的精髓，但是融入了城市中大学所需要的校园设计，同时也考虑周围环境而对不同功能区域以及一些显著不同的建筑风格做了适当的调整。

综合大楼由主楼与两侧较低的辅楼组成，构成了一个U形的中央庭园。东楼内侧连接着主回廊，外侧有植物围绕着一个四方形的中央草坪。坐落于东翼辅楼（东楼）的钟楼高于其他建筑，可以引领访客进入中央庭园。

郑主任说："这种建筑风格反映了欧美大学的学术传统，可以从许多著名的学术机构找到类似的建筑风格。这种类似大学校园的空间是整体设计的主要亮点。"

据介绍，这也是庙港太湖大学堂的主要设计灵感，类似的概念如今也应用在恒南书院的建筑中——虽然它坐落于一个比较拥挤的城市。在庙港，它的影响更倾向于苏州园林与欧亚建筑的结合，它的设计结合了简约的西方经典建筑比例、亚洲屋顶建筑形式以及苏州传统建筑中白、灰、黑、红的色系，建筑的屋顶瓦片是以香港政府大楼的屋顶瓦片为模板，同样的瓦片也应用在了恒南书院的建筑中。

我们缓步走入主楼大堂，大堂为挑高三层的空间，整体设计为中西结合式风格。高耸的拱廊延续着外围回廊的设计风格，使得内外空间自然连接。在延续回廊整体设计的同时，设计师还特别处理墙面、地面拼花及天花铁艺等细节，不仅美化了大堂区，更强调了大堂在一楼空间中最重要的地位。

大堂包括接待区、茶水吧、会议室及教室等功能区，一个专门展陈和销售南师作品的书店占据了非常重要的位置。

二层公共区域的走廊采用完全开放的设计，站在二楼可以看见整个大堂的空间，而且石拱门还将一层和二层结合为一体，铁艺栏杆也延续了楼梯间的设计风格。

戚小姐建议我们走楼梯上楼，说是让我们感受一下受西方传统建筑中楼梯样式所启发的楼梯风格，每一层台阶都优雅而宽大，以方便上下楼。这种设计鼓励人们多走楼梯而不搭乘电梯，从而更有利于健康与环保。楼梯中央是开放的，不仅创造明亮而通风的环境，而且在视觉上连接着主楼的所有主要楼层。

主楼六层为南师的工作及居住区域，主要风格延续太湖大学堂的中西式设计，色彩丰富的胡桃木镶板及房门烘托出整个空间的大气与稳重氛围，而且营造出宁静舒适的工作环境。

接待区外是图书馆和一个很大的会议室。图书馆有桌椅以供阅读与学习。居住区、南师的私人接待室和个人书房、餐厅、厨房、药房都坐落在东面，办公室皆在西面。

牟炼姐告诉我们，楼上的一桌一椅、一床一凳皆是南师亲手设计的，南师说，一定要为大家提供最好的舒适度。

参观完主楼，郑主任说：“我们先看看禅堂吧，这是南老师最关心的地方。”于是我们来到东翼辅楼，一层多功能厅设计风格同太湖大学堂多功能厅一脉相承，并使用回廊将整体环境融合在一起。室内的主要色调是胡桃木的深褐色及地砖的黑白色。因为是多功能厅，为达到良好的音响传播效果，设计师特意将天花板设计成手帕型的弧线造型。

通往二层禅堂的大楼梯间也是设计的重中之重——宽广的阶梯、传统的左右对称造型，天窗不仅可以看到前方的河流，还有充足的自然光投射进来。楼梯的扶手墙面使用仿石材的马来漆装饰，搭配着古铜色的扶手栏杆，营造出一种只能在五星级酒店或重要公共建筑见到的安静而幽美的氛围。

二、三层的禅堂设计大致与太湖大学堂的禅堂设计相同，大量使用色彩丰富的胡桃木。讲台区域贯通两层，整体呈现圆拱造型，搭配外围可移动的拱门，成为整个空间令人注目的焦点。椭圆天花板造型及顶面仿太阳光的设计，意在营造出神圣宁静的氛围，也增强了禅堂的立体感。禅堂周围的走廊和太湖大学堂的一样有不同的修禅功用。

我们一路参观，不断赞叹，王红则不断请牟炼帮忙留影。

沿着回廊，我们来到了西翼辅楼。一层员工餐厅设计为现代风格。厚实而高耸的深褐色胡桃木连续拱门，将交替的网型柱子变成一面连续的镂空的墙，与庙港太湖大学堂的墙有着异曲同工之妙。这面墙也区隔了就餐区域，形成舒适愉快的就餐环境。墙面上的水纹和晚餐盘造型的斯米克瓷砖在图像上区分就餐的重点区域。

二层主要由酒店式的客房所组成，三层主要是作为居家及客房使用的空间。

中午就在一层餐厅就餐，我们吃着建筑人员的工作餐，憧憬着南师来这里讲课的场景，仿佛现在已经开讲了。

三

晚餐桌上，见到一个新面孔，头发花白，戴着眼镜。南师介绍："这是著名佛像雕塑家詹文魁詹大师。"

我很早就知道詹先生的大名，于2001年9月正式落成的中台禅寺20余尊以全新理念形塑的大佛奠定了他的声誉。早在1985年，他就在美国文化中心首开石雕个展，声动美邦。吾蜀峨眉山金顶的十方普贤金像亦是他的杰作，该像通高48米，重达600多吨，建筑面积1000平方米，是目前世界上最大最高的十方普贤像。詹先生在塑此普贤像前，曾专程到沪请教南师，得到了南师的重要指导与帮助。

詹文魁曾说，"我的人生是为雕大佛来的"，他曾经发愿要雕大佛，认为雕大佛的心境宽绰、没有边际，而中台寺的惟觉老和尚也圆了他的愿力。他记得老和尚第一次邀请他雕中台寺主体的佛像时，他告诉和尚，"我不为名来，亦不为利来"，而老和尚开示："不求名，名自来；不求利，利自来，雕佛成佛！"

那天晚上，詹先生又带来了他最新的几件佛像雕塑作品，请南师欣赏并提意见。通过电脑，詹先生的作品在电视屏幕上得以展示，他刀下不采纳台湾固有的日本殖民文化影响下的佛像造型——脸大大、脖子短短、眼睛眯眯、体形胖胖，亦不采取大陆佛像造型，完全是以佛之心，造佛之像，自是无相成相，臻至最高境界。超越一般艺术领域所探讨的至真、至善、至美，显现出另一种佛像样态。

据詹文魁介绍，他的团队都是同类理念的结合，唯有对名利看得很淡才能投入。他们完全照古法来，工作前要打坐、持斋、诵经，从选好石材开始，艺术家们便以虔诚之心早晚礼拜所雕之佛。

南师对詹文魁的发心与作品赞誉有加，并提了许多极有价值的意见与建议，詹先生欣然领受。

随后，南师说："牟炼，把你们今天拍的东西让我们看看怎么样啊，看看慈雄这 5 年来的成绩吧。"

南师一边看视频，一边频频点头称好。

看完后，南师问："慈雄，全部完工，大概还需要多久？"

李慈雄说："如果不出意外，9 月底可以使用，那里办公设施和生活设施一应俱全，老师可以搬过去办公、讲课。"

南师高兴地说："那好哇！我一定去！"

李慈雄说："到时候，老师就更累了，太湖大学堂和书院两个地方跑。"

当天晚上，南师反复叮嘱李慈雄："你的书院建好后，一定要多做弘扬东西精华文化的事业。"

2012 年 8 月，诸事完备。

那是李慈雄倾尽智慧和心血为南师建造的一个修习、工作和讲课的地方，大厅墙壁上的画中那尾鱼栩栩如生，仿佛要游出墙壁，6楼的书房、客厅、餐厅、厨房、洗手间、药房布置一新，庄严肃穆的禅堂里檀香弥漫、梵声低回……

慈雄兄原定于10月1日至10日，请南师入驻书院讲学，不料8月南师已掩关谢客，但仍召李慈雄入室："学院你先安排开始文化活动吧！总要开始尝试的，不对就改嘛。慈雄，你以后要多用功！"

而南师，却最终没有去成。

离书院原定的开讲时间10月1日还有两天，南师辞世。

空空的房间里有风穿过，那是一座书院呜呜的悲声。

## 四

南师离去，悲不自禁。

2013年3月17日，南师诞辰。

这一天，李慈雄在恒南书院倡议发起"身心性命研讨会"，来自美国、新加坡以及中国北京、香港、四川、澳门、台湾等地的南师之亲友学生近两百人参加这一活动。

中科院院士、南方科技大学校长朱清时先生，中国佛学院副院长兼教务长、文殊院住持宗性法师，台湾著名书法家、中华书道学会创会理事长杜忠诰先生，香港太平绅士、著名遗传学家林德深先生，都在研讨会上做了精彩演讲。

与其说这是一次学术活动，倒不如说这是一次以学术的方式向南师表达哀思与缅怀的追思活动。

所有与会者都参观了恒南书院，大家在为南师准备的房间里驻足，摩挲着那些散发着木头芬芳的书架、椅子、茶几、餐桌……忆及南师的音容笑貌、点点滴滴，人们情绪哀伤，思潮起伏，有的友朋学生眼中已经泛起了泪花，久久徘徊，不忍离去。

大家不远万里来到这里，就是为了纪念南师。

因为我们相信，南师虽已往生，但南师从来都不曾离开我们。

离开恒南书院的时候，天上淅淅沥沥地下起了小雨，难道这是因为所有友朋学生思念南师，感动了上苍，连天公都动了情？

看着眼前的绿树流水，我想，南师或许早已到了这里。

# 第十五章　中西交流一使者

## 一

可能很多人会以为，南师是一个饱读诗书、学富五车的“迂老夫子”，随时在红木椅子上坐着，拘本线装书，天天“之乎者也”，对传统文化造诣精深至极，而对世界文化知之甚少。

然而，非也！

我在饭桌上，经常听见南师提及西方政治、经济、文化、宗教、哲学、科技等诸多领域，如数家珍。

了解南师的人都知道，南师岂止对儒、道、佛皆有精深造诣，还精通诸子百家、诗词曲赋、天文历法、医学养生诸学，又曾远赴美国、欧洲等地考察讲学，对西方文化亦有深刻理解，真正称得上学贯中西、著作等身，在中西文化界享有巨大声望。

南师说：“我们1969年在台湾就创立了‘东西精华协会’，我是会长，目的是沟通中西方文化，以谋求人类之和平与幸福。”

第二天，我看到了《东西精华协会中国总会纪要》。

读过之后，我才明白，这个协会是一个多么了不起的组织。

原来，1969 年 8 月，在一些外籍学者专家和南师学生的筹划下，东西精华协会先在美国加州成立。次年 3 月，在中国台北创立了东西精华协会总部，南师自任会长。

南师成立东西精华协会是为了做社会福利和教育两件大事。他的设想也很具体，首先要筹建“安颐别业”和“青少年辅导院”。这是《礼记·礼运》里的理想：“使老有所终，壮有所用，幼有所长，矜寡孤独废疾者皆有所养。”

其次，南师要做文化教育工作，弘法传道，把大学的课堂搬到社会上来，以此影响更多的人。他计划筹建“国际文哲学院”“禅学进修班”“西洋哲学进修班”“美术进修班”“国乐进修班”“语文进修班”和“国医进修班”等，他把这些计划都写进东西精华协会的章程里，他的目标很大，他想做的事情很多。可以说，他一生都在为自己的理想和追求不懈努力。

协会最开始的办公地点在台北青田街的一套三房一厅的公寓房里。1970 年，协会成立后的第一个讲座，由南师主讲，题目是《易经》，听课的人不多，只有十几人。

1971 年初，在人财两缺、极度困难的情况下，南师力排众议，毅然创办了《人文世界》杂志，南师自己每期都要写出三四篇文章。这份杂志办了近 10 年，他的好几本专著都是先在《人文世界》上发表的，其中就包括《静坐修道与长生不老》。

是年 5 月，东西精华协会搬到台北临沂街莲云禅苑四楼，那里有一间较大的厅房，作为教室。南师所讲的内容则从禅学扩大到传统文化的其他领域，前往听讲者极为踊跃，名流学子，贩夫走卒，靡不悉备，讲堂内外，均人满为患。南师或青衫布鞋，或西装革履，风趣幽默，侃侃而谈，听众每有所得，不时发出会心的微笑。

协会还从社会上聘请了学有专长的人士，开设了国乐、国画、书法、太极拳等课程，就是在章程里要办的各种进修班。一时间，协会办得生机勃勃，门庭若市。

今天，当刘雨虹老师、古国治老师、李淑君姐忆起当年南师创办东西精华协会时，其情其景，恍如昨日。

## 二

南师之学问，集中华传统文化之大成，其道德文章，名满天下，引起各国人士瞩目。美、英、法、德、日、韩、加拿大、比利时、菲律宾、马来西亚、新加坡等国一些名牌大学的专家、学者和学生，仰慕中国文化，崇敬南师的人品学问，纷纷登门拜访、学习。南师总是以诚、以礼相待，倾心传授，不计较代价，更不要求回报，因而不少从南师学习或同南师交往的西方人，受中国文化熏陶，逐渐进入东方文化的人生境界，与南师有若家人、父子。

德国来的一位学生学成归国时，更向南师行中国的跪拜大礼辞行，起来时仍泪眼婆娑，依依不舍。

加拿大学子文颢儒师从南师门下，不久，竟比不少中国人还中国化，他谦恭有礼，敬业乐群，好学不倦，文质彬彬，堪称西方儒者，受中国孝道影响，求学期间他还设法将寡母接到台湾观光。学成归国后，文颢儒出任加国文化部专员，公余之暇，将《论语别裁》译为法文，以广教化。

委内瑞拉学者达易理擅长禅意书画，对易学兴趣尤深，他专程来台从师研习《易经》，经亲炙及严格考试后，获南师亲自签署之适任海外易学教授证书一纸。达易理欣然返国，执教于委内瑞拉一大学，专任中国《周易》课程。

《纽约时报》名记者出身的美国禅宗巨子卡普勒，法号大心净圆，其弟子遍及五大洲，为寻禅宗之根，卡普勒率弟子贝克先生及般森女士特来拜访南师。两夕彻夜长谈，卡氏心悦诚服，受益良多，临行紧紧拥抱南师，激动地一再说“我不能不再来”。回国后，卡普勒极口称赞南师是一位现代难得的开悟者、一位了不起的当代禅宗大师，并常介绍他在欧美等地的禅门弟子，不断到南师处访谈求教。

以一部《中华科学文明史》而闻名于世的英国学者李约瑟博士对道家学术极为推崇，在写这部巨著时，曾专程赴台访求有关道家学术方面的学识和资料。陈立夫先生陪同他来南师处访谈，相见之下，晤谈甚欢，谈了 3 个多小时仍兴致盎然，庆幸自己如入宝山，迭获宝藏，终不虚此万里迢迢之行。

1985 年，南师避走美国，在华盛顿成立了“东西学院”，致力东西方文化沟通，弘扬中华固有之学术凡三载。旅美期间，几乎每天都有不少客人来访，其中有欧美亚非各国友人，以及美籍华人、旅美侨胞……多数为学者、教授，也有将军、议员、政要及工商巨子，他们不但来请教中国文化和佛学方面的知识，话题亦时常涉及经济、哲学、宗教及国际关系等等，来时虔诚、尊敬，走时喜悦、满足，无不倾心于南师的学识、修养和无穷的魅力。来看南师的还有一些小职员、小餐馆的老板、做临时工的黑人等，南师与他们欢坐一堂，妙语迭出，笑声不断，他们说：“听老师讲话真开心，我们在听笑话中便懂得了许多道理。”春风化雨，百草沾恩，南师教化凡五十余载，其著作惠及当世，亦将泽被后人，有幸衔法乳之惠者，又岂可以数量计？

1997 年，彼得·圣吉拜访南师，请教如何进一步提升自己。彼得·圣吉是美国麻省理工学院的教授，被誉为“现代管理学大师”，其专著《第五项修炼》曾轰动西方管理界。中国近年来提倡的“学习型组织”“学习型社会”的概念，就源自他。

南师教彼得·圣吉坚持每天坐禅一小时，同时介绍《大学》《中庸》《管子》3 部中国经典让他修习，说其中包含人类最高的管理哲学和政治哲学，也是个人修养、立身处世的宝典。彼得·圣吉深受启发，说：“真正找到了东方文化的老师。”

15 年来，彼得·圣吉每年都来向南师求教，并多次率团聆听南师授课，也获得了扎扎实实的收获与成长。南师辞世后的 10 月 12 日，他特地从美国赶来大学堂。而我当时正在采访杨麟，因此错过了与彼得·圣吉交流的机会，他发愿要把南师的著述《廿一世纪初的前言后语》上下册、《原本大学微言》中的重要章节和段落翻译成英语，出版小册子，把南师的学问传到西方去，传到世界去。尽快送到美、英和欧洲其他主要国家的精英手中，从高级官员到专家学者，让他们都能了解南师的高度东方智慧。这对世界政治、经济、文化都会产生重要的影响。

南师的部分作品，早已被翻译成英、法、韩、日、意、荷兰、西班牙、葡萄牙、罗马尼亚等多国文字在海外出版，影响广泛。

## 三

7 月底，应该是 25 日，餐桌上多了一位外国客人。

南师介绍说："这是北京中医药大学的硕士李博安，了不得，在学中医，相当有造诣哦！"

李博安是美国人，来中国已经 18 年了，硕士毕业后在广东省中医院工作，师从腹针大师薄智云。他原专业是营养学，后来发现中医也有相同点，于是又学了中医。他说一口流利的中文，此次来大学堂，依然是向南师讨教中医的问题，看得出南师对这个外国学生很喜欢。

南师说："治病要注意时差，这个问题很多人没有注意到。比如一个人在中国生活了几个月，回去之后，短时期内还是要按中国的时间治疗。"

李博安满脸惊奇，频频点头。

南师停了停，又说：“中医一定要懂得道家常识，比如同时有子午线和指南针，应以指南针为准，特别要注意磁偏角，要灵活运用，不能呆板，不能太教条。”

李博安说：“我的朋友建议我先学习，再修炼，下次我回来希望能请老师灌顶，并教我《准提咒》。”

南师说：“中国有句老话：聪明反被聪明误。”

李博安说：“要克服聪明很难啊！”

南师说：“那你要警觉，千万不要被自己的聪明耽误了。”

接着，南师给李博安讲了自己治疗白内障的事。

南师说：“我不是有白内障嘛，请了好多医生来看，连毛泽东的眼科手术医生唐由之都来帮我看过，他的绝招是‘金针拨障’，名气相当大。唐医生给我看了之后说：‘你的白内障还没有熟，再过一年才能做手术。’我不敢找他做，你想啊，‘金针拨障’需要极好的视力，他都八九十岁的人了，视力再好能好到哪里去？万一他一不小心，我的眼睛就完了。我怕的是，不做手术还能看点，如果做了反而看不见了。这几年我自己也在做功课，我想看不见就算了。”

南师话锋一转道：“我不是想说哪个医生好，哪个医生强，哪个医生水平低下，重要的是要博采众家之长，千万不能自己反被自己的聪明误了。所以做事不要偏，专一了就是偏，不偏又很（肤）浅，不能深入，这最难把握。”

南师讲了半天故事，原来还是在提醒李博安要时刻警觉和反省自己。

李博安连连称是，然后对南师说：“我想学学中国的正骨手法。”

南师说：“医学太博大精深了，佛法有五明，是从印度传过来的五类学科，指的是：内明、医方明、工巧明、声明和因明。其中‘医方明’就是医药的学问。‘因明’就是逻辑学、因果关系、比喻方法、帮助思维的工具……”

李博安不住点头记下。

南师说：“你不是要修道嘛，修道也要修五明，这些内容太多了，听了也不一定全部领会，那你就‘吃不完兜着走’吧！”

餐桌上发出了一片开心的笑声，李博安也在呵呵地乐着。

# 第十六章　一瓢一笠走他乡

## 一

岁月如歌，人生几何？

关于音乐，南师有自己的审美情趣和眼光。

某晚，南师老友杨管北的儿子、商界巨子杨麟先生来看南师。

说起杨麟，与都江堰还有很深远的关系，他的远祖杨遇春（1761—1837）即四川崇州人。杨遇春一生作战数百次，战法变化多端，临战常躬冒矢石、冲锋陷阵，却未曾受伤，故有“福将”之称，辞世后，谥号“忠武”，故又称杨忠武侯，葬于都江堰市天国山，至今仍有“侯爷墓”和精美摩崖石刻存世，杨先生亦曾赴川认祖。

曾有文章这样评价美籍华人杨麟：“他比所有的外国人都中国化，却又比所有的中国人都西方化，他的朋友称他为典型的‘半封建半殖民地’人物；他曾经是上海滩的小开，如今是叱咤商界的‘老K’[1]；他出入上流社会，每年却要

1. “老K”，意为大亨、老板。

花固定的时间忍受贫穷落后的煎熬；他是《去大后方》的策划人，他还营救过他的表哥李政道……”

在“人民公社”的餐桌上，83岁的杨先生谈兴极浓，谈到他小时候的“奢华”生活——一个小孩子身上揣的钱比大人还多，经常看电影、喝咖啡、交女朋友……20世纪40年代的上海滩陌生生活吸引着我们。

杨先生说：“其实最让人怀念的还是当时小贩的吆喝声。”

大家都说：“学一下听听。”

杨先生就学了几声小贩的吆喝，因为我听不懂上海话，无法将之写出来，但是依然感到其抑扬顿挫，旋律优美，仿佛在唱歌。

杨先生学完，大家犹感不尽兴，纷纷要求：“再学几句！”

看到大家兴致正高，杨先生干脆站了起来，模仿小贩，摆起姿势，有板有眼地吆喝起来，他吆喝一句，在座的同学跟着学一句，学完后，大家笑倒一片，南师也忍不住莞尔。

等大家笑完了，南师对我说：“杨麟很了不起，他出资拍了一部描写抗战转移的纪录片《去大后方》，影响很大。你以后要找个时间，好好做一下杨麟的访谈，他有很多龙门阵哦。”

杨麟说：“《去大后方》（主题曲）的歌词是南老师写的。”

南师说：“不敢当啊，这是根据清代李玉写建文皇帝的昆曲《千钟禄》的词改的。”

南师又说：“宏达，这首歌你唱得好，唱给大家听听。”

于是，宏达兄清唱了《去大后方》主题曲，歌声悲怆激越，直唱出了抗战时国人去大后方逃亡的辛酸与痛楚，其词云：

收拾起大地山河一担装，去后方。
历尽了渺渺途程，漠漠平林，
垒垒高山，滚滚大江。
似这般寒云惨雾和愁苦，
诉不尽国破家亡带怨长。
雄城壮，看江山无恙，
谁识我一瓢一笠走他乡？
…………

然后，南师给我们讲，《千钟禄》描写了燕王朱棣攻占南京后，建文帝在程济的陪同下化装成和尚逃亡的故事，曲目结合建文帝逃亡途中的所见所闻、所感所想抒发情怀。本曲取自第十一出《惨睹》。

南师感叹道："建文皇帝逃亡虽与抗战逃亡背景不同，但是其逃亡的悲怆与沿途的惨状，却是那么地相似。所以，杨麟让我为《去大后方》写歌词时，我就将这段唱词略作改写。"

## 二

一天晚上，南师唱毕川剧，众人仍沉浸在那沧桑的旋律里。良久之后，史久光的女儿史济洋说，她在台湾学会了一首大陆传过去的歌，叫《烟花三月》，一听便让她不由自主地起了思乡之情。然后，她为我们清唱了这首歌。史老师虽然已近 80 高龄，但是音色优美，歌声婉转，博得了大家阵阵掌声。

南师对歌词极为赞扬，一句一句地默默重复歌词。然后，南师对牟炼说："好久没有听到这么美的歌了，赶快把歌词抄下来，大家一起学习。"

我在网上找到了由陈小奇作词的《烟花三月》：

牵住你的手
相别在黄鹤楼
波涛万里长江水
送你下扬州
真情伴你走
春色为你留
二十四桥明月夜
牵挂在扬州

扬州城有没有
我这样的好朋友
扬州城有没有人
为你分担忧和愁
扬州城有没有
我这样的知心人哪

扬州城有没有人
和你风雨同舟

烟花三月是折不断的柳
梦里江南是喝不完的酒
等到那孤帆远影碧空尽
才知道思念总比那西湖瘦

## 三

王红又一次来太湖大学堂时，我们在饭桌上无意中谈到了音乐。我虽五音不全，但是在初中时代曾经狂热爱好流行音乐。我与王红侃侃而谈，中国大陆、港台地区以及新加坡等地歌曲信手拈来。

可能以为写东西的人都是“两耳不闻窗外事”，与我一谈之下，王红大吃一惊，道：“国平，你的知识面太丰富了。”

南师呵呵笑道：“你现在才晓得，王国平的花样多着呢！”

王红说：“国平，那你写不写歌呢？”

我说：“以前写过一首。”

在座的同学都鼓动说：“唱给南老师听听。”

我说：“我唱不来歌，倒是可以请大家听听马薇的版本。”

然后，我就播放了我在2010年作词、著名音乐人张骁作曲、著名歌手马薇演唱的《感恩》。

我很担心歌曲让南师失望，小心地看着南师的表情。南师听了很高兴，说："不错不错哦，你用普通话朗读一遍歌词吧。"

我遵命朗诵。

牟炼等人说："不行，还要用四川话再朗诵一遍。"

于是，我用四川话又朗诵了一遍歌词：

我们把哈达举过雪山
感谢风高云淡的苍天
感谢你创造了高山大川
感谢你把太阳的温暖
洒遍我们的家园

我们把五谷撒向农田
感谢孕育万物的大地
感谢你赐予了春华秋实
感谢你用思乡的月光
拴住了袅袅的炊烟

我们把泪水流给从前
感谢大智大慧的祖先
感谢你留下无数奇迹
感谢你留给我举世无双都江堰

大爱无言大美无边
大风吹过了亿万年
玉垒浮云变了人间
不变的是
山川携手舒锦绣
热血沸腾我心间
滚滚江水滔滔古堰
回首凝视了两千年
李冰不老风采依然
依然守护着
秦时明月汉时关
依然守护着
稻花香里说丰年

# 第十七章　隔海忆旧已沧桑

## 一

7 月底，南师希望宏达兄夫妻、乌慈亲和我能一起去台湾，看看他以前生活和工作过的地方。

但是，一了解，我的户口在成都，当时还没有开放自由行，去不了，我深为遗憾。于是宏达兄等三个人赴台。

8 月 7 日、8 日两晚，从台返回的宏达兄利用晚饭后的时候，向南师和大家报告此次台湾之行的情况。

南师边听报告、边看视频，边与大家介绍：这是我们以前讲课的地方，这是某某书店，这是戴公祠……

尤为神奇的是，宏达兄他们在台湾居然看见了传说中的“凤凰”，而且还为南师带回了“凤凰”的一根羽毛。从视频上看，“凤凰”是一种很奇特的鸟，与我以前见过的任何鸟类都不一样，颜色不是神话传说或花鸟图画中的五彩斑斓的那种。

南师说：“凤凰是存在的，还有一种神奇的鸟叫鸾。”

## 二

宏达兄的台岛之行，又勾起了南师对台的深深思念之情。

南师回忆起了 1947 年，他回到乐清与家人重聚的情景，这也是他与双亲最后的团聚。

南师说："回去的那天晚上，我跟父亲睡在一张床上。到了半夜，父亲翻来覆去睡不着，忍不住问我：'如今天下大势究竟如何？'我说：'共产党一定会统一中国。'父亲当场大惊，抓住我的手紧张地问：'你是不是共产党？'我给父亲说：'不是，但如今也不管国民党的事。两面都不管。'父亲又问：'既然如此，你为什么认为共产党一定会统一中国呢？'我说：'大势所趋，理由很多，一言难尽。'我向父亲表明心迹，这次回家，是想带全家人一起走。父亲长叹一口气说：'我素来是不喜欢出门的，外面语言也不通，就留在家里听天由命吧。但你打算上哪儿呢？'我说：'有三个地方可以去，（中国）台湾、香港，或新加坡。'"

南师歇了口气，说："父亲当时就说：'既然要走，那就马上走，不要在家里待了，很危险！'第二天一早，父亲就把我送走了。"

1948 年，南师曾自行到台湾考察。1949 年 2 月底，他终于辞别不肯离乡的双亲和妻儿，断然只身赴台。开始，他栖身在基隆海滨一陋巷，看到"二二八"事件冲击之后的台湾，加之 1949 年开始的两岸阻隔，一时间社会动荡，人心惶惶。

当时谋生困难，他先与几位朋友办了一家"义利行"公司，从事琉球到舟山的货运，开始赚了一笔钱。但好景不长，总经理因贪多，没有听从他的嘱咐，导致三条机帆船被舟山国民党当局征用，损失价值一万根金条，血本无归。南师一生就做了这一回生意，不想时局动荡害他一夜之间破产，一段时间内都要靠典当过日子。但即使在这样的困难时期，南师仍洒脱超然，不为困境所拘，并且不忘接济邻居，甚至不惜借债弘扬传统文化。

南师说："刚到台湾，街上没有一本中文书，当时我感觉台湾中华文化命悬一线，因此我倡议设立印经处，并且捐资出来印经，最开始印的是《圆觉经》。没办法啊，行道要做的第一件事就是布施。当时很多人不布施，于是，我决定改变布施的方法：两手布施，一手财布施，一手法布施，同时又内布施、外布施……"

宏忍法师很快给我拿来一本当年印刷的《圆觉经》复印件。很小很薄的一本经书，却承载了一个时代一个地方的文化救赎。

## 三

南师虽然没有很高的学历，按他自己的说法，"充其量小学毕业"，但是南师曾任过台湾多所大学的教授。

南师扳着指头说："台湾有三所大学都是个人办起来的，了不起。一个是张其昀创办的（台湾）中国文化学院，蒋介石让他改名为中国文化大学，是台湾第一家（综合类）私立大学。老爷子在支持他。一个是于斌办的台湾辅仁大学，罗马教皇支持他。第三个是陈诚创办的（台湾）中国医药学院（今台湾中国医药大学），没有人支持他，只有我在支持。”

其实，初到台湾时，南师就在台湾“航联主席”杨管北家的“奇岩精舍”给何应钦、顾祝同、蒋鼎文等一批文官武将讲授过中国传统经典，也教他们太极拳一类的运动强身健体。

1963 年，南师开始在大学授课。

南师说：“我最开始在（台湾）中国文化大学讲课，当时，杨麟的爸爸杨管北拿出 20 万美金，搞了一个禅学院，张其昀想让我当院长，被我拒绝了，后来让我当教授，我勉强接受了。”

后来，南师有诗《张其昀教授旅美来函》，其中有句“蒹葭秋水倍思人”为我最喜爱之句。

20 世纪 70 年代，南师受聘于台湾辅仁大学。没想到因为他讲课生动受学生欢迎，竟然令其他教授课堂冷落。为此，他主动把课停了，最后还辞去辅仁大学教课职务。

南师认为，世界是圆的，“曲成万物”，“曲则全”。所以“为人处世，善于运用巧妙的曲线只此一转，便事事大吉了”。因此，他主张处世要讲艺术，要讲求曲线的美。所谓“曲者生存”，就是从这里开始的。

南师说：“但是台湾辅仁大学校长于斌还恭维我是‘通天教主’，别人一辈子都在恭维我，我是不敢当啊。”

南师又沉思片刻说：“在台湾的时候，国民党四大元老之一李石曾先生，即李鸿藻的儿子，他曾经送给我四句话：‘上下五千年，纵横十万里。经纶五大教，出入百家言。’我一听，这个‘五大教’不敢当，受不起，我把它改为‘经纶三大教’。”

南师笑了笑：“可能你们不一定知道，李石曾还有一段与豆腐有关的龙门阵呢！”说着便给我们讲了一个故事。

话说李石曾（1881—1973）是清光绪年间军机大臣李鸿藻第三子，教育家，故宫博物院筹建人之一，早年曾发起和组织赴法勤工俭学运动。清光绪二十八年（1902），李石曾随清政府驻法公使孙宝琦赴法学习。他先是在蒙塔日的协奴瓦农业学校学习，3 年后以全校第 4 名的优异成绩毕业，接着进入巴黎巴斯德学院学习生物化学，着重研究大豆。1907 年李石曾用法文写成《大豆的研究》一书，其中介绍了中国豆腐，引起法国人的极大兴趣。当时法国牛奶供应短缺，李石曾萌发了在巴黎开豆腐厂的念头，邀同窗乡友，在巴黎创办“豆腐公司”。于 1908 年“回国招股”，并到老家——河北高阳招聘豆腐工匠。

首批招用的 20 多人，由后来被誉为梅兰芳“戏口袋”的齐如山率领，乘火车经西伯利亚，最终抵法。中国做豆腐用的是石磨，可巴黎哪有此物？李石曾尝试用铁磨代替石磨，可“铁质过了水，发生氧化，黄色铁锈混入白色豆浆中，怎样做出好豆腐、卖出钱”？

李石曾在“极度困难中居然想出新方法，他摒弃旧法，利用酸性作用的化学方法，制造新法的中国豆腐”。1909 年初，中国豆腐公司在巴黎西北郊的拉卡莱纳•戈隆勃正式投产，工厂经理便是齐竺山。开业当天，李石曾率队四处派发豆腐营养宣传单，巴黎人称他为“豆腐博士”。

1909年6月，孙中山先生到豆腐工厂参观，“对于李石曾以科学态度研究和制作豆腐的思路颇为赞许”。后来，孙先生还在《建国方略》一书中对“巴黎豆腐公司”有专门论述：“近年生物科学进步甚速，法国化学家多伟大之发明，……巴斯德氏发明微生物学，以成生物化学；高第业氏以生物化学研究食品，明肉食之毒质，定素食之优长。吾友李石曾留学法国，并游于巴氏、高氏之门，以研究农学而注意大豆，以与开‘万国乳会’而主张豆乳，由豆乳代牛乳之推广而主张以豆食代肉食，远引化学诸家之理，近应素食卫生之需，此巴黎豆腐公司之所由起也。”

至于李石曾的豆腐工厂，结局却并没有当初预想的那么美妙。法国人第一次见到又白又嫩的豆腐，确实都觉得稀奇，争相购买品尝，但毕竟习惯和口味不同，随着时间的推移，购买的人渐渐少了，只靠当地为数不多的华侨捧场，自然生意越来越差，生意蚀本，不久就只有关门歇业。

最后，南师笑着说：“国平，这个故事你没有听过吧！”

# 第十八章　五百年来第一人

## 一

从南师口里，早就知道他与朱清时先生关系密切了。

2012 年 7 月底至 8 月初，朱清时来到了太湖大学堂。朱先生是四川彭州人，彭州与都江堰接壤，直如一家，可谓相当亲近。

朱先生谦虚平易，温文尔雅，大有古君子之风，与先生的交流，自然是用家乡的语言最妙最过瘾。

南师说："国平，这下好了，朱校长来了，你们终于见到老乡了。"

朱先生说："早就知道国平了，他来给老师写传记，很好！"

我最早知道朱清时先生乃是南方科技大学创办之时，作为我国高校教改的"试验田"，南科大曾引发过国内关于高等教育改革的一场大讨论，欢欣鼓舞者有之，痛心疾首者亦有之。作为一个关注教育的人，5 年来，我一直在关注这所学校，关注朱先生。

南师说："朱校长哪里仅仅是一个教育家，他还是一位了不起的大科学家，对物理和禅学都有精深研究。”

南师曾多次在饭桌上对朱校长说：“你的校长任期满了之后，希望你能多抽点时间，写一些科普文章，提升大众的科学素养，这很有价值。”

这段时期，我经常与朱先生见面，因此谈到了很多问题，

朱先生说：“据我所知，海内外想给南老师写传记的人至少有两三百人，都是大名鼎鼎的作家、学者，包括南老师身边的一些文笔非常好的学生。南老师让你来写传记，你要珍惜。”

在闲谈中，朱先生反复地说：“南老师是最近500年第一人。”

## 二

关于“新三家店”的说法也是在饭桌上听南师讲的。

南师说：“关于儒、释、道三教的功用，我倒有一个比喻：儒家像粮食店，绝不能打，否则，打倒了儒家，我们就没有饭吃——没有精神食粮；佛家是百货店，像大都市的百货公司，各式各样的日用品俱备，随时可以去逛逛，有钱就选购一些回来，没有钱则观光一番，无人阻拦，但里面所有，都是人生必需的东西，也是不可缺少的；道家则是中药店，如果不生病，一生也可以不必去理会它，要是一生病，就非自动找上门去不可。”

一次，南师说："国平，你可以跟朱校长多'摆'一下。""摆"是四川方言，就是聊天、交流的意思。

于是，我跟朱先生约定，8 月 2 日上午，我做一个他的访谈。我们在七号楼的茶室里，一边听着白鹦鹉的鸣叫，一边交流与南师有关的话题，从上午 10 时 35 分一直谈到 11 时 52 分。

今天，我想把这篇访谈录入本书，因为朱先生所谈，既有许多大家很少知道的南师经历，又有佛学与物理学的许多相通之处，还有许多对南师与其他学者之比较，对南师学生和其他读者都会有所裨益。

## 朱清时先生访谈[1]

**朱清时：**我先给你看这把扇子，这上面写的是："一日清闲自在仙，六神和合报平安；丹田有宝休寻道，对境无心莫问禅。"这是到峨眉山去之前，刘正成写的，背面是刘正兴画的峨眉山。

**王国平：**这种情况很少见，两兄弟，一个写字，一个画画，都是大家，而且书画合璧，非常难得，值得珍藏。朱校长，

1. 本篇访谈原收录于东方出版社 2013 年版《点灯的人——南怀瑾先生纪念集》，有删改。

我想先请您谈一下您的学术背景。

**朱清时：**我在大学时期是学核物理的，“文革”中间的1968年，分到青海山川机床铸造厂当工人，当了5年工人之后，在青海的一个研究所工作，那个研究所是搞化学的，从此以后，我就变成了一个化学家。有幸的是，“文革”中间，胡耀邦他们组织中科院一些重大课题，追赶世界先进科技动向的时候，当时全国的科研院所全都瘫痪了，只有青海的还活跃着。所以从1974年开始，我们就开始做重大科技项目，一年后，我做了这个项目的负责人。改革开放之前的1977年，就决定了第一批送我出国，1978年在浙江大学学英语，1979年到美国去了，后来回国后在大连化学物理研究所，1991年当选院士，当时还叫学部委员。1994年调到中国科技大学（即中国科学技术大学），1996年开始当副校长，1998年开始当校长。你知道，我现在在南方科技大学，当校长。

**王国平：**作为一个搞化学、物理研究的科学家，你是什么时候开始接受传统文化熏陶和训练的？

**朱清时：**很小的时候，我就开始接受传统文化，我父亲朱穆雍是华西协合大学（今四川大学华西医学中心）毕业的，学社会学的。解放后，社会学被认为是伪科学，所以后来我父亲被分配到财政局当会计，一直被埋没，再也没有搞过社会学。我有一次把一本《中国名人大辞典》给他看，里面有很多人都是他的同学，他非常感慨。他主要是错过了一次好的机会，当时华西是教会学校，准备安排他们班 7 个人去美国留学，但那时，我母亲已经生了我两个哥哥，家里就不希望他去，就到处活动，帮他在省财政局谋了一个职务。一解放，他就变成了国民党政府工作人员，就不再被当作知识分子，这是一步错棋。但是他一生非常喜欢文学，喜欢中国传统文化，所以我从他那里受到了感染，尽管我学理工科，但是我内心深处和他一样，热爱中国的传统文化，就如这把扇子，代表了当代的中国艺术。这是我人文科学的背景。

**王国平：**你第一次接触南老师的作品是什么时候？

**朱清时：**我第一次见到南老师是 2004 年。我以前也没有接触过他的作品，因为一直在搞理工科，到我当中科大校长时，内心就起了一种愿望，就是中国社会需要一种信仰来支撑。我看现在的学生和我们以前不一样，跟过去我们当学生的状态不一样，我们以前读书的时候，心中有一种信仰在支撑，所以学习和自己的个人修养很容易（被）教育和提升。现在的学生很难了，主要是因为他们没有信仰支撑。所以那个时候，我对中国佛学有了一种发自内心的尊重，佛学不管怎么样，它教人行善，它教人畏惧因果，对社会是一件好事。我自己是一个自然科学家，我也很想把现代自然科学发展的各种成果与佛学当初预言的自然界的各种情况两者联系起来，做一个对比，所以我就去拜访南老师了。有人给我介绍说，南老师可能是，不仅是中国传统文化，而且是佛学最高水平的代表，那个时候我还没有真正读过南老师的书。2004 年，我就去上海拜访南老师了。

**王国平：**当时是谁陪您去的？

**朱清时：**是中科大的一个教授，他跟南老师很熟悉。从那次见了南老师之后，我突然就发现，我们社会中还有这样一个人，他对古今的了解可以说没有人可比，没有人可及，他的智慧从我们这一代人来看，只能仰视，他随口而出的这些诗词和佛学的偈颂，这些东西对我们来讲都是高深莫测的。自从这次见面以后，我心中就有一个愿望，像这样一个，已经再也找不出第二个（充满）智慧的老人啊，见一次就少一次，我不能失去这个机会。所以从那一年开始，我一有机会就到他这里来。2004 年 7 月下旬，我应他的邀请，以中科大和太湖大学堂（筹建中）的名义联合举办了一次认知与生命科学的研讨会。在太湖边的一个酒店里，为期 10 天，围绕认知科学与生命科学的主题，结合传统文化和现代科学做了研讨，这次课程有录像在。从那次研讨会以后，我就发现了南老师的另一面，其实他这个人啊，是非常尊重科学的，他尽管对佛学了解很深，但是他始终相信科学和佛学是一回事，因为佛学跟科学都在解释宇宙，只不过用不同的方法而已，他认为佛陀释迦牟尼当时讲经的时候，是设法用当时科学的最高成就来讲的，他的《楞严大义今释》等都是用了当时最高的科学成就来讲，他相信（若）佛陀生在当代，一定会用当代最高自然科学成就来重新讲经，他一直这样看。这次会把我、南老师与太湖大学堂紧紧联系在一起。这次会之后，我就发现了我一生的一个目标，就是把自然科学和佛学深奥的道理比较起来，看看中间有多少地方能够有联系。我们共同的愿望是，希望参考佛学等传统文化，开辟自然科学研究的思路与方法。同时，用自然科学去解释佛学的道理，启迪大家的思维与反思。这样呢，能够便于把佛学的真实道理重新在社会上普及，现在的社会信仰佛学实际上有一种畸形，等于所谓的求神问佛，就是自己买很多香，堆很多钱，去贿赂佛菩萨，这种功利心太强了。在那之后，我到这里来，南老师也给我们讲过多次经，讲过《成唯识论》《楞伽经》，这是最接近自然科学的了，讲过《楞严经》，讲过《达摩禅经》，这都是我自己亲耳听过的，还讲过好些，因为我没有长时间在这里，错过了。可以从整理的（资料）中间看出一部分，大多数都没有整理出来。那个时候，几年前，南老师风采迷人，他这个人精力充沛，记忆力非常好，每次都是一讲就是两三个小时，说两个小时，实际上都延长到 3 个小时，而且有的时候是上午、下午、晚上接着讲，随口就背诵很多诗词歌赋和偈颂，这让很多年轻人吃惊。

**王国平：**对啊，我第一次见南老师的时候，南老师曾说，朱清时的名字就是从一首诗中来的，他随口就背出了杜牧的那首《将赴吴兴登乐游原一绝》："清时有味是无能，闲爱孤云静爱僧。欲把一麾江海去，乐游原上望昭陵。”

**朱清时：**我第一次来的时候，他听到这个名字就跟我讲起了这首诗，在我一生遇到的人当中，这是能够如此的唯一一人。我自己当然知道这个名字怎么来的，这是我父亲告诉我的。他第一次听到我的名字，就想起了这首诗，马上就说出来了。这两年，他劳累过度，操心太多，身体变差了，尤其眼睛不太好。这几天，你看我都不怎么打扰他。

**王国平：**能有机会经常听老师讲课，您这（近）10 年是非常荣幸的。

**朱清时：**对，所以我很庆幸。过去（近）10 年，我抓住了机会，（但）就是没有能够听他每一次讲课的机会，从跟他接触中间，受到了很多感染和影响，特别是佛学，我这（近）10 年比过去进步了不知多少。我现在比较清楚，佛学确实如南老师说的，当初是当作一门科学来研究的。但是佛学研究不是用近现代自然科学的方法，近现代自然科学的方法是从培根他们开始的，是用实验来验证真理，就是任何真理必须通过实验来验证，这个实验不管谁来做，只要程序一样都会做出一样的结果，然后再加上亚里士多德开始的形式逻辑和推理，这两者结合起来，就是现代科学的注释。但是佛学不是，佛学没有用外部实验的方法，佛学用的是身心内在实证的方法，实证是每个人靠自己的感悟和直觉去证明。直觉这个东西啊，实际上是人类认知世界的另一种方法，是很有效的。只不过现代的人直觉越来越少，因为依赖外在的东西太多，杂念和欲望太多。就像大家都过分依赖于计算器和算盘一样，心算能力越来越差。

**王国平：**中国过去几千年都依赖于直觉。

**朱清时：**都靠直觉，在释迦牟尼那个时代，人的直觉一定比现在人强得多，就像我年轻时候的心算能力比现在年轻人强得多一样，那个时候连计算器都没有，所以你要算什么东西，包括很大位数字的乘法，都要靠心算，现在连一位数的乘法都要（用）计算器，所以大家心算能力都退化了。一样道理，现在啊，因为科学的发展，大家都借助实验来验证东西了，很少再用直觉的方法了。第二个呢，直觉的方法是靠内心通过很强的感悟能力来认识事物的。直觉的方法要认识好的话，人一定要很安静，使你的内心没有噪声。大脑是思维借助的一个工具，也如同存储数据的硬盘之一，它就像一个超导体一样，超导体就是导体电阻变为零的时候，这时候大脑的电场特别强，一点很小的信号都可以捕捉住。所以，我相信，在释迦牟尼时代，他们的心与大脑极为安静，就像我们看到的超导体一样，所以能够捕捉到很多我们现在看来高深莫测、神妙难以理解的现象。比如他们认为宇宙是怎么产生的，人是怎么产生的，各种唯识的理论，都是他们靠直觉和心身实证得出来的。南老师是对的，释迦牟尼和他的弟子们研究佛学，是当作科学一样来研究的，他们追求的是宇宙和人生的真理。非常有意思的是，我们现在用自然科学的最高成就认识到的宇宙，和释迦牟尼佛经中他们所认识到的宇宙做一种比较。我这（近）10年，我在庙港，在南老师身边，请教他的问题基本上就主要围绕这个中心。我这一生，发表过的研究论文有300篇以上，只有一篇文章现在影响最大，就是《物理学步入禅境》这篇文章，广为流传，影响很大，以至于国外有些人认为我是佛教徒。看到我在创办南方科技大学过程中的种种艰难险阻，南老师由开始的支持，逐渐变为反对，他希望我集中精力，写科普文章，可以更广泛地影响社会，培养普罗大众的科学素养，在民间撒下科学研究的种子。我想等我把南科大的工作做完，我会做我这一生中间的最后一个使命——写科普文章，我不会牵强附会地去比较，而是想把自然科学的最新成就，原汁原味地写清楚，凡是有文化的人都能看懂，又可以把佛学所讲的宇宙和人的事情做一些对比。

**王国平：**我想，您可能与季羡林、任继愈等有些交往，我想听听您对这些大师的看法。

**朱清时：**这么说吧，现在南老师对佛学和佛经的理解水平，国内找不到任何人可以与他相比，比如我以前跟他学过《成唯识论》，现在我正在读《瑜伽师地论》，这两部经书都是玄奘法师主持翻译或总结的[1]，当时是用唐代语言，而

1.《成唯识论》是玄奘法师汇集总结印度唯识十大论师观点的著作。

且玄奘法师是直译的，唐代的人看起来就很吃力，现代人就更吃力啦。可是南老师会给你讲得深入浅出。

**王国平：**南老师是（有）大智慧。

**朱清时：**对，只有南老师的大智慧，结合现代的知识来深入浅出地阐释经文，人们才可以理解。我相信，近代很少有人能够像他这样对佛经有如此深刻的理解。

**王国平：**其实，南老师的学问远不止于佛学，儒、释、道三家学问在他身上真正实现了融会贯通。

**朱清时：**释、儒、道。他最重要的著作是《论语别裁》，大家对《论语》理解得比较多，只不过南老师是站在一个更高的高度来理解它。对佛经理解的人就很少了，他给我们讲《达摩禅经》，也是一样，那是晋代的语言，都是五字一句的偈颂，一般的人，特别是没有修证过的人很难理解。我相信中国找不出第二个人能把这个经理解得这么深刻，所以我做了很多的笔记，我想的是再也没有人可以解释得这么好。你也知道，现在中国的佛教界也比较乱，所以我后来有一个发愿，就像你写的一样，我就是想把四川佛教界的青年领袖们，请一些来，在南老师这里得到一些感染，至少得到我的感受，知道佛经难在什么地方，知道应该从哪里入门去学习它，结果我只把宗性法师请过来，还有好几个我都请过，结果都是（因为）这个事那个事，没有来。你也知道，到这里来，也不容易，所以都没有成行。以至于我这次到峨眉山去，我见了他们的文物局长、博物馆长，他也知道我的努力，我在峨眉山、乐山等（的）大寺院，请他们的住持去，都没有去，他也觉得不好意思。

**王国平：**他们错过了这种千载难逢的机缘啊。

**朱清时：**对，他们没有意识到这个事情的重要性，他们现在完全能对付，因为现在的佛家都停留在表面，大家都是拜拜佛，说两句偈子，信众都对他们很佩服了。现在有谁能够把一部经讲透讲到底啊？很少了，没有人能及了。造就南老师这样的高度有几个原因：第一，他本人是个天赋很高的神童，很年轻的时候，智力就很高，在温州地区是很有名的神童。第二，他十八九岁就入川，当时，全国文化界人都在四川避难，所以用他的话说，本来他只能仰视的人，现在都可以做朋友了。他从他们这里学到了很多，而且，也有很多条件，比如这些人带来了很多经书和资料，很多人一辈子都没有这种机缘。都是天造就的，这些条件要同时具备的机会太少了。第三，他在四川很快就厌倦了当官，他曾经做过少将参议、中央军校政治教官。他在当政治教官之前，有一段历史很重要，那就是他在凉山屯边垦荒的历史，这一段相当精彩。他 1937 年入川后，曾经饿饭，没有饭吃，当时他住在一个庙子里，庙里的和尚是彭州人，叫钱吉。这个和尚出家前很有才，和地主的女儿恋爱了，可是受到家庭的阻挠，后来两个人就私奔了，不久（女的）就被地主家的人抓回去了，抓回以后，就把女的活埋了，男的就痛不欲生，既想复仇，又想自杀，都没有成功，后来经人劝说，他就抛弃红尘出家了。出家之后，他的母亲就跟着他，服侍他。这个时候，南老师正寄住在庙里，所以这个母亲既服侍儿子，也做饭给南老师吃。所以南老师一直很感谢这对母子，还为他们写了诗。后来，大陆开放以后，南老师要报答恩人，首先要找的就是这两个人，一直没有找到，这段往事是南老师最刻骨铭心的事情。还有南老师在到中央军校之前，曾经在大小凉山地区领导一个大小凉山垦殖公司，他自任总经理兼自卫团总指挥，也就是司令官。这个队伍里有土匪、军阀和招募来的兵，他确实有这种才华，20 多岁就当司令，自称“北汉王”，那个万人瞩目服从的滋味很迷人，但他很快就警醒了。后来，南老师认为这条路不可为，就放弃了兵权，挂印而去。此后有一段时间曾经很潦倒，跟随他的两三个人中有人生病了，大家钱花光了，没饭吃。南老师就到一个报社去找工作。那个时候报社很小，总编辑说：“你能来干什么？”南老师说：“我能打扫卫生。”总编辑说：“那你做做看。”他就做卫生。总编辑看他的气质，判断他是读书人，就讲出来，请他写篇文章，一看，写得不错啊，就留下来，不做卫生了，做了真正的编辑，他熬夜的习惯就是由这个时期的工作习惯而来的。后来，温州同乡张冲（张淮南）介绍他到成都中央军校学习，然后任政治教官。

**王国平：**这一段，目前很多公开的资料上很少提及，因为大家都不知道这段往事，最多就引用南老师的几首屯边诗。

**朱清时：**这一段历史既精彩，也很重要。我要说的是，像他这种机会在和平时期哪里有啊？20 多岁就当少将，当司令，这种经历谁有啊？不可能啊！只有大变乱时期才有。后来，南老师到峨眉山闭关 3 年，阅读《大藏经》。下山后，他在乐山张怀恕家里住了一段时间，阅读《古今图书集成》。像他一生遇见的这种机缘很稀有，他古文功底很好，当时四川遍地都是高人，然后又能读到《大藏经》《古今图书集成》，想请教人也很容易。还有 1949 年后，他去了台湾。而大陆的学者经历了一二十年的动乱，还搞什么学问啊，自保都有问题。从镇反、批胡风、反右、“文革”……很多资料都烧了，谁去看？所以说，你说像季羡林这些学者，我们不说天赋，就是机遇他们也没有南老师多，他们几十年时间在时代变乱中就荒废了。

**王国平：**他们几十年时光都在反省、检查、批斗中度过。

**朱清时：**所以，我们很珍惜他们，是因为像他们这样的学者太少了。但是，南老师在台湾，很多重要的经典都可以读到，很多大学者也云集台湾，很多书和资料都能接触到，这样，他比大陆的佛学家又高了一筹。加上他的性情，他一生不从政、不当官、不去惹闲事，潜心学问，所以沉淀到现在，我想可能是千古一人了。当然，我们不说跟春秋战国时期的老子、庄子相比，但是至少 500 年来没有过这种人。中国有很多天资跟他差不多、机会跟他差不多的人，但是心不静，因为太平时期都想当官，都想成就功名，所以呢，他可能是几百年来第一人。他对儒释道都有精深的理解，对儒家的理解，他是高人一筹，但对他还不是最重要的，他对佛学和佛经的理解，现在可能找不到第二个人了。就在于佛经本身，很多是魏晋和唐代的语言，当时的人读来已经是晦涩难懂，何况现代人？这需要非常深的学问才能解释得非常准确。这（近）10 年我非常珍惜他讲佛经的机会，他不讲，别人都是望文生义，只有他讲了，别人才会服。

**王国平：**我一直很尊崇季羡林、任继愈他们，但是呢，我认为季羡林先生对国学研究不多，他主要方向是东方语言学，擅长的是吐火罗文、巴利文、梵文等，任继愈先生主要研究的是世界宗教史，反而不以传统文化见长。

**朱清时：**南老师就把这几个学问贯通起来了。国学受佛学的影响很大，而中国的佛学又受中国的国学影响很大，老庄等影响了中国的佛学，才产生了中国的禅宗。道家更是如此，道家没有统一的理论，但是其修行方法和理论跟佛学、老庄更有关系。所以中国的儒释道融合在一起了，季羡林、任继愈都是大家，但是他们不是神童，特别是季羡林就不认为自己天资高，他靠的是苦学。任继愈先生在红尘中工作太久，他自己就说，他不信佛，也没有任何宗教信仰，这样再来研究佛学很难。我刚才说过佛学研究方法是直觉与实证，当这种修养到达一定深度以后，你才能明白很多事物的真相是什么。你修养没有到的时候，再精彩的讲经，你也会把它当作噪音。这一点跟自然科学正好相反。

# 第十九章　一百年来春梦痕

## 一

从7月30日至8月1日，南师连续3个晚上跟我们讲“中国百年社会发展的7个突变”。

南师在讲课中，多次以我和朱清时先生举例，讲课形式多样，生动有趣，并不断地说：“你可以问问题，问你想问的问题。”

南师说：“在讲之前，我先谈谈‘《易经》变数与社会变革’。”

## 二

关于《易经》变数与社会变革，南师如是说：

孟子讲过一句话，叫“五百年必有王者兴”。我过去在台湾时，陈立夫办孔孟学会请我讲，从周公以下到孔子，500年一个阶段，500年一个阶段，到现在已经第7个500年了，中国文化的演变，这是历史人文发展的一个唯时史观。唯时史观既不是唯心的，也不是唯物的，以中国文化讲，唯时史观是自然发展规律。

唯时史观在中国，谁最先提出来？孔子。

大家都不知道，这么多年来几乎没有人提过。

这是孔子在写《易经》序言的时候提出来的，《易经》有十翼，中间有两篇序言——《系辞上下传》（即《系辞上传》《系辞下传》），这个序讲什么呢？讲宇宙的发生，无极生太极，太极生两仪，两仪生四象，四象生八卦，每卦演八变，八八六十四卦，为什么要这样排列？一个方，一个圆的，这跟物理和宇宙论都有关系了，这是本体论。孔子在《序传》（即《序卦传》）中，讲八八六十四卦的秩序，为什么会这样排列呢？这个你们不会背啦。乾三连、坤六断、震仰盂、艮覆碗一卦一卦地排列下来。为什么是乾卦、坤卦、震卦？所以他写序卦，六十四卦排列的秩序，是讲地球的物理变化，也是讲人文的变化。《上经》的三十卦的序言讲人文社会发展的演变和轮回，必然这样变，不是偶然，不是假设。如果讲科学，这是科学的必然，《上经》的三十卦代号（就是秩序），物理的道理也一样，物理的发展，声光电都一样，声学、光学、电学、化学等莫不如此。《下经》三十四卦就讲生命，讲人生，有男，有女，有阴，有阳，有万物。由男女生命变成家庭，变成人生，子子孙孙，生命的轮转变化。

《易经》这本书为什么叫“易经”呢？

它有三个内涵：一、变易；二、交易；三、简易。《易经》这“三易”的变化，讲人文、物理的世界，基本的物理变化，一定变，地球的发展随时随地在变、分秒必变，这个世界上没有不变的东西。后来佛祖释迦牟尼提出来一个名字，叫“无常”，地球上没有永恒不变的东西，没有不变就叫无常，就是必变。

变易的中间有交易，叫互变。内有变易就有互变。这个原理看起来简单，学问却高深无比。

然后明白了，悟道了，得道了，就是简易，简单明了，很简单，没有那么复杂。后来中国人有句土话叫容易。知道变通，就是知道变化，应用变化。

讲到唯时史观，有一个非常重要的问题，那就是渐变和突变。

比如你问我悟道是顿悟还是渐修的。那么这个顿悟，就是突变；那渐修呢，就是渐变。

突变一定是由渐变来的，渐变要有成就，一定是突变的。

比如拿锯子锯木头，一下一下地锯，是渐变；最后一锯把木头锯断了，就是突变。又比如你写文章，一个字一个字地写，就是渐变；当你完成一段或者一章时，你就实现了突变。

没有渐变就没有突变。渐变是因，突变是果。

一般人认为顿悟不需要修出来，不对！一定要“渐修”修持到家才能“顿悟”。修持到家而不能顿悟，前面的努力就没有结果。

## 三

南师说："讲完了《易经》的变数，你才知道，社会变革是怎么回事。依我看啊，中国的命运，推翻清朝到现在，101 年了，我今年 95 岁了。我们现在来谈，推翻清朝至今中国 100 年的问题就出在这 7 个突变上。我们先讲第一个突变。"

南师用了 3 个小时，讲第一个突变。

### （一）

我们国家从清朝末年，从同治、光绪期间开始思变，当时的形势是不得不变、非变不可。我们国家开始变化在同治时期，那个时候有个机构叫同文馆，就开始翻译西方的东西，同译文化。现在大陆和台湾还有编译馆（局），但西方文化并没有介绍过来多少。

因为中国人的翻译都是"二手货"。比如"科学"，我们把它翻译为"格物致知"。又比如"经济学"，我们翻译为"经纶济世之学"。

中西文化的交流，可以用晚唐诗人司空图写的《河湟有感》一诗来比喻："一自萧关起战尘，河湟隔断异乡春。汉儿尽作胡儿语，却向城头骂汉人。"

第一个突变的渐变就从这时候开始了。

因此，从同、光开始，就开始思变，当然中间又发生了太平天国（运动）、维新变法、康梁事件、保路运动，南方人开始抬头了。

（二）

孙中山也跟洪秀全一样，接受了西方文化，起来革命。

他是香港学西医的一个医生出身。一个人也没有，一分钱也没有，一杆枪也没有，一颗子弹也没有，一个党羽也没有，就是一个光杆司令在闹革命。

自古就有“天下未乱蜀先乱，天下已治蜀后治”之说。1911 年 6 月 17 日，川汉铁路公司在成都召开股东代表大会，会上宣布成立“保路同志会”，并通电全国。9 月 7 日，四川总督赵尔丰制造了骇人听闻的“成都血案”，8 日，保路同志军进围成都，附近州县群起响应，数日之内，队伍发展到 20 多万人，形成了群众大起义的局面。25 日，同盟会员吴玉章、王天杰等宣布荣县独立，这是辛亥革命时期革命党人最先建立的革命政权。

四川的保路运动直接促成和影响了武昌起义的提前爆发，点燃了推翻清朝的导火索。

第一个突变要开始发生了。

清宣统三年（1911），孙中山当时还在海外，到处流浪。美国人不理，英国人也没有帮忙，突然出现武昌起义。突然！可以说是一枪走火了，“啪”，打响了，武昌起义爆发了，这是第一个突变。措手不及。

现在该选总统了，总统选谁啊？全国上下都是空的。因为孙中山当时还没有回国，他还不知道武昌起义。武昌起义时地方带兵的是黎元洪，躲着不敢出来，从床底下拖出来的，大家只好让他来做临时大总统。这就好比一个暴发户，一毛钱没有，突然到上海做起大老板来了。当时，黎元洪躲在床底下，一身发抖。不肯干，这个临时大总统太靠不住了。

所以，孙中山赶回来已经是后来的事了，只好在南京成立临时政府，担任临时大总统。注意啊，这是临时大总统，不是全国的，也不是代表国民党。

（三）

孙中山呢？口诛笔伐，一本《三民主义》，再加上（后来的）《建国方略》和《建国大纲》，他这个临时大总统，就像南北两个政府一样，还没有协商好，乱七八糟。这个时候列宁还没有回到俄国，还没有苏联。这是一个突变。

然后孙中山又到北京，与袁世凯商量，临时大总统退位，请袁世凯担任正式大总统。共同商量国号为“中华民国”，为突出共和，那个时候的国旗是五色国旗，五个颜色：红、黄、蓝、白、黑，代表了汉、满、蒙、回、藏五个主要民族，体现五族共和。

袁世凯是侥幸得天下，华盛顿也是侥幸得天下的。

我们乡下人有句古话：“李闯王打天下，顺治皇帝端热锅。”李闯王打了天下，崇祯皇帝在煤山上吊死了，明朝（近）300年天下就（因为）这样一个突变结束。结果孤儿寡妇——清朝孝庄皇后带着十几岁的顺治皇帝和几十万人入关，顺治皇帝端了热锅，把明朝的热锅端走了。不过，他很不错，进京后，大礼祭拜崇祯皇帝。

袁世凯命不好，假如他没有野心，不去听儿子的话，当那个皇帝，就真的变成美国的华盛顿了。偏偏袁世凯糊涂哪，受大儿子的影响，要做皇帝。于是，麻烦来了，就有蔡锷从北京回到云南，出兵讨伐，提出“护国运动”，反对袁世凯复辟！

袁世凯才知道上了别人的当。已经宣布了叫什么“洪宪元年”，这可好，还不到100天，吐血而死。

（四）

袁世凯一死之后，天下就跟着乱了，他的学生、徒弟，保定系统的、北洋系统的，等等，开始了军阀割据。民国初年至1927年换了好多总统，黎元洪、冯国璋、徐世昌……从孙中山到张作霖，17年15个总统，都很短命。闹了很多年，闹得一塌糊涂。

实际上这段时间，北京在干什么呢？在闹一个问题，100年都没有搞清楚。一个民主的国家，推翻了帝制，这几个总统换来换去，都是短命的，都是光杆总统，经费哪里来？都靠借外债，借来干什么？收买国会的议员，那个时候没有什么立法院啊，只有议会。议员都是中国清朝的遗老，乃至革命党的名宿，待遇都很高。

那个时候待遇高到什么程度？当时大学名教授一个礼拜上课不到6个钟头，工资是300到400个银圆，公务员大概是200到300个银圆，部长级别的200到300个银圆，在四川、浙江、江苏，农村最好的是水田，沃土啊，一亩水田才不到100个银圆。

那么借外债干什么？收买议员。讲个花边消息给你听，这些议员在北京舒服得很啊，常在妓院里吃花酒。就像现在的应酬啊，老板动不动就请吃几万元一桌的大餐，全国每年多少万啊，心痛！当年就这样，有什么心痛啊？记得当时批评现实的一首诗这样写道：“燕市谁收骏骨才，昭王爱士亦堪哀。缠头一掷中人产，浪筑黄金作债台。”春秋战国时期的燕王，想体制改革，振兴国家，就要招贤纳士，他问手下的谋士：“谁是人才啊？”谋士郭隗告诉他：“燕王，你要招揽天下人才，古时候有千金市马骨，用一千金黄金，来买一匹千里马的骨头，把它供养起来，全国老百姓看见了，真的千里马就会来。”当时中华民国的总统就是靠借外债，来收买那些清朝遗老、革命党名宿担任议员。

整首诗说，燕市谁来收买千里马的骨头呢？昭王热爱人才的故事也非常悲哀。每次去妓院吃花酒，一吃几十万，缠头就是给妓女的小费——给你梳头用的，吃花酒时赏赐给一个妓女的小费就相当于一个中产阶级的财产。这些钱哪里来？都是向外国人借来的。

（五）

袁世凯下台后，孙中山已经铩羽而归，回到广东。

此时，全国各地的军阀，就延续了以前的“单枪匹马，割据城池”，占住地盘。哪个要做总统？不知道，等候机会吧。这就分封割据了。

这个时候的国家之乱，各路英雄，霸占一方，比《三国演义》，比《东周列国志》都还要热闹。四川一省的军阀各自霸占一方，刘湘还没有出来，第一个督军是尹昌衡，云南的督军是唐继尧，山西的督军是阎锡山，广东的陈炯明，广西的李宗仁，西北有马步芳，东北有张作霖，湖北、湖南、中原是吴佩孚，山东是张宗昌……当时四川最乱，军阀混战，把规规矩矩的老百姓的税已经收到了“民国 100 年”后，从来没有这么乱。

这个时候太乱了。中国当时的故事，都在《三国演义》《水浒传》里面转。这些军阀都是侥幸，时势造英雄。

（六）

这个时候天下之乱，全国上下都知道乱，可是国民经济依然稳定，老百姓的生活还是安定。这一点，很奇怪啊。

当时，全国通用的银圆都是袁世凯的头像，叫作“袁大头”。你看中国，清朝买鸦片，给外国赔钱又赔了那么多，还是很富有啊。那个时候，一块大洋，可以换 10 角或者 12 角，一角可以换 30 个铜板，一个铜板可以买一个鸡蛋，铜板下面还有铜钱，方孔的，作分用。

那个时候，教授们出门，一辆黄包车，人工拉的，脚下一个铃子，看见前面有人了，拉一下，“丁零零”，别人一看：“哦，教授来了。”两边赶紧让开，气派、威风之大，这个气派不是官府给的，是大家对老师的尊重。

所以当时的中华民国，是政治上乱成一锅粥，社会经济却相对稳定和平静，老百姓日子相对比较安定。

（七）

到了中华民国六年（1917），列宁回到俄国推翻了沙皇，建立了以俄国为主的、周边这些小国联合起来的苏维埃联邦政权，成立了世界上第一个共产主义国家。

中国一看，彻底傻眼了。

列宁和孙中山本来都曾在国外流亡。两个人虽然未曾见过面，却有着一段不平凡的交往，成了朋友。后来孙中山在没枪、没钱、没人的情况下，口诛笔伐，把清政府推翻了。

列宁比孙中山的革命成功还迟了几年，可他的威风大啊，5 年一计划，5 年一计划，国家发展得非常快，这下中国更乱了。

（八）

推翻清政府已经 6 年了，孙中山的临时大总统也下台了，中华民国影子都没有了，孙中山在广州成立了大元帅府，他还是一无所有。可怜的，号称国民政府，变成屈居广东的一个小政府了。没有地盘，广东是陈炯明的地盘，孙中山的大元帅府在广东站得住吗？站不住！

1922 年 6 月 16 日，陈炯明为了征收商税的问题，跟孙中山因为钱的事，闹翻了，炮轰大元帅府，叛变了革命。

（九）

怎么才能了解国民党？我认为，你彻底了解了太平天国，你就了解了国民党。

为什么呢？太平天国是广西人起义，几乎都是广西人，太平天国起义之地金田就是广西桂平的地方，所以太平天国的首领几乎全是说广西话的，广西话与广东话不一样。后来，太平天国打到了南京，建立了政权，上下左右统统是广西话，连与广西相邻的广东话都插不进去，（其他）外省人更插不进去。

说简单点，太平天国它就是一个说广西话，（基本上）只有广西人参与的小集团，怎么能够成大事啊？

所以，太平天国非失败不可，它怎么统一中国啊？

文化的统一包括文字和语言的统一。中国文字统一是在秦汉时期，这个功劳太大了。而语言统一，几千年来，一直没有实现，直到最近这 100 年来，准确地说是 50 年来，再说近点是最近 30 年，语言才慢慢统一。这也是历史文化的关键所在。方言保留可以，对研究历史也有帮助，但是必须有全国统一通行的语言。

## （十）

民国初年至“五四”以前，中国为北洋军阀时期，大家都没有注意，袁世凯本来可以做一个开国总统，他偏要做皇帝，结果垮了。后面换了几个总统，都很短命，下去了。

那个时候，要议会来支持好的总统，因此，几位总统是谁，已经不重要了。这些议员既不是共产党也不是国民党，我笼统地归纳为前清遗老、少量民主人士和革命党的名宿。

早在袁世凯时期，1914 年日本对德国宣战，占领德国在中国的全部租借地——胶州湾。1915 年 1 月，日本向中国提出“二十一条”，袁世凯在 5 月 9 日，接受了其中大多数的要求，这个原本日方要求保密的协定，为新闻界所得知，并公布该协定，激起了民族主义情绪，使中国知识分子及民众对日本以及卖国的政府强烈不满，认为这是国耻，同时也引起了不少反日的活动，这种情绪在五四运动中进一步发展而发挥作用。

1919 年，徐世昌做总统时期，在巴黎和会上，以陆徵祥为代表的中国代表团外交失败，引起了国内的强烈不满。五四运动就这样发动起来的，北京大学和北京法政专门学校等 13 所学校的学生闹起来了。那个时候，北京法政专门学校的学生又懂政治，又懂法律，毕业出来都是要做大官的。

学生们开始游行，痛打章宗祥，火烧赵家楼。所以说，五四运动是因为签订卖国条约和外交失败、丧权辱国等事件引发的，不是为文化而起的，完全搞错了。

那时四川的知识分子，被四川的军阀困住，还没有闹出川呢。浙江人看四川人就是“篓里的螃蟹”。装在鱼篓里，自己在咬自己，把自己的膀子都咬断了，这么一个局面。

古时候有两句话：群雄割据，逐鹿中原。当时四川还关起夔门在乱，是“群雄割据，逐鹿成都”。（进入全面）抗战之前，我进四川的时候，看到路上很多死人，很多都是饿死的。我问：“四川是这么富饶的天府之国，怎么回事呢？”四川人说：“你不知道呢？‘中华民国 100 年’的税都收了，都收光了。”

（十一）

五四运动是民国八年（1919）发生的，此时中华民国成立八年了，却连政体都没有搞清楚，必然形成天下大乱、群雄割据的局面。

中国推翻清政府，依然没有建立一个合乎社会发展的政体，究竟一个国家的总统与内阁的权力怎样安排才合适？立法、司法、行政系统都没有真正建立好。所以，中华民国这几个总统都是虚的，大家没有注意这个体制啊。

蒋介石北伐以后，国民党还是没有建立好体制，行政院院长一直是蒋的人当权，是蒋的人，行政院的权力就还在蒋的手上。

中国几千年的政治体制，就是君权与相权之争。皇权是君权，专制的，宰相是行政院、国务院，代表人民。

美国现在，勉强说君权和相权分离的，也有问题，三权分立，天天闹。

（十二）

五四运动这段时间，国内文化界也没有多少人，鲁迅这些是北大后来起来的，这些知识分子都找不到出路，认为我们民族没有办法，抵不住英、美、德、法、日等列强的船坚炮利。西方列强想分吃中国土地。当时中国人都被西方的船坚炮利吓住了，我们的科技水平又不够，没有办法改造，因此，只有派中国学生留学海外，学习他们的先进技术和文化。

文化上，很多（留学）海外的知识分子也归国了，蔡元培就起用了一批年轻的知识分子。胡适受美国人洗脑，提倡白话（文）运动，否定中国文化，甚至有人说要取消中国方块字，通通改用罗马拼音。当时的知识分子大多是南方的，比如老的有严复、辜鸿铭等。当时有很多人都不赞成白话（文）。这个时候出了一个了不得的年轻人——梁漱溟，他就主张乡村自治，这个不简单呢。

思想上，年轻的人如陈独秀、李大钊看到苏联革命如此快，联合周围小国家，创立了苏维埃政权。中国孙中山闹革命，还站不起来。毛泽东当时在北大图书馆做小职员，17元一个月。蔡元培辞职走了之后，革命党接着派蒋梦麟到北大做校长。

**（十三）**

正当革命军政府处在进退维谷的困境之中时，共产国际、苏联和中国共产党同时向孙中山伸出了友谊之手，使孙中山深受感动。他最终下定决心走与苏俄结盟的道路。

孙中山看到这一点，想一想：当年列宁跟我一样流亡海外，四处落难，现在他建国这么快，这么统一，这么成功，第一个五年计划都快完成了。

于是孙中山派遣了一个以蒋介石为首的“孙逸仙博士代表团”，赴苏联考察访问。因此，第一个懂苏联的是蒋介石。蒋介石奉孙中山之命，来到苏联，会见列宁、斯大林等，3个月后回来报告孙中山：“苏联共产党有野心，跟列强，跟其他帝国主义一样，会吃中国，完全靠不住，不能合作……但是苏联答应，跟我们合作，给我们送来了枪，送来了子弹，我要办黄埔军校，必须办……”

当时蒋介石认为，苏维埃是专制的政权，俄共掌权一旦坚固强盛的时候，它的沙俄时代的政治野心就会复活，对我们中华民国和国民革命的后患就不堪设想。

**（十四）**

孙中山看了国民党当时的情况，非常糟糕，散漫至极，这样的队伍怎么能成功？于是，孙中山开始着手改组国民党。

他采用青红帮的袍哥制度改组国民党，赌咒，不是后来的宣誓，而是很严重的赌咒，完全照青红帮的制度。当时，国民党的大将黄兴、陈其美跟着孙中山到广州建立大元帅府，黄兴就极力反对：“这个是政党啊（不是黑社会），不能这样干！”

他们内部也开始闹意见了。

孙中山改组国民党后，做出的另一个重要决定就是容共，同意容共。这个时候，毛泽东到了广东，孙中山这个大元帅府也变成了国民党党部，共产党员也可以进入，当时就叫“容共”。

所以黄埔一开始就是容共的，共产党员周恩来就做的是黄埔军校政治部主任。现在大学不是也有书记嘛，当时，黄埔军校也有党代表，就是廖仲恺，蒋介石任校长。当时黄埔军校第一期有两个学会，一个是三民主义学会，一个是共产主义学会。第一期学生几个月毕业？6个月就毕业了，就带兵打仗，做将领了。学生来源呢？对外讲的是初中毕业（生），实际上呢，大多是小学毕业（生），很多都是学徒。

### （十五）

这个时候，又一个侥幸的机会来了。

1923年孙中山在滇桂粤各军的支持下再次回广东执政，成立陆海军大元帅府，并就大元帅职。他将各军一律改称“讨贼军”，将在粤的外省部队编为国防军，直属大元帅指挥，归附帅府的粤军编为地方军。待平定沈鸿英及再平陈炯明后，又将讨贼军改称建国军，并加委了建国粤、滇、桂、湘、赣、鄂、川、山陕、奉等军总司令，其中只有粤、滇、桂、湘等军尚可使用，内部编制以师、旅为主。其余各军或规模很小，甚至只有空架子，或在远域他省，远水解不了近渴。

民国十四年（1925）1月1日，孙中山北上，与段祺瑞见面，商讨国家政体问题。他刚抵北京不久即开始病发，住进协和医院治疗，1月20日以后，病势严重，不能进食，经西医诊断为肝癌晚期，3月12日，孙中山因肝癌死在北京。

接下来，国民党内部不断发生摩擦，胡汉民、汪精卫、蒋介石争权夺利。那时毛泽东还只是一个候补委员。

早在孙中山北上之前，就决定了蒋介石担任北伐军总司令。民国十五年（1926）7月9日，蒋介石就职国民革命军总司令，同时兵分两路，开始率军北伐。北伐有两个口号：对外是“打倒列强”，对内是“打倒军阀”。当时附带的口号也喊“打倒日本”“打倒士绅”。

记得我们小时候，也唱过：“打倒列强，打倒军阀，中国一定强，中国一定强！”

当时国共两党合作，共同北伐。一大批共产党员担任各级党代表或政治处长，或者担任基层指挥员、战斗员。一些著名的共产党人，如周恩来担任第一军副党代表、李富春担任第二军副党代表、朱克靖担任第三军党代表、罗汉担任第四军党代表、林伯渠担任第六军副党代表、萧劲光担任第二军第六师党代表等。

北伐军队一路由国民革命军第四军叶挺独立团和第七军一部为北伐先遣队，从广东，直进湖北，直达中州，攻打吴佩孚。

这时候军阀最大的力量是直系，跟张作霖的奉系正在争夺北方。当时康有为就说过：“八方风雨会中州。”

一路由蒋介石自己领兵，经过福建，攻打南昌，直逼上海。当时北伐的形态是从两边包抄打过来。

国民政府以广东及广西为基地，先后击败以吴佩孚、孙传芳、张宗昌为主力的北洋军阀，之后取得原属北洋军的冯玉祥、阎锡山等人的加入，最后张作霖退出山海关外，张学良在东北宣布效忠，宣告成功。由国民革命军北进讨伐北洋政府的战争，使得中国大陆统一在由中国国民党领导之国民政府旗下。

国民党由此完成形式上的统一。

我们讲第一个侥幸，就是第一个突变，正好有一首民谣可以用上，它是这样唱的："满天的月亮一颗星，满地的将军一个兵。天上星多月不明，地下人多心不平。"

讲完后，南师说："这就是第一个突变。然后呢，我就出生了。"

朱清时说："南师在讲他出生的社会环境。"

这可能是南师最后一次花费3个晚上，约4个小时的时间讲中国历史问题了。

# 第二十章　肠断沧溟魂梦中

## 一

记得6月26日，我到太湖大学堂时，南师就跟我说："国平啊，我们这个（口述）工作要抓紧时间做，我可能就最近一两年了，很可能你的采访还没有完成，我就死啦。"

我当时一听，心里大惊。

不过，我看南师后来在餐桌上谈起生老病死，也是寻常话题，遂以为当时的话题只不过是南师口头禅而已。

谁知，南师此语，竟然一语成谶，留下永远的遗憾。

## 二

我记得最后一次见到南师的场景，那次是马有慧请南师修改她的《慧学初程》，那天晚饭时，南师来得很晚，一扫平时的气色，感觉很疲倦。听说是为有慧姐的书口述了序言才来吃饭的。

9月8日，我从四川返回太湖大学堂，感觉气氛有些不对。

我当时有一个感觉——可能南师身体欠佳。

后来连续几天晚饭时都没有看见南师出现，而且晚餐桌上人数很少，仅有淑君姐、宏忍法师等几人。

后来，从其他同学处得知，老师生病了，在住院。

当时我听见南师住院，心中一惊，每日里暗暗祈祷南师早日康复，以继续弘法传道，复兴中国文化。

南师不在太湖大学堂的日子，好像太湖大学堂已经没有了灵魂，偌大几座建筑里感觉空空荡荡。

9 月 19 日晚饭时，突然发觉餐厅里人数骤增，南师的儿子小舜哥、国熙兄等突然出现，好久不见的李传洪等都在餐厅里就餐，气氛很凝重，大家也不在原来较为固定的座位就座，几乎不说话，默默地吃饭。几天不见的宏达兄和牟炼姐也回来了。

我心中一惊，难道老师的病情加重了？

晚上 20 时 29 分，突然接到朋友马小兵兄的电话，他问：“听说南老师去世了？”

我当时就蒙了，说：“我完全不知道。”

马小兵兄说：“上海《东方早报》记者在微博上有消息。”

21 时，接到高红梅电话，也是询问南师情况。我也只能回答不知道，因为我确实不知道。

23 时左右，马小兵又发来消息：“听说南老师已入定，不知入定是否就是涅？马哥请问。”

此时我还没有回过神来，只回了两个字：“不知。”

我连忙上网查询，查到一条关于老师入定的消息。

第二日，我进入太湖大学堂官网，看到秘书处发布消息称："怀师数十年来为法忘躯，近来四大违和，现正住于禅定，我们在护关中，敬请各位勿来打扰，并以本大学堂消息为准。如有进一步确切消息，会敬告各位。"

我感觉到事态严重。

虽然，此前我亦读过南师谈入定的文章，但是南师毕竟年事已高，心中企盼他此次入定能早日出定。

9 月 21 日始，太湖大学堂来人渐多，桌餐已经不够，于是食堂将用餐方式改为自助餐，且没有荤菜。

我每晚依然绕学堂快走，一天晚上，突然看见在禅堂背后的一块空地上，有人在施工，走近一看，有点像修建一个小房子，后来知道这是荼毗炉。在我的印象中，荼毗炉在修建过程中曾停工一段时间。

## 三

9 月 26 日，是我 36 岁生日，一早就收到很多祝贺短信，但是因为南师的状态不明，也没有任何心情过生日。

我原想南师身体康复时，可以跟南师报告一下，大家一起吃吃蛋糕，相信南师会很高兴。

但是很遗憾，南师正在入定，大家心情也不好，我就决定不再跟大家说起这件事。

中午吃饭时分，感觉气氛异常，大家都不怎么说话，有人为南师的儿子们拍合影留念。

我小声问昨晚从北京赶到的王红："老师怎么样？"王红说："可能要做最坏的打算。"

我的心开始悲伤起来。

下午，有朋友快递来一个元祖蛋糕，我只能悄悄拿回房间，不敢声张，怕影响大家心情。

晚饭时间，我见到了宗性法师。

宗性法师的到来，让我心中有了不祥的预感。

我跟宗性法师简单交谈了一会儿。宗性法师希望我关注灵岩寺，将灵岩寺的历史和弘法往事写出来。然后，又谈到他近日参观了玉垒阁，他认为玉垒阁的位置虽然很高，但是还应该将它建成文化的高地，提升文化价值。随后，我又谈到了我的忘年交王家祐先生，宗性法师也很感慨，王家祐是中国宗教史上的传奇人物，可惜没有人重视他的口述，以后再也没有机会了。又谈到冯修齐先生，宗性法师觉得冯老师对龙藏寺和宝光寺研究最精深。

随后，宏忍法师和宗性法师就去办事了。我和王红及吴江公安局的一位才子唐继华先生继续谈女子德慧大学堂。间隙，与古国治先生相约，做他的访谈。

晚上共修《准提咒》，做仰卧起坐，快步走路。

回来后，想了想，蛋糕既然已经快递过来，还是吃一口吧，于是，我一个人为自己切了一小块蛋糕。

在吃蛋糕前，我许了几个愿望，第一条就是："愿南老师身体康健，早日出定。"

9月27日，早饭后，我与宗性法师一起绕太湖大学堂散步。宗性法师询问南师的传记写得怎样了，我告诉他，我来太湖大学堂3个月了，但是因为南师的事情很多，加上来拜访他的人也极多，因此，老师做口述的时间较少，目前只做了开头。

宗性法师感到相当遗憾，他说以后这个传记写起来就很困难了，他一听说我来这里做老师的口述记录，就觉得是件好事，但是没有想到事情会变成这个样子，他也还有几个遗憾的事没有完成。

我连忙问："现在老师究竟怎么样？"

宗性法师说："总之南老师到现在都是一个奇迹。"

我问："有没有更大的奇迹会发生？"

宗性法师说："不能断定。"

然后，我们谈到都江堰的《宗教志》，宗性法师认为粗糙了点。我们又谈到谭继和先生和他的夫人祁和晖女士，宗性法师担心他们的学问后继无人，我亦有此担心。

宗性法师说，其实四川还有一个人值得大大地研究，那就是刘沅和他的刘门。我们有一个共识，刘沅是开宗之祖，刘咸炘成就最高，刘豫波、刘东父之后，几乎没有后继人才了。刘奇晋先生虽然书法很好，但是刘门的学问博大精深，传承并不多。

宗性法师说，他曾经从我的一位朋友手里买了一批"文革"和反右时期的宗教档案，他自己也掌握了一批更加珍贵的档案，但是现在还无法研究，希望以后有机会能做深入的研究。

他也曾经提了一个课题，希望有人来做民国时期四川的政府官员和军政人员与宗教的研究。我和宗性法师都认为，这是一个非常好的课题。

谈到巴蜀文化，宗性法师说，我认为要研究巴蜀文化，必须首先解决三个问题：一、巴蜀文化的起源；二、巴蜀文化的传承，每一代的代表人物是谁；三、巴蜀文化的特点。解决了这三个问题，才能做更精深、细致的研究。

## 四

9月28日。

早晨醒来，即收到王红的两条短信。

一条是凌晨1点16分，她转发了一条写给宏达兄的短信：“宏达，我已抵京。行前灵感让我带去太湖的东西：石榴是‘留’的意思；水晶大磬是老师出定的意思。老师专门讲过憨山大师入定叫不醒，用磬敲醒的！那个钵是我和央金同时意念选中的。”

另一条短信是清晨7点2分发来的：“我和朋辈都觉得老师还能回来。但今早刚刚梦中看到几个字：入定出定，隐退为主。意思是老师有能力出来，但是他自己想隐藏了。”

我隐约觉得，南师这次入定，可能有隐退之意。

上午10点24分左右，太湖大学堂附近的村庄突然鞭炮声大作，时间长达20分钟，我的心突突地跳，害怕大家所担心的事情发生。其实，附近村庄的百姓，平日里就时常地放鞭炮，不知是什么习俗。

我急匆匆下楼，看见南师的儿子南国熙正满脸悲切地往外走。看见我后，他拉着一个相貌相近的人对我说："这是我三哥南一鹏，他跟老师25年，相处最久，你要多采访采访他。"随后看见宏达和代姐，无明显异状。

回房间，接到南师的一位成都粉丝王小茵老师的电话，大意是听说老师病了，想来见老师一面，哪怕一句话都不说，只看看就好。我告诉她，老师正在入定，目前太湖大学堂已公告，希望社会各界不要来打搅老师。王小茵在电话里表示相当遗憾。

午休后，收到王红短信："决定不问生死，唯记如海师恩，刺血抄经明志，明朝灵山相会。"

## 五

9月29日。

整天都在担忧中度过。

下午5点47分，收到短信：

> 知会：怀师已逝，遵照怀师指示与家属意见：一切平凡、从简，定于明晚7—9点举行火化仪式，为免无数人涌来，公告时间推后，并请各位保密。为免通知老同学

老朋友有所遗漏而生怨，护持怀师工作小组不作统一通知，仅由个人分别知会老同学老朋友，且仅属定向知会。因接待能力有限，故请勿转告他人……

后面内容为联系方式。

虽然这个结果也曾是有所预料的，但是，收到这个消息，我心中仍觉如晴空霹雳，站立不稳，摇摇欲坠。

心中默念：阿弥陀佛，大师远去，再无大师。

## 六

9 月 30 日，岁在壬辰年八月十五。

早晨 7 点 52 分，接到青城派第 36 代掌门人刘绥滨电话，询问南师情况，并告知网上已经一片哀声。

我马上上网查看，主要是中国社科院研究员张国庆实名微博指认“南怀瑾先生已去世”。他在微博中写道：

中国传统文化的积极传播者，南怀瑾大师，于 2012 年 9 月 29 日下午 4 时于苏州与世长辞，享年 95 岁！夜半闻讯，不禁想起读过的他的诸多著作，尤其是《论语别裁》，获益匪浅。他认为人生的最高境界是佛为心，道为骨，儒为表，大度看世界；技在手，能在身，思在脑，从容过生活。

张国庆的微博在网络上掀起轩然大波，众人纷纷打电话给我，希望能予以证实，我说请以太湖大学堂的公告为准。

午饭时，得到通知，晚上 7 点，举行南师荼毗仪式。

6 时过，来自全国各地以及欧美等地的亲人、朋友、学生共 200 多人满怀崇敬、痛惜之情齐聚太湖大学堂。宗性法师电话通知我马上去主楼。

在主楼大厅，我见到了从成都赶来的张谷夫妇。谈及南师种种旧事，不免伤感满怀。

7 时许，由金黄色丝绸覆盖的南师灵柩由南师子女等人从楼上抬下来，在主楼里的亲朋学生，顿时哀声一片。宗性法师主持法事，众人齐声哀诵“南无本师释迦牟尼佛！南无本师释迦牟尼佛！南无本师释迦牟尼佛……”护送南师灵柩走出主楼。

我在张谷先生旁，双手合十，口中低诵“南无本师释迦牟尼佛……”缓步而行，忆起南师种种，泪水早已模糊了双眼。南师的音容笑貌，直逼眼前，所有的人涕泪悲泣。

不经意一抬头，我看见了朗朗明月，才想起今天正好是农历八月十五，是阖家团圆的日子，而南师却在一天前远走。

当看到天上月朗风清，晴空无云，群星皆隐，200 余名老学生，无不泪眼相对，庄重而深情地来送别最亲切、最敬爱的老师。当南师的灵柩在一声声诵念的陪伴下，由亲人护送出来时，所有的人无不泪奔如流，悲恸不已。

来到荼毗炉前，大家已是悲不自禁。

荼毗前的悼念活动开始，首先宣读了温家宝先生的唁电：

惊悉怀瑾先生仙逝，深表哀悼。先生一生为弘扬中华文化不遗余力，令人景仰，切盼先生学术事业在中华大地继续传承。谨向先生亲属表示慰问。

温家宝

二〇一二年九月廿九日

温总理的数语悼词，表达了对南师道德文章的崇敬之情，对南师为弘扬中华民族传统文化的丰功伟绩给予了极高的评价。

中央文明办常务副主任王世明先生充满深情地发表了告别辞，可惜因为当时没有录音，至今无法找到他的发言。

南师之子南一鹏致答谢辞，更令人感动："父亲以天下人为子女，以子女为天下人。"南师的亲人，平时极少有机会见到老师，而老师却把所有的人当成自己的孩子，亲切而慈悲，"夫子，温、良、恭、俭、让"是也。

《人民日报》原副总编辑周瑞金代表太湖大学堂老学生致辞，他一开口——"我们最敬爱、最慈悲、最智慧的南师怀瑾先生"，就引来了四周泣声一片。

与南师感情深厚的周先生作《精神的导师　文化的法主——在南师怀瑾先生祭奠告别仪式上代表学生的发言》，他说：

我们最敬爱、最慈悲、最智慧的南师怀瑾先生，在壬辰年中秋月圆花满之夜，离我们而去法界净土。作为跟随老师多年的老学生，此时此刻，都会追忆起六年前，也是中秋月圆之夜，就在刚落成的太湖大学堂，老师白天为我们开示生命科学，夜晚与我们一起欢声笑语，共度佳节，感受教化，备受启迪。今天，碧空净洗，皓月圆明，天地在冥冥之中启示我们，老师宏深誓愿，救度众生，弘扬中华优秀传统文化，已经功德圆满。

我们所有学生今天都深深感念老师的教化之恩。他是一盏明灯，点燃了我们每一个同学的心。他毕生呕心沥血，不辞劳苦，为我们怎样做人、怎样做事，指明了一条正确修炼的人生之路。老师，就是我们精神的导师、文化的法主。

我从20世纪80年代末90年代初，读到老师的著作，深深敬佩老师以现代眼光弘扬传统文化，指点世界，借鉴历史，评论人生，切中时弊，令人醍醐灌顶，深受教益。我曾写了《奇书、奇人、奇功》一文，在大陆最早地全面介绍老师，被汪道涵先生推荐给中央最高领导阅读。当时，老师正在香港促成国共两党和谈，为后来达成“九二共识”，打下了坚实的基础。

老师在台湾、香港，培育了一批虔诚的弟子。从香港来到大陆，老师已近九十高龄，他慈悲为怀，精神矍铄，创建太湖大学堂，创办吴江太湖国际实验学校，举办各种讲座论坛，极力弘扬传统文化，潜心探究生命科学。一大批中外学生都在这里聆听老师的教诲，感受老师的熏陶。老师的耳提面命，弘道扬法，循循善诱，让我们沐浴在无限温暖的巍巍师恩之中，激励着我们不断提升道德修养和人格水平。

老师的肉体走了，老师的精神永存。老师是中华传统文化的集大成者，“上下五千年，纵横十万里。经纶三大教，出入百家言”。我据此拟了一副挽联，概括老师一生的精神和业绩：

上联：世外高士儒释道禅净密宏深誓愿圣绩远播救度无边众生堪称当代维摩。

下联：域中奇人军政经教科文筚路蓝缕甚多建树造福中华子孙史载功业千秋。

千言万语难以表达我们对老师的惜别、敬爱、感恩之情。我们誓愿认认真真地践行老师的精神和品格，老老实实地遵照老师的教导做人做事。老师的事业永在！老师的智慧长存！我们一定要做到：事师如师在，道业永相续！

老师，走好！我们永远怀念您！

随后，长期追随南师的老同学、台湾薇阁学校董事长李传洪致辞，他追忆了1994年南普陀寺完工的那一天，南师“南禅七日”时，南师的师兄通永师父从四川峨眉山前来南普陀寺相见的情形。他认为南师用人生的最后阶段，实现了伟大的生命工程，南师可以在当下就进入定境，进入灭尽定的程度，这就是体现生命科学最大的实证。

接下来，吴江太湖国际实验学校校长郭姮妟致悼词，她哽咽着说：南师曾告诉她，教育只有两个目标和目的，一个是培养善念，好好做事，好好做人，恭恭敬敬、认认真真地做好每一件事情。第二个是要培养每一个人的别境慧，让每一个人按照自己的禀赋，坚强地、自立地站起来，能够好好照顾、帮助别人。

郭校长还深情地回忆起了南师与学校的点点滴滴，她动情地说："你有一天跟我开玩笑说：你要把学校办好，照顾好所有的一切，因为我来读的时候，这个学校比现在要好。你常常说，有一天，一个小朋友对你说：你讲完了没有？你讲完了，就该我讲了。他说，那就是你们讲得不好，我要给自己上课了。"

举火仪式由宗性法师主持。众人诵 7 遍《般若波罗蜜多心经》后，按佛教仪轨，进行荼毗。宗性法师手持火烛，诵《为南公怀瑾大士荼毗语》：

> 应化人间乐太清，七星了然住大坪。
> 远走康藏通禅那，缤纷法雨坠紫云。

> 恭维南公怀瑾大士。一九一八年农历二月六日降生。浙东乐清人氏。一世行藏，已载籍章。"上下五千年，纵横十万里。经纶三大教，出入百家言。"平生功绩，难描难绘。二〇一二年农历八月十四日，化缘既尽，大事已毕。游戏人间九十有五载。醉心法海七十余春秋。向上一乘，

早识贫无立锥之旨；随顺世情，不费依样画葫之机。今予：诸行无常，是生灭法；生灭灭已，寂灭为乐。笑曰：俄而一梦，是梦非梦，梦里梦外，梦梦梦梦。南公怀瑾大士，印如是耶？既今末后一着荼毗一句，又如何举扬？

灵岩诸子出火宅，太湖水印峨眉月。
四大五蕴如意树，一粒粟米沧海阔。

宗性 拙

然后投火入炉。火光熊熊而起。

众人纷纷跪拜，口诵佛号，向火中的南师遗体行礼。我与王红、高红梅等人跪在一起，只听得彼此哭声不止。

从此一别太湖后，世上再无南怀瑾。

此时，不由想起了南师的那首《聚散》：

桌面团团
人也团圆
也无聚散也无常
若心常相印
何处不周旋
但愿此情长久
哪里分地北天南

南师与众人，聚亦散，散亦聚，聚散两依依。

## 七

从南师一些友朋和学生的文字中，我们可以简单地梳理出南师最后的时光。

早在半年前，就有一些不好的征兆出现。

2012 年 4 月 4 日，有道友拜访南师时，南师说："半年后可能不在了。"后又怕道友忧虑，遂说："半年后去其他地方住。"

5 月 29 日，乐清市人大主任赵乐强、副市长方青、南师老家所在的翁垟街道办事处书记赵旺杰和主任朱小恭去看望南师时，那晚南师讲到自己龙年有劫。也许当时来访者只看到南师精神矍铄、健步如飞的一面，没有留意他这淡淡一语；或许大家都期望南师长命百岁，根本就不相信南师这一说。

据魏承思先生文中所记：

> 8 月 13 日，我打算去大学堂，怀师让马秘书转告：老师感冒，我去了他就要招呼我，希望这次不要去。我顿时觉得他这次一定病得不轻，因为 20 年来从来没有一次不想我去看他的。8 月 16 日，我在报告中问他，读完了 12 遍《楞严经》，接下去应该读哪一部经。4 天后，他在报告上最后一次批示："最近气运不对，我也在维摩病中，深深业力之感，不可说不可说啊，无法与不知者言也。你从那年开始学佛，凭我深切的记忆，你真正发心想修行学佛，散散漫漫的还不到两年。承蒙信任，你恳切读《大宝积经》后，我希望你先能做到精读《楞严经》100

遍，希望在10年、20年中贯通事理、证得真如，此话早已有所说明，只是你并不留意。我从青葱学道，身心投入出世修证法门，至今95岁，经常自惭暗钝，于《楞伽》《楞严》二经，我从数十年身心投入求证的功力，尚不敢说是望及涯际。你这个话已经问过我三次以上，我都有所答复，或微笑而轻答，实际上语重心长，都已说得明白了。你如果对此有疑，今后10年、20年中，希望你深入《华严经》《瑜伽师地论》二部大经论去吧。我老了，再没精力多说了，言尽于此，抱歉。”怀师以前对我说话从未如此严厉过，最初有点难受。反复读了很多遍，才体会怀师对我的拳拳之心。但只以为他是对我爱之深、责之切，没想到乃是最后遗言。

9月2日，我写报告回复怀师的批评，回顾了专修两年来的历程。5日，怀师请秘书回话：“现在四大违和，这篇报告要严重答复的，所以不要着急。慢慢来。”但最后没有等来他老人家的只言片语。怀师会怎样答复？这将是够我参一辈子的话头了。

据刘雨虹老师在她的博客中发文《东拉西扯：说老人、说老师、说老话（四十九）》（发表时间：2013-06-19 10：26：58）的记载，我们可以大致梳理出南师从入院到逝世的过程。博文如下：

多日来，常常听到一些不实的传言，有关南老师走前的一些情况。老师生前曾多次说过，他是不会进医院的，去年 8 月身体欠安时，也说过不去医院。

8 月下旬有一天，沙弥（郭姮晏）特别请了一个著名医院的医师，来给老师看诊。这位医师建议老师去医院先做检查，老师也没有同意，因为老师始终是自疗，吃的是科学中药（成药）。

关于这方面，宏忍师最清楚了解，因为她毕业自厦门大学中医学院，在多年随侍南师的岁月中，也跟老师继续学习有关医理各方面的知识。

南师去年 8 月中旬，闭门谢客，8 月 27 日起也不再到办公室了，有重要事务则上楼请示。不久南小舜（师之次子）及南国熙（四子）分别从温州、香港前来探视，老师仍表示不去医院就诊。

8 月 28 日，陈照凤（老师在台湾的学生）从台湾前来，帮忙照应老师。接着在上海帮老师的阿姨，也来协同永会师、宏忍师等照护老师的工作。

9 月 14 日这天，宏忍师值班照料，到了中午时分，老师咳嗽不止，很久很久，情况未见缓解，宏忍师侍奉在旁，问道："老师，要不要改变方式，到医院去？"

老师说："好吧！你要通知大家。"宏忍师马上联络李素美、沙弥、马宏达以及南家兄弟们等，立刻安排救护车前往上海的医院。老师对沙弥说："你去拿那个箱子，里面有 30 万元，你收着。"沙弥说不要，当时照凤和宏忍师都在场，老师说："你拿去。"沙弥才去拿。动身前，老师说："此时要借用一下西医了。"

在救护车中陪同的，是李素美、何碧默（国熙妻子）、沙弥和宏忍师四人。另车在前行的是许江和郭彧嘉（沙弥弟）坐的车子，牟炼驾车随救护车之后。马宏达于访客走后，即赶赴医院……

送老师去医院的救护车，在14日下午4点多钟出发，路上曾略有阻塞，到达医院时已经是6点多钟了。

医院先给老师做了初步的检查，心电图、血压……然后才进入病房。医生立即开的药是消炎、化痰、利尿的。

老师服药后不久，咳嗽减轻了，小便了几次，老师还开玩笑地说：到上海来，就撒了三泡尿！

当晚是宏忍师和小君守夜，照顾老师。

次日（15日）上午9时，老师的儿子南国熙夫妇赶来了，南国熙还对老师说：鸠摩罗什也害病啊，而且病了很久。老师听了微笑，轻轻拍了拍国熙的头。

由于来照应的人太多，不能都在病房中，医院很周到，特别拨了一间办公室给大家作为轮值休息的地方。

老师的二儿子南小舜也赶来了，老师忽然对他们说：我对不起你们。两人听到就哭了，因为9月9日的时候，老师也对儿子们说过一次对不起他们。小舜和国熙说：爸，不要这样说，都过去了。旁边有几个同学也掉下了眼泪，深知老师多年来公而忘私，不能不疏离家属，甚至国熙每次来大学堂看父亲时，照样也要缴住宿费的。

看到老师的病况好转，大家都安心了，以为没有问题了，李传洪就回台办事，南国熙感冒怕传染，夫妇二人回香港去了。

16日上午，老师还与大家闲谈，并嘱咐沙弥快回去照看实验小学。到了傍晚，老师又开始不太舒服。

17日上午，老师喉咙不畅，南家兄弟家人和许多同学又都回来了，马有慧、彭嘉恒夫妇也赶来了。马有慧给老师背部按摩后，老师觉得舒顺些，又请宏忍师拍打背部，促使积痰吐出。

医生来了说，传统吃药疗法，如未能治愈，必须做进一步检查，找出病源，才能判断正确，彻底治疗。老师于是同意，于下午3点半做了CT（计算机断层扫描）。当晚，医院又安排了肺科专家会诊，医生们都表示，要待次日看到CT报告，才能确定。

第二天（18日）上午，CT检测报告出来了，显示老师肺部有真菌感染，另有一小处有些阴影，如要明确，必须再做进一步复杂的检查，那是很痛苦的。

下午2点多时，医生过来了，认为老师一来年事已高，二来太瘦，所以不建议再做这样复杂的检查，也担心检查过程中，万一有意外反而不好，故而对老师说：我们的能力到此为止了。马宏达接着说：老师，接下来要靠您自己了。

老师听到后，立即写下：明白，好！！

几天来，老师躺下的时候少，多数时间是坐着的，但不一定盘腿。此时听了医生所说，也表达了自己的了解后，开始活动颈部、腰椎……半小时后再一次活动，经过两三次之后，即稳坐不动，像他平日打坐那样。

直到傍晚，守护的宏忍师等人在旁，看到老师仍然坐得很安详，一夜在气定神凝中度过。

19日晨6点40分，在旁的宏忍师等，忽然听到老师身体中有一个戛然而止的声音（像开关突然关了一样的声音），发现老师鼻息没有了，脉搏也极微弱，近乎没有了。于是立刻通知医生，心电图检查显示出来的是直线，间隔很久才凸起一点点的状态。这时在旁边的，有宏忍师、小牟、小君和护工，以及当夜在休息室值班的小崔和小许。

不到10分钟，国熙夫妇来了，此后南宋钏、南小舜、李素美、沙弥、阿嘉、马宏达、谢福枝、马有慧夫妇、小乌等，得到消息陆续都来了（来的人还有不少，无法细说）。

医生和南小舜（中医）都看了老师的瞳孔，并未放大。

于是大家共同商议，决定下午两点送老师回大学堂，谢福枝立即回大学堂安排接应。

两小时后，南小舜再验老师的眼睛，瞳孔不但并未放大，而且脸颊滑润。

回去所乘坐的不是救护车，是大学堂三排座椅的车子，由小许驾驶，沙弥坐在副驾驶位，第三排座位是马宏达和王洪欣（学校拳术老师）二人，在他们腿上铺放软垫，南老师躺着，周围用软枕垫着。

第二排座位向后转，与第三排相对，上面坐了4个人，阿嘉、小牟、小乌和马有慧，他们面对着老师随侍。

就这样，于19日下午两点多动身，4点多钟就回到了太湖大学堂。

老师在医院5天期间，病房中24小时轮流守护的人有：宏忍师、照凤、小乌、小牟、小君、南荣荣和那位护工，还有马有慧、何碧默。

老师回到大学堂后，即放躺在他卧室的床上。卧室外一间是书房，书房外是医药室，室门通走廊楼梯，是老师出入之门。

19日当晚开始，护持老师的有3人，各在一间屋中，每天两班轮值，共6人。参加护持的人共有20余位，有人轮值多次，有人只有一次不等。

次日，南家兄弟家人前来，讲到老师有关的许多事项，这是重大的事，当即请来李素美、李传洪姐弟，还有马宏达、李慈雄、吕松涛、谢福枝等，大家共同商议，先组成7人护持小组（宏忍师、素美、南一鹏、宏达、慈雄、松涛，我为召集人）。

小组每日晚饭后在主楼会议室聚会，先由宏忍师报告老师情况。实际上聚会时大家都可参加，都可以发言，并不限于这7个人。

当宏忍师报告老师的情况一切平静如常时，大家却有不同的意见；有些人认为，19日上午，医生已宣告“不建议作进一步检验”，而且心跳、呼吸和脉搏也没有了，说明老师已经过世，现在应该处理后事。

另有一些人认为，在医生宣布放弃后两小时，老师的瞳孔也并未放大，况且，气住脉停本来是禅定的现象，70年代，老师在台湾也曾由医生测试过：当老师进入禅定时，也是气住脉停，心电图上呈现一条直线时，当时把医生吓坏了，以为老师休克死去了（《禅门内外》一书中曾记述此事）。所以，认为现在的老师，是入定状态，不是死。

大家争论了一阵，结论是发布消息，老师在禅定中。这是根据守护同学报告的，老师看起来仍像平常一样。

连续几天，情况困扰着每个人，老师仍然平静地躺在那里。直到28日的傍晚，从香港来了两位医师，林德深医师和他的太太李丹医师。

林医师是国际知名的遗传医学专家，李医师是神经科专家，他们两位医师在医院服务，都有很多临床经验。过去他们也常来拜望老师，探究生命的各种问题。

28日晚，两位医师在主楼会议室与大家见面，他们先说了基本的医学常识，并讲解西方医学对死亡的定义。

初期是当生命现象没有时（呼吸停、心跳停、瞳孔散大），就认定为死亡。后来因器官移植的需要，再加上一个脑波停，才算死亡。

不过亦有报道，有人在被裁定死亡之后，又恢复生命迹象。

所以，以往医院所认定的，没有生命现象就算死亡，绝对是有问题的。据医方研究发现，美国在一年内就这样被误判为死亡的，有7000人之多。

所以，在西方的医学界，对生命终结的判定，越来越复杂困难了。

两位医师说，目前针对南老师究竟是处于禅定还是死亡的情况判断，应该分成两步。第一步：检查是否有生命现象。如果没有生命现象时，必须再做第二步：检查是否有死亡现象。二者具备才算死亡。

所以根据两位医师的阐释：南老师没有生命的现象，不能就判定为死亡。由此来看，老师 19 日离开医院时，绝对不是“已死”。

29 日上午 10 点半左右，两位医师带着从医院借来的仪器，去给老师做检测，陪同去的有南国熙、南小舜、宏忍师，一共 5 人。

详细检查之后，直到下午 1 点多钟才完毕。医生们根据各项检查资料，仔细研判，然后林医师在主楼小组会议上宣布：“南老师已经没有生命的迹象，部分身体已出现死亡迹象，身体不可再用了。”当林医师讲到这里时，忽然忍不住大哭，不少人也一同落泪……

下午 4 时左右，本地的法医确认了老师的死亡诊断。

9 月 30 日晚，在太湖大学堂进行了南师荼毗仪式。

# 第二十一章　十年生死两茫茫

## 一

世事无常，所以南师走了。

真情恒常，所以南师犹在。

## 二

“十年生死两茫茫。不思量，自难忘。”

句出南师至为喜爱之苏轼的作品《江城子·乙卯正月二十日夜记梦》，这是一首惊天动地的思人词、悼亡词。尤其是起首三句，词如飞瀑，排空而下，真情直语，感人至深。

对苏轼来说，王弗是他至亲至爱至敬之人。

而对许多亲友、学生和读者来说，“以天下人为子女，以子女为天下人”的南师亦是至亲至爱至敬之人。

不一样的对象，一样的思念。

思念的泪水穿越千年时空，常常打湿我们的双眼。

犹如那波光粼粼的三万六千顷的太湖水，三千六百日，时时刻刻，荡漾在我们的心间，敲打着我们的无眠。

## 三

南师离开后，亲友和学生们没有散去，大家牢记南师当年在峨眉山发下的接续中国传统文化的宏愿，化悲伤为力量，尽自己所能传承和弘扬中国优秀文化。

2013 年，南师子女、众多学生、社会贤达共同发起成立了南怀瑾文教基金会，以求真、求实、求信的理念与社会大众共同分享南师的智慧成果，并开展相关纪念活动。2015 年 9 月，由该会和中央电视台共同制作的南师辞世 3 周年纪念专题片《先生·南怀瑾》（上下集）在央视播出。在南师诞辰 100 周年时，该会又推出纪念视频《百年南师》。同时，该会和南怀瑾学术研究会制作南师亲友学生的系列访谈，形成 88 集系列纪念视频《千江有水千江月》，对南师生平事迹、学问、道德、思想的传播与弘扬贡献甚巨。

2016 年秋，根据江苏省和苏州市有关方面提议，苏州地方政府发起成立了南怀瑾学术研究会，诚邀刘雨虹先生、朱清时先生、宗性法师、南小舜先生及南师长随众等社会贤达、专家学者参与，从事南师的生平事迹及其一切学问的研究、发掘、搜集、整理、总结、编纂、出版，并开展有关学术活动、纪念活动、交流活动等。

刘雨虹老师是南师的长随学生，几十年如一日为南师整理著述，南师往生时，刘老师已 91 岁高龄，她选择继续留在净名兰若，与宏忍法师、彭敬、牟炼、乌慈亲等编辑团队一同完成南师留下的众多讲稿的整理编辑工作，先后整理出版了《南师所讲呼吸法门精要》《怀师的四十三封信》《我的故事我的诗》《孔子和他的弟子们》《南怀瑾与杨管北》《怀师之师》《怀师的四十八本书》等，直至101岁时辞世。

同时，太湖大学堂、恒南书院、江村市隐、南怀瑾书院、道南大学堂、文殊院、四川省袁焕仙研究会、灵岩书院和“迦陵仙音礼敬南怀瑾”“南师如是说”“南怀瑾先生敦众文化”“南怀瑾先生书友会”“无界怀师书屋”“怀恩书社”“传诵经典”“四十六日”“初哥有话讲”等媒体都在积极开展与南师有关的学术活动，秉承南师遗愿弘扬中国优秀传统文化。

## 四

人们为了缅怀南师、纪念南师，先后出版了多种图书，从不同角度，以不同方式表达对南师的思念。今以笔者目力所见，仅举数种图书为例，与大家分享。

《点灯的人——南怀瑾先生纪念集》由东方出版社于2013年3月出版，是南师去世后最早面世的纪念图书。该书选取刘雨虹所撰《东拉西扯：说老人、说老师、说老话》的部分内容作为代序。正文包括五部分：其一为“追南师影”，选择了9篇文章，除了我和钟国兴的两篇访谈录，其余7篇的作者分别是与南师较为亲近的马宏达、周瑞金、林曦、杜忠诰、吕松涛、古国治、闫修篆，或从宏观上概括南师奇特的人生经历和殚精竭虑弘扬中国传统文化的大德，或追忆南师对他们的教导与影响；其二为“忆南师情”，选择了15篇文章，作者们通过追忆与南师的交往，表达对南师的崇敬与追思；其三为“感南师铭”，选取了24篇文章，或长或短，或繁或简，作者们虽未曾与南师谋面，却因南师的著作而受到影响，对南师的逝去深怀悲痛之情；其四为“悟南师境”，包括9篇文章，作者们通过解读南师的著作，表达了对南师的崇敬；其五为“祈南师宁”，包括悼词10篇及留言7则。

《云深不知处：南怀瑾先生辞世周年纪念》由上海书店出版社于2013年9月出版，刘雨虹主编。该书由“编者的话”“学术教化”“亦师亦友”“因缘学习”组成。时值南师逝世一周年之际，南师的家人、学生、朋友等撰写了相关怀念文字，内容非常丰富。有的谈追随南师学习传统文化的经历、体会，有的谈南师的生活逸事，有的谈南师的各种著作的文化精神，从各个角度展现了一位一生为弘扬中华文化不遗余力、令人景仰的宗师的风范。

《南怀瑾的商业智慧》由台海出版社于2014年2月出版，林宏伟编著。该书以南师于20世纪60年代倡导建设金温铁路为案例，结合他面向商界的精彩演讲、推荐的图书和人物介绍，以及海内外商界精英的南师情结，全面、详尽地讲述南师的另一种智慧——非同一般的东方商业智慧。

《南怀瑾：一代大师未远行》由台海出版社于2014年10月出版，周瑞金、张耀伟主编。该书汇集了家人、友人、学生结缘南师、追随南师的一批感怀文章，也收录了部分专家学者研究传统文化、研究南怀瑾思想的学术文章，从中可以多角度地解读南师作为一代宗师的品格、情怀、境界、思想、智慧，让更多人能借此走近南师，认识南师，了解南师。

《父亲南怀瑾》由浙江人民出版社于2015年9月出版，南一鹏著。南一鹏兄是南师第三子，追随南师较久。该书从“继志述事”的立场，详尽述说了南师少时在家乡开蒙立志、青年离乡拜师访道、而立去中国台湾弘文励教、花甲至美国传道授业、古稀回中国香港广行善业、晚年归根定居中国江苏太湖等重要人生阶段的点滴，以广阔的视角重现了南师“上下五千年，纵横十万里。经纶三大教，出入百家言”的近百年传奇人生。

《说不尽的南怀瑾》由东方出版社于2017年2月出版，查旭东著。苏州市七都镇是太湖之滨的一个江南小镇，风景秀丽，物产丰富，南师人生的最后6年即定居于此。该书是七都镇委书记查旭东如实描述其与南师交集的岁月，记录南师晚年的言行教化。南师于此创办太湖大学堂，结庐授课、湖畔讲学，成就了一段人文佳话。全书共7章，囊括了查先生对南师授道解惑的教诲和日常生活的启迪的一些回忆。

《南怀瑾的故事》由浙江人民出版社于2017年6月出版，林宏伟著。该书选取南师一生中的重要节点和主要事迹，以分门别类讲故事的形式，娓娓道来，生动讲述了南师的传奇人生和重大贡献，并透露了人们所不知道的南师的许多言行故事，如当年苏联解体时，他曾有意买下苏联黑海舰队送给国家，曾积极为“希望工程”和南水北调项目捐资，曾指导关于香港问题的中英谈判等，通过一个个真实故事塑造出一个有血有肉、爱国爱家、传奇而又平凡的南师形象。

《百年南师——纪念南怀瑾先生百年诞辰》由南怀瑾文化事业有限公司于2018年3月在台湾地区出版，刘雨虹编。该书共收录7篇文章，从多个面向诠释南师的宏博思想。南师讲学通古博今、融合三教，推崇道统却不拘古，不但理性思辨，且与现代各种学术相互印证，呈现崭新的意涵和符合时代的精神意趣。本书主要收录来自中国及美国的作品，有说情，有说学术，有说世事，有说科技，从不同面向解读与忆念南师，共志怀念之情。

《人生路漫漫：南怀瑾家族三代的人生浮沉》由浙江人民出版社于2018年3月出版，南小舜著。南小舜为南师次子，行事低调，为人谦虚，该书围绕祖父南仰周、父亲南怀瑾以及作者自己三代人的人生起伏，从祖父的少年时期开始讲起，将亲身经历或从小听闻的家族往事细细道来。并记录了在风起云涌的20世纪，南家如何完成从一方商业经营者向中华文脉传承者的跨越。同时，通过家庭变迁折射了中国近百年沧桑变幻的历史，以及对很多重大历史事件与众不同的表述，给研究者提供了宝贵的参考价值，有着正本清源的作用。

《跟着南师的七天》由东方出版社于2018年5月出版，刘雨虹编。1972年，南师在台北举办了一次为期7天的禅修，参与者30余人，年龄从18岁到80岁都有，身份各异，该书是他们7天身心修习报告的汇编，多为心得体会，可借此管窥南师随机教化、入世度人的大愿力。

《百年南师》由浙江人民出版社于2018年11月出版，林宏伟、南品仁编。该书收录了能够体现南师毕生经历、功德、为人的纪念文章30余篇，以修齐治平四维为纲目，编排全书，全力打造一本能够纵观南师百年，深入了解南师生平与心迹的“一本通”。第一章“南老师”，选编8位不同时期跟随南师的作者的文章，介绍不同时期南师的言传身教，对其生活和学问精细讲述。第二章“乡事”，以8篇文章道尽南师于幕后为家乡温州修桥架路而不居功的巨大功德。第三章“利天下”，收录9篇文章，是对南师作为著名爱国学者，对国家民族伟大贡献的生动记录，“希望工程”、金温铁路、香港回归、两岸沟通，幕后均有其四处劳碌、斡旋奔波的身影。第四章“文以化人”，收录8篇南师教化众人的过程实录，充满感情，细节动人。第五章选刊南师所作诗文20篇（首），帮助读者进一步认识南师。最后的“附录”收录南师年谱。

《天香桂子落纷纷——南怀瑾先生诞辰百年纪念集》由东方出版社于2019年11月出版，南怀瑾学术研究会编。该书由两大部分组成。其一，由南怀瑾学术研究会、南怀瑾文教基金会联名向社会征文共计130余篇，本书选编了其中80篇，作为第一部分——“南怀瑾先生诞辰百年纪念文章”。其二，2018年3月17日至18日，由南怀瑾文教基金会、南怀瑾学术研究会、恒南书院、江村市隐主办，中国城市科学研究会、人民东方出版传媒有限公司、浙商总会、世界温州人联谊总会协办，恒南书院承办的“纪念南怀瑾先生诞辰一百周年”系列活动在上海恒南书院举行，许多来宾在纪念会上纷纷发言，第二部分即为纪念会上嘉宾们的致辞与发言的汇编。

《怀师的四十三封信：南怀瑾致刘雨虹书信四十三扎》由东方出版社于2021年4月出版，刘雨虹编。南师与刘雨虹老师既是师生又是同辈友人。本书收录南师于1977年至1988年写给刘老师的信，原文整理和原件影印同步奉上，刘老师为信中部分人与事作了按语说明。南师做人做事的大家风范，论及人事的简明透彻，值得体味、参究。作为中国文化的受益者，对文化传承与世道人心的寄望，以及护持文化的深心与无奈，信中都流露无遗。

《南怀瑾家风家教》（修订版）由中国大百科全书出版社于2021年5月出版，南一鹏著，徐茹整理。该书从南师儿子的视角，以家道、家风为主题，讲述南师如何教育子女修学传统文化，如何通过家教、身教、言教及开明自由的家风来对儿女进行人格教育和生活教育，如何对子女因材施教、视天下人为子女。作者发表了关于家风家教的定义、作用，家风家教如何运用等观点，并辅以南师的家风家教传承的观点与事例。

《人生大学问：南怀瑾著作解读》由浙江人民出版社于2022年1月出版，魏承思著。该书分6个部分解读南师。其一介绍南师的人生之路，使大家了解一个大师是如何炼成的。其二介绍南师的学问之道，分析他治学讲学的特点。其三逐本解析南师讲解儒学的主要著作，如《论语别裁》等。其四逐本解析南师讲解道学的主要著作，如《老子他说》等。其五逐本解析南师讲解佛学的主要著作，如《金刚经说什么》

等。其六概括介绍南师对文学、历史、做人、修养等方面的独特看法，让读者逐步深入南师的精神世界。该书详细展示了南师的生平要事，尤其是作者亲身经历的事迹，同时还详细讲解了南师在中国文化方方面面的见解，以及如何发掘儒家、佛家、道家学说里的文化价值和现代意义。

《袁焕仙集》由四川人民出版社于 2022 年 8 月出版，袁焕仙著。该书为袁焕仙先生的主要著作结集，含《榴窗随判》《黄叶闲谈》《中庸胜唱》《灵岩语屑》《酬答》《统说〈庄子·齐物论〉》《高山佚韵》《通禅与王恩洋》《东方学术界之函讨》及《〈心经〉三讲》等，多为门人南怀瑾等辑录整理而成。

当然，追忆南师的图书不止于此。

每一粒思念南师的文字，都是从天纷纷而落的桂子。

## 五

南师走了 10 年，那些相处的情景仿佛就在昨天，恍若犹在眼前。

我们从各种纪念图书里，从南怀瑾文教基金会和南怀瑾学术研究会等机构的网站上的各类纪念文章中可以看到，人们对一位充满智慧的老人的追思和缅怀之路，只有起点，没有尽头。

南师长随学生、南师著述整理“义工”刘雨虹说：“跟着老师学习到了今天，转眼之间已将近 50 年了，忽然发觉自己已经是98岁了。哎呀，时光太快了，不过因为跟着老师学习、工作，是一件很痛快、很有兴趣的事啊！所以也没有发现光阴那么快。记得老师在谈到人生在世如何的时候，常常会提到一个古人的诗，这个诗啊，是这样的：‘吾心似灯笼，点火内外红。有物堪比伦，来朝日出东。’所以人生要这样。所以有缘跟随老师是多么地幸运啊！”

袁焕仙女公子、南师师妹袁淑平说：“回想起70余年来与南师兄的法门情谊，真是感慨良多。南师兄与我爹爹的师生之谊，他一生都非常珍视，并且常常用他的实际行动来践行中华民族尊师重道的美德和传统，真有‘法乳一滴恩，涌泉报到今’的君子风范。”

学者叶嘉莹说：“南老师是一个绝顶聪明的人，而且知识方面也非常地渊博。南老师那会儿跟我谈话，大致都是讲诗词，他对于文学很有兴趣，对于我的诗很感兴趣介绍去出版，那时候我们每个礼拜在辅大上课时都见一次面。”

匹兹堡大学荣休教授许倬云说：“南怀瑾是奇人，有一股吸引力，交游广阔，佩服他的人也很多。大概是传统严谨的学问，大家觉得太枯燥，他讲的有许多很方便的途径。”

学者何新说：“犹忆太湖边精舍宝地，清净幽雅。老人家学养深厚，秋冬养气，春夏读书。鹤发童颜，文质彬彬，令老士在下何新不胜诚惶诚恐。”

复旦大学教授姜义华说：“（他）一直努力在传统中发掘其所蕴含的现代性，在现代性中发现它们的历史渊源，揭示这两者之间历时性和同时性密不可分的一体化品格，引导人们在走向现代时不忘自己的历史，在回溯自己的历史时不忘走向现代，在接受西方文明影响时不忘本土根基，在坚守本土根基时不忘主动积极地吸取世界各种文明的精髓。这是《论语别裁》和南怀瑾先生的其他一系列著作又一重大的具有原创性的学术贡献。筚路蓝缕之功，值得人们永远尊敬。”

北京大学教授楼宇烈说：“南老一生为传承和弘扬中国传统文化，真可说是‘鞠躬尽瘁，死而后已’。从国内到海外，从台、港到大陆，都有南老传播中国传统文化的身影和声音。”

国际儒学联合会副会长张践说：“南怀瑾先生为弘扬中华传统文化倾注了一生心血。他将传承中华传统文化、推动文明交流互鉴作为人生理想，写著作、当老师、办机构、建学堂，一步步地向着理想前行。他在万千青年心中植下了‘续中国文化慧命’的种子，培育了一方中华传统文化发展的沃土，为保持中华传统文化的生机活力、推动人类文明互学互鉴贡献了无尽力量和滚滚清泉。”

《人民日报》原副总编辑周瑞金说：“南师二十六岁发宏誓愿，到九十五岁圆寂，七十载春秋，七十年心血，毕生从事弘扬中华历史文化事业，不求名，不为利，苦口婆心，循循善诱，始终如一地完成了接续中国文化断层的大愿。功莫大焉！德何劭矣！”

曾任上海财经大学常务副校长、上海国家会计学院院长的夏大慰说：“我以前看到‘仙风道骨’四个字，总是想象不出那该是如何的风姿，看到先生的时候，一下子就明白了：

‘呀，原来就是这样！’他总是用一种慈祥、温和的微笑，睿智、通透的目光，来看这个世界，聊到开怀处，也常常会大笑，摆动双手作势，眼中闪烁出极度愉悦的光芒。只有看透世情名利，看破红尘荣辱，心地纯净无瑕的人，才能有如此明快的笑容，才会有那么感染人的气场。”

绿谷集团董事长吕松涛说：“此时此刻，老师殷切的期望，如闪电般的机锋，大海般深邃的智慧与博学，特别是老师无缘大悲的情怀，普度天下的愿力，一一涌上心头；老师那种洒脱自如、谈笑风生、智慧泉涌、豪迈古今的举止和风范历历在目。”

香港作家张小娴说：“要是一生只能读一本书，我选南怀瑾的《金刚经说什么》。读懂这本书，也就读懂了人生、读懂了大千世界，得智慧，离苦痛。”

台湾学者薛仁明说：“南怀瑾直承汉唐气象，兼有战国策士的灵动与活泼，同时又出入于儒释道三家。于禅，独步当今；《禅海蠡测》，尤其精要。但他的《论语别裁》，却风靡天下，脍炙人口。究其原因，或以其通俗易懂，但更紧要的，其实是全无宋儒以降之酸腐味也……”

台湾华山书院院长王财贵说：“南老师对于读经运动的铺垫以及对我的照顾，都是令我非常感念的，尤其他对整个中国文化的继承和发扬，功劳也是有目共睹。几年前，我去新华书店，一进门，第一个架子正中间就是《南怀瑾全集》，可见他的影响力。所以这个人也是当代一个了不起的人，是一个伟人！”

画家夏荆山说："南师的真慈悲，外人难知。对真正修行人的护持、真帮助，教人直言，不对就说，从不怕人；爱国心切；渊博的智慧，不拘小节的作风；日夜苦忙的精力，饮食的一点地瓜稀煮（看见是会流泪）；世人不知一位真正伟大人的真人生，真是世间活菩萨在世。"

表演艺术家六小龄童说："我对南怀瑾先生一直敬仰有加，曾读过他的《论语别裁》《老子他说》等著作。他的形象、气质都深深打动了我。我能感觉到他是个谦虚、和蔼、有涵养、学问渊博的老人。很多网民朋友都说南怀瑾先生与我长得很像，就像我们家族的前辈。这是我的荣幸。"

美国麻省理工学院资深教授，国际组织学习协会创始人、主席彼得·圣吉说："对于这种体验，我无法用任何言辞形容，最多只能用星曜的夜空苍穹来形容。我们从一位优秀的老师那里汲取知识，但更重要的是，我们也被老师熏陶了。"

美国南卡罗来纳州立大学教授罗梅如说："（我）发现真正的传统的中国佛学、中国佛教、中国的智慧，在你们、在老师、在大家的心里，实在还活的，这个实在太宝贵了，（是）对中国、对人类太重要的事情。"

法国国立东方语言文化学院教授、中文系主任及研究生院院长戴思博说："跟随南老师超过三十年，对我来说，还是不知该如何描述，他那有着深沉的人性思考，却又看似平凡的一切。他有着凡人的缺点、偏好、脾气甚至任性，却又能以一颗老婆心，无限的温柔与同情的心，方方面面地关照你；又似乎随时都能洞悉你的心思，一切就在当下，在一个光明的存在，那个聚合就是一切，自然而纯粹。”

美国基辛格咨询公司前联席首席执行官乔舒亚·库珀·雷默说：“南怀瑾讲学内容的传阅名单中，有许多在中国举足轻重的人物，其地位相当于艾伦·格林斯潘、科林·鲍威尔、沃伦·巴菲特在美国的影响力。南怀瑾总是用禅的本真去教育他的学生——禅宗，就是让修行者用心理学、哲学和自然这一整套工具去发现世界的本源，并加以利用。”

南师作品韩文翻译家宋灿文说：“我认为南老师的著作皆教导我们确定一个正确的人生观，是正知正见，是天下人所需要的人生课最高级课本，是对21世纪全世界人类之应病良药，可以说是真正的生命科学。”

四川省历史学会会长谭继和说：“南师的学术思想是定位在对人类生命质量、人类文明‘命运与共’‘互学互鉴’‘相交相融’的共同价值、人类与自然生命的一体化、人类文化心理对真善美的追求等方面的探索和研究上的。他的目的就是要用自己一生的学问来证明：‘身为中国人，更不能不了解自己文化的真相’‘北有黄河，中有长江，南有珠江流域，综罗交织而灌溉滋茂了中国文化生命’（南怀瑾《禅宗与道家》）。因此，作为中国人要以‘中国文化生命’为立身立德之本，要充分认识它是‘国家之魂’，是对于人类社会面临危机和时代问题的挑战的回应。南师一生的学问就以这个中国人真善美之心为终结点和结穴处。”

金温铁路项目指挥部原总顾问侯承业说：“他不是为个人，也不是做生意，他只是为中华民族未来的生存，人民的生活和教育文化的提升，贡献他的力量。”

中国道教协会会长李光富说：“今天我们纪念南怀瑾先生，不仅要追思他的生平和历史贡献，更要继承先生的文化思想和宝贵精神，为实现中华优秀传统文化的当代复兴和中华民族伟大复兴的中国梦而不懈奋斗。”

中国佛教协会驻会副会长、成都文殊院住持宗性法师说：“五年过去了，陆续再读南师的著述或与南师有关的书籍，每读一次，内心的坚冰总会融化一小块儿……五年来，一直怀念您，南师：您还好吗？五年来，一直感佩您，南师：您还好吗？五年来，一直期待您，南师：您还好吗？”

上海市佛教协会副会长、上海龙华寺方丈照诚法师说：“香江缘，浦江缘，笑语声中谈佛仙，华林慈泽传。三德圆，功德圆，文字禅那智慧泉，如来茶饭烟。”

中信改革发展研究基金会理事长、中信集团原董事长孔丹说：“南老师是中国文化的守望者，践行者，集大成者，传承者，发扬者，光大者……南老师一直以来对中国文化充满自信，这一点大家能够从他的著作中和交谈中强烈地感受到。‘已是悬崖百丈冰，犹有花枝俏’，在中国文化被摧残得最严重的时候，在中国人民缺乏自信的时候，南老师犹如严冬的梅花，凌寒绽放。”

中共中央统战部原副部长、全国工商联原党组书记胡德平说：“台海两岸人们都认同南先生，其背后的原因，是大家都认同中华五千年来的历史文化。台海两岸的人们都尊敬南先生，其背后的原因，是他不管在台湾、香港还是大陆，他都不遗余力地宣扬中华文化，没有丝毫的功利思想。”

国家宗教事务局原局长、党组书记，中央社会主义学院原党组书记，全国政协文化文史和学习委员会副主任叶小文说：“南怀瑾先生儒释道皆通，‘佛为心，道为骨，儒为表，大度看世界；技在手，能在身，思在脑，从容过生活’。诚如《中国文化泛言》一书编者所言，先生之作，对博大精深、浩如烟海的中国文化，无一不能‘摄要勾玄、举其纲领、撷其法要’。”

全国政协教科卫体委员会副主任、中共江苏省委原副书记、江苏省政协原主席张连珍说：“我一直感觉南老没有走，他永远活在我们心中，他的智慧、力量、精神永存。我们在南老的书山中走千秋。”

哈尔滨工业大学原副校长、总装备部科技委兼职委员、俄罗斯工程院外籍院士强文义说：“读南书，忆往昔，十分怀念这位时代的伟人，感恩他给国人留下无量的润世杰作，感恩他用宽广的胸怀鼓舞我们去实现宏伟的强国理想。”

贾亦斌先生之子、全国政协海外特邀委员、中国留美学者政治学和国际关系学会前会长贾浩说：“南师一生，对国家和社会最大的贡献，就是兼收并蓄、博采众长，终身研习、大力传承与弘扬中华文化与其核心，即以儒、墨、道、法、易、兵、农、医、艺、释等为主体，博大精深、源远流长，数千年绵延至今，蔚为壮观的中华文明智慧。”

国务院参事、住房和城乡建设部原副部长、中国城市科学研究会理事长仇保兴说：“南师之伟大在于：他不追求功名，而功名永彪；他不谋求私利，却精神财富日增；他从不坚持私见，才海纳百川成就大业。‘三无老人’，永远的南师，永远的楷模。”

浙商总会党委书记、浙江省人民政府原党组成员郑宇民说：“南老是一个非常普通的人，但是他做了非常了不起的事；他是一个非常平凡的人，但是他给予了我们非常高尚的人格彰显。他的贡献在哪里？中国传统文化的现代表达；他的贡献在哪里？中国传统文化的国际表达；他的创新创建在哪里？商业社会的文化表达。这三件事情是非常了不起的。”

南师之子、香港南亚投资管理有限公司创办人南国熙说：“我一直好奇，怎么六个兄弟姐妹，里里外外一辈子，称呼自己的父亲，为‘南老师’？我有个答案，这个答案来自我大哥南宋钏、我二哥南小舜，他们有两句名言，他们说老师对学生们是‘一日为师，终身为父’，而对我们子女呢，是‘一日为父，终身为师’，而真正后面的这句话，还来自老师讲课时说：‘经师易得，人师难求’。经师是什么？讲知识的；人师是讲一个人的人品修养，做人做事，学生们一辈子都学不完。我们作为子女，很庆幸有这么一个父亲，一辈子都跟他学不完。”

全国港澳研究会创会会长、国务院港澳事务办公室原常务副主任陈佐洱回忆：“南老师说：‘香港要靠牢这“一国两制”，否则繁荣不了，稳定不了。’又沉思了片刻，当即为我背录了白居易的七言律诗《寄韬光禅师》：‘一山门作两山门，两寺原从一寺分。东涧水流西涧水，南山云起北山云。前台花发后台见，上界钟声下界闻。遥想吾师行道处，天香桂子落纷纷。’我想，尾联一句‘天香桂子落纷纷’的点题，是道出了老师为‘一国两制，统一中国’情坚金石、不遗余力的一贯念想。”

东南大学中国文化系原主任、国家文物局全国文物保护标准化专家喻学才说：“南怀瑾先生是中国古代士精神的传承者，也是中国新世纪士精神的开拓者。”

南师《金刚经说什么》《孔子和他的弟子们》英文版译者纪雅云说：“我们必须坚定目标，追随南师的步履，为新一代种下先贤的种子，并培养已被种下的种子萌芽、茁壮。”

南师义子张心帆说：“我们在读南师的书时，一定要把自己摆进去读，对照南师所讲的观点、方法和希望，以及中国优秀传统文化的精髓，躬身反省，见贤思齐，见不贤而自省之，则读书之功莫大焉，善莫大焉。”

温州原市长、原市委书记，浙江省委原副书记，中纪委原副书记刘锡荣说：“为祖国统一强盛、人民幸福、世界和平大同一生不懈追求奋斗的南老先生，祖国不会忘记，人民不会忘记。经济和社会效益日益显现的共和国第一条合资铁路——金温铁路，将和南老先生的英名一起永载共和国史册！”

南师学生古国治说：“烟消云散，生死本无常，唯有先生的精神长存，思想长在。愿把此伤痛化为学习与实践，学习实践他舍己利人的精神，学习实践他做人做事处处替别人着想的风范，继续把中国文化的种子传播下去，把生命智慧的火炬接续下去，遂不辜负他老人家在天之灵。”

中国社会科学院原副院长、党组副书记，全国人大内务司法委员会副主任委员，中国政治学会会长李慎明说：“我爱南老的忘我。我爱南老的微笑。我爱南老的豁达。我爱南老的通透。我爱南老的童真。我爱南老的助人或叫度人。”

南师的长随学生马宏达说：“老师是一个点灯的人，他来这个世上，是希望能够点亮越来越多人的心灯。他从来没有休假，他现在请了一个长假，接下来就靠大家去点亮自己这盏心灯。把自己这一盏灯点亮了，自然会照亮周围。这是对老师最好的怀念和传承。”

…………

## 六

有时候，思念太短，不过刹那。

有时候，思念太长，永在路上。

人们更多的纪念方式，是把对南师的牵挂与追忆藏在心中，以实际行动来践行南师的教诲，继承和弘扬南师的遗愿。

# 主要参考资料

## 书刊资料

1. 灵岩书院编. 灵岩学报（创刊号）. 成都：华英书局. 1946.

2. 四川省灌县志编纂委员会编纂. 灌县志. 成都：四川人民出版社. 1985.

3. 四川省文化厅文物处、灌县志编纂委员会等编. 都江堰文物志. 四川师范大学学报丛刊. 1986. 9.

4. 四川省犍为县志编纂委员会编纂. 犍为县志. 成都：四川人民出版社. 1991.

5. 都江堰市宗教局编. 灌县宗教志. 1996.

6. 都江堰市地方志编纂委员会编纂. 都江堰市金石录. 成都：四川人民出版社. 1999.

7. 胡昭曦著. 四川书院史. 成都：四川大学出版社. 2006.

8. 蒙默. 蜀学后劲——李源澄先生 // 西华大学、四川省文史研究馆蜀学研究中心. 蜀学（第二辑）. 成都：巴蜀书社. 2007：42—52.

9. 钱穆著. 八十忆双亲•师友杂忆. 北京：生活•读书•新知三联书店. 2012.

10. 李守之. 李源澄办学与治学. // 西华大学、四川省文史研究馆蜀学研究中心. 蜀学（第七辑）. 成都：巴蜀书社. 2012：138—151.

11. 袁焕仙讲述，南怀瑾等整理. 维摩精舍丛书. 上海：上海书店出版社. 2016.

12. 南怀瑾著述. 南怀瑾精选集. 北京：东方出版社. 2020.

13. 袁焕仙著. 袁焕仙集. 成都：四川人民出版社. 2023.

14. 秦明著. 五十年来的近事——怀师. 非公开发行资料册.

**网站参考资料**

1. 南怀瑾文教基金会网站资料。

2. 南怀瑾学术研究会网站资料。

# 附录一　南怀瑾先生年谱（简谱）

**（2018年3月版）**

**南怀瑾先生，谱名常铿、常泰，又名永宁，学名超，号怀瑾，别号玉溪。**

1918年　戊午　1岁

农历二月初六出生于浙江省乐清县翁垟镇地团叶村；

父谱名光裕，名正裕，字仰周，号化度（1888—1957）；

母赵氏（1891—1990）。

1923年　癸亥　6岁

开蒙。

1928年　戊辰　11岁

就读于乐清县立第一高等小学校六年级。

1929年　己巳　12岁

小学毕业。

1930年　庚午　13岁

从学于朱味渊先生、叶公恕先生；

于乐清县井虹寺玉溪书院自读。

**1931 年　辛未　14 岁**

自读。

**1932 年　壬申　15 岁**

自读。

**1933 年　癸酉　16 岁**

自读。

**1934 年　甲戌　17 岁**

结婚，妻王翠凤（1916—2009）；

长子南宋钏出生。

**1935 年　乙亥　18 岁**

于杭州入学浙江省国术馆；

于孤山文澜阁藏书楼，阅《四库全书》；

里西湖闲地庵出家师赠《金刚经》《指月录》；

于秋水山庄，阅道家秘本等藏书。

**1936 年　丙子　19 岁**

于杭州之江文理学院中国文学系旁听。

**1937 年　丁丑　20 岁**

次子南小舜出生；

从浙江省国术馆毕业；

任浙江省学生集中训练总队技术教官；

七七事变，由杭州径赴四川成都。

**1938 年　戊寅　21 岁**

参贤访道。

**1939 年　己卯　22 岁**

创办“大小凉山垦殖公司”（一年后结束）。

**1940 年　庚辰　23 岁**

任四川宜宾《金岷日报》编辑；

任成都中央陆军军官学校政治教官。

**1941 年　辛巳　24 岁**

于成都金陵大学社会福利行政特别研究部选读。

**1942 年　壬午　25 岁**

于中央陆军军官学校政治研究班（第十期）修业；

参加袁焕仙先生主持的灌县灵岩寺“禅七”；

随袁焕仙先生至重庆，会见主持护国息灾法会的虚云老和尚、贡噶呼图克图。

**1943 年　癸未　26 岁**

参与筹创维摩精舍；

入峨眉山大坪寺闭关，阅藏。

**1944 年　甲申　27 岁**

闭关，阅藏。

**1945 年　乙酉　28 岁**

闭关，阅藏。秋后转至乐山五通桥继续闭关，阅《永乐大典》《四库备要》等；

11 月 9 日（农历十月初五），在成都大慈寺万佛楼，贡噶呼图克图等授予三坛大戒。

**1946 年　丙戌　29 岁**

新正后转至多宝寺（大坪寺下院）继续闭关；

主持大竹县文昌阁“禅七”；

走康藏拜访密宗上师；

应邀赴昆明讲学；

年底，自昆明赴上海，转杭州。

**1947 年　丁亥　30 岁**

返乐清故里省亲；

修南氏家谱。

**1948 年　戊子　31 岁**

旅台 3 个月后，返杭州；

于江西庐山大天池短期闭关；

任杭州武林佛学院教师；

再阅文澜阁《四库全书》等藏书。

**1949 年　己丑　32 岁**

只身赴台；

任台湾《全民日报》社论委员；

结婚，妻杨晓薇（1928—2011）；

组公司“义利行”，3 条机帆船从事货运。

**1950 年　庚寅　33 岁**

“义利行”船只被官方征用，3 条船因火灾沉于舟山；

长女南可孟出生。

**1951 年　辛卯　34 岁**

于基隆佛教讲堂讲佛法。

**1952 年　壬辰　35 岁**

次女南圣茵出生。

**1953 年　癸巳　36 岁**

写作。

**1954 年　甲午　37 岁**

主持台北观音山凌云寺“禅七”；

三子南一鹏出生。

**1955 年　乙未　38 岁**

主持基隆七堵法严寺“禅七”；

台湾初版《禅海蠡测》。

**1956 年　丙申　39 岁**

应杨管北先生邀请，讲佛经。

**1957 年　丁酉　40 岁**

四子南国熙出生。

**1959 年　己亥　42 岁**

讲《楞严经》。

**1960 年　庚子　43 岁**

主持新北投居士林“禅七”；

台湾初版《楞严大义今释》。

**1961 年　辛丑　44 岁**

于台北寓所掩关；

写作。

**1962 年　壬寅　45 岁**

主持新北投居士林“禅七”；

台湾初版《禅宗丛林制度与中国社会》、《孔学新语》（《孔子和他的弟子们》原名）。

**1963 年　癸卯　46 岁**

主持新北投居士林“禅七”；

于辅仁大学讲“哲学与禅宗”。

**1964 年　甲辰　47 岁**

写作。

**1965 年　乙巳　48 岁**

主持北投奇岩精舍“禅七”；

台湾初版《楞伽大义今释》；

任教于陆军理工学院、辅仁大学、台湾中国文化学院。

**1966 年　丙午　49 岁**

应邀于台湾三军各基地巡回讲演中国文化；

任教于辅仁大学、台湾中国文化学院。

**1967 年　丁未　50 岁**

获选中华学术院研士；

任教于辅仁大学、台湾中国文化学院。

**1968 年　戊申　51 岁**

主持台北“禅七”法会；

台湾初版《禅与道概论》。

**1969 年　己酉　52 岁**

于辅仁大学讲《易经》、“中国哲学史”；

于台湾师范大学讲“佛学概论”；

随台湾“中日文化访问团”赴日，应邀发言（《致答日本朋友的一封公开信》）；

于美国加州创办东西精华协会分会。

**1970 年　庚戌　53 岁**

东西精华协会总会召开成立大会；

开设禅学班（台北市青田街）；

于成功大学讲“廿一世纪的文明与禅学”；

台湾初版《维摩精舍丛书》（袁焕仙著，南怀瑾等整理）；

任教于辅仁大学。

**1971 年　辛亥　54 岁**

主持禅学班“禅七”；

创办《人文世界》月刊；

东西精华协会迁至台北市临沂街莲云禅苑四楼，定期讲课；

任教于辅仁大学。

**1972 年　壬子　55 岁**

主持东西精华协会“禅七”；

定期讲课；

应各大学邀请讲演；

任教于辅仁大学。

**1973 年　癸丑　56 岁**

在莲云禅苑四楼主持“禅七”；

应杨管北先生邀请，讲《金刚经》；

应台湾中华电视台邀请，讲《论语》；

台湾初版《静坐修道与长生不老》《禅话》；

任教于辅仁大学。

**1974 年　甲寅　57 岁**

应“恒庐”（中国国民党中央委员会大陆工作会）邀请，讲《论语》；

应高雄佛光山邀请，讲“丛林制度”；

东西精华协会迁至台北市信义路三段，讲《难经》；

台湾初版《周易今注今释》（南怀瑾、徐芹庭合著）。

**1975 年　乙卯　58 岁**

在佛光山大悲殿主持“禅七”；

应“恒庐”邀请，讲《易经》、“历史的经验”、“革命哲学”；

至东海大学历史研究所，讲“隋唐五代文化思想史”；

《青年战士报》慈湖版连载《论语别裁》讲记。

**1976 年　丙辰　59 岁**

应台湾中国广播公司邀请，讲《易经》；

至《青年战士报》社，讲“唯识研究”、《孟子》；

创办老古出版社；

台湾初版《习禅录影》《论语别裁》。

**1977 年　丁巳　60 岁**

于台北寓所掩方便关；

台湾初版《新旧的一代》。

**1978 年　戊午　61 岁**

在台北“佛光别院”，讲“融会显密圆通修证次第”；

台湾初版《南氏族姓考存》、《正统谋略学汇编初辑》（34 卷 50 本）。

**1979 年　己未　62 岁**

主持新正“禅七”；

洗尘法师从香港来敦请主持十方丛林书院；

为出家同学讲“佛教佛法与中国历史文化”、《禅秘要法》；

讲《大圆满禅定休息清净车解》、《宗镜录》、《大乘要道密集》、《楞严经》、《大比丘三千威仪》、“诗学”等。

**1980年　庚申　63岁**

东西精华协会迁至台北市信义路二段复青大厦九楼；

假台北市辛亥路“救国团”活动中心主持“禅七”；

老古出版社改组为老古文化事业股份有限公司；

十方丛林书院成立，开设定期课程；

为台湾军方将领、政要、企业界领导组成的文化专题研究班，讲《左传》《战国策》《史记》《长短经》《汉书》《管子》《易经系传》等；

主持十方丛林书院“禅七”。

**1981年　辛酉　64岁**

主持十方丛林书院教务；

假东西精华协会大礼堂，举行“南氏宗亲新正祭祖大典”；

创办《知见》杂志。

**1982年　壬戌　65岁**

主持十方丛林书院学员新正特别修定训练；

与美国斯坦福大学哈门教授谈全球性前提计划；

于政治大学东亚研究所兼任教授，讲“中华文化大系”。

**1983年　癸亥　66岁**

主持十方丛林书院教学；

于政治大学东亚研究所兼任教授，讲“中华文化大系”；

台湾初版《定慧初修》（袁焕仙、南怀瑾合著）、《参禅日记》（续集，金满慈著，南怀瑾批）。

**1984 年　甲子　67 岁**

主持东西精华协会（台北禅学中心）新正精进禅修；

美国禅学大师卡普乐先生来访；

英国学者李约瑟先生来访（陈立夫先生陪同），讨论道家学术问题数小时；

于政治大学东亚研究所兼任教授，讲“中华文化大系”；

台湾初版《金粟轩诗词楹联诗话合编》《孟子旁通》《旅台南氏家族纪要》；

美国初版英文译本《静坐修道与长生不老》。

**1985 年　乙丑　68 岁**

开寒假禅修课程；

十方丛林书院结束教学；

离台赴美；

在天松阁寓所，讲《圣经·启示录》；

台湾初版《历史的经验》、《道家、密宗与东方神秘学》、《观音菩萨与观音法门》（合著）。

**1986 年　丙寅　69 岁**

夏，移居兰溪行馆；

成立东西学院；

台湾初版《中国文化泛言》《一个学佛者的基本信念》《禅

观正脉研究》；

美国初版英文译本《习禅录影》其中记录1962年“禅七”一章；

意大利文译本初版《静坐修道与长生不老》。

**1987年　丁卯　70岁**

于兰溪行馆为大陆学者等讲“中国未来之前途”（共43讲）；

讲“密宗大手印”、“佛学大纲”、“佛为阿难说处胎会”、《易经》；

台湾初版《老子他说》（上）、《易经杂说》、《中国佛教发展史略述》、《中国道教发展史略述》、《金粟轩纪年诗初集》、《怀师——我们的南老师》。

**1988年　戊辰　71岁**

离美赴港；

老友贾亦斌先生从北京来访，谈两岸事；

于香港佛教图书馆，讲“唯识”；

温州政府代表来访，谈金温铁路修建事；

大陆初版《维摩精舍丛书》（袁焕仙著，南怀瑾等整理，繁体木刻本影印）；

韩国初版韩文译本《静坐修道与长生不老》。

**1989年　己巳　72岁**

主持新正禅修；

金温铁路建设意向确定；

讲《庄子》选篇；

台湾初版《如何修证佛法》。

**1990年 庚午 73岁**

应邀返台湾谈两岸事；

两岸国共两党密使会谈于香港寓所；

讲“三十七菩提道品”；

指导《大智度论》研究；

个人捐资设立温州南氏医药科技奖励基金会和农业科技基金会；

大陆初版《静坐修道与长生不老》《论语别裁》。

**1991年 辛未 74岁**

讲“静坐要诀”、《百法明门论》、《肇论》；

台湾初版《易经系传别讲》；

大陆初版《孟子旁通》、《老子他说》（上）、《禅宗与道家》；

德国初版德文译本《静坐修道与长生不老》。

**1992年 壬申 75岁**

正式签订金温铁路修建协议；

拟《和平共济协商统一建议书》；

修建金温铁路的合资公司在浙江温州开业；

台湾初版《圆觉经略说》《金刚经说什么》；

大陆初版《历史的经验》、《观音菩萨与观音法门》（合著）。

**1993 年　癸酉　76 岁**

讲“生命科学研究”（共 35 讲）；

大陆初版《如何修证佛法》《楞严大义今释》《楞伽大义今释》《圆觉经略说》《金刚经说什么》；

美国初版英文译本《如何修证佛法》（上）。

**1994 年　甲戌　77 岁**

主持厦门南普陀寺“禅七”（定名“生命科学与禅修实践研究”）；

讲“生命科学研究”（共 77 讲）；

大陆初版《禅海蠡测》、《禅话》、《参禅日记》（初、续集，金满慈著，南怀瑾批）；

美国初版英文译本《如何修证佛法》（下）；

法国初版法文译本《道家、密宗与东方神秘学》之节录。

**1995 年　乙亥　78 岁**

主持新正禅修；

美国彼得・圣吉教授初次来访；

应邀赴法国文化交流考察；

台湾初版《药师经的济世观》；

大陆初版《亦新亦旧的一代》《中国文化泛言》；

美国初版英文译本《禅与道概论》之禅的部分。

1996 年　丙子　79 岁

个人出资 500 多万元人民币改扩建幼时旧居后，将之捐赠乐清地方政府，作为“乐清老幼文康活动中心”，题写匾名并作《乐清老幼文康活动中心赠言》：

我生于此地，长于此地，而十七年后，即离乡别土。情如昔贤所云：身无半亩，心忧天下；读书万卷，神交古人。旋经代嬗变五六十年后，父罹世变，未得藻雪；老母百龄，无疾辞世。虽欲归养而不可得，故有此筑，即以仰事父母之心，转而以养世间父母，且兼以蓄后代子孙。等身著作还天地，拱手园林让后贤。以此而报生于此土、长于此土之德，而无余无负。从今以后，成败兴废，皆非所计。或嘱有言，则曰：人如无贪，天下太平。人如无嗔，天下安宁。愿天常生好人，愿人常做好事。

岁次乙亥冬月中旬　即一九九六年一月上旬

南怀瑾书　时年七十八

大陆初版《中国佛教发展史略》《中国道教发展史略》《易经杂说》《易经系传别讲》《道家、密宗与东方神秘学》《禅观正脉研究》《习禅录影》。

1997 年　丁丑　80 岁

主持新正禅修；

于香港光华文化中心，为彼得·圣吉教授等主持 7 天禅修；

金温铁路全程铺通，感言：

> 铁路已铺成，心忧意未平，世间须大道，何只美车行。

提出“功成身退，还路于民”；

美国初版英文译本《中国佛教发展史略》；

韩国初版韩文译本《易经系传别讲》。

**1998 年　戊寅　81 岁**

台湾初版《原本大学微言》、《南怀瑾与金温铁路》（侯承业编著）；

大陆初版《原本大学微言》；

法国初版法文译本《如何修证佛法》（上）；

韩国初版韩文译本《易经杂说》。

**1999 年　己卯　82 岁**

受邀在吴江宾馆，与吴江政府代表商谈文化投资事宜；

台湾初版《禅门内外——南怀瑾先生侧记》（刘雨虹著）；

韩国初版韩文译本《金刚经说什么》。

**2000 年　庚辰　83 岁**

讲学；

写作。

**2001 年　辛巳　84 岁**

创设东西精华农科（苏州）有限公司，任董事长。

**2002 年　壬午　85 岁**

主持新正禅修；

台湾初版《布施学——毗耶娑问经》；

大陆初版《药师经的济世观》、《定慧初修》（袁焕仙、南怀瑾合著）、《学佛者的基本信念》；

韩国初版韩文译本《论语别裁》（上、下）。

**2003 年　癸未　86 岁**

主持浙江义乌双林寺禅修；

台湾初版《现代学佛者修证对话》（上）；

韩国初版韩文版《如何修证佛法》。

**2004 年　甲申　87 岁**

移居上海；

与中国科技大学联合举办“中国传统文化与认知科学、生命科学、行为科学专题研讨会，在吴江七都讲课；

于上海兴国宾馆二楼，讲“读书和工商文化”；

于上海国家会计学院，讲“大会计”；

台湾初版《现代学佛者修证对话》（下）；

美国初版英文译本《金刚经说什么》；

韩国初版韩文译本《原本大学微言》（上、下）。

**2005 年　乙酉　88 岁**

资助《仓央嘉措》纪录片拍摄工作；

于上海四季酒店，讲“人文问题”；

于上海市宛平宾馆会议厅，讲“中国传统文化与经济管理”；

为美国来访学者讲“企业之道、管理要义、修行入门、认知科学”等；

台湾初版《花雨满天　维摩说法》。

**2006 年　丙戌　89 岁**

独资创办“吴江太湖文化事业有限公司”；

主持“禅与生命科学的实践研究”；

于上海美仑大酒店会议厅，对新闻出版界讲演；

彼得·圣吉教授及国际跨领域领导人组团参学；

台湾初版《庄子諵哗》《南怀瑾与彼得·圣吉》。

**2007 年　丁亥　90 岁**

独资创办“吴江市太湖大学堂教育培训中心”（简称“太湖大学堂”）；

解答法国参学团关于“道家、观心法门、医疗与养生、生死”等问题；

应净慧老和尚邀请，作《序说虚老年谱》一文，题写《虚云老和尚全集》书名；

获江苏省吴江市政府授予“荣誉市民”；

台湾初版《南怀瑾讲演录》《与国际跨领域领导人谈话》

《人生的起点和终站》《答问青壮年参禅者》；

大陆初版《南怀瑾讲演录》《南怀瑾与彼得·圣吉》《庄子諵哗》。

2008年　戊子　91岁

独资创办“吴江太湖国际实验学校”；

于国际教育研讨会上讲课；

与人民出版社黄书元社长一行，议定著作授权出版事宜，亲自签署合约（以“东方出版社”名义出版著作）；

开办太湖大学堂国学经典导读讲习班；

为香港瑜伽团队讲课；

托宗性法师代查袁焕仙先生灵骨下落；

台湾初版《小言黄帝内经与生命科学》《禅与生命的认知初讲》《漫谈中国文化》；

大陆初版《人生的起点和终站》《答问青壮年参禅者》《小言黄帝内经与生命科学》《漫谈中国文化》；

大陆初版英文版《静坐修道与长生不老》《中国佛教发展史略》。

2009年　己丑　92岁

个人出资并委托宗性法师代为主持修建袁焕仙先生灵骨塔工程（登琨艳设计）；

主持太湖大学堂“禅七”；

彼得·圣吉教授等数十位学者来参学，研讨“科学与哲学、宗教、人性、社会”等问题；

对太湖国际实验学校学生家长研修班讲话；

台湾初版《我说参同契》《老子他说（续集）》；

大陆初版《禅与生命的认知初讲》、《我说参同契》（上、中）。

### 2010 年　庚寅　93 岁

对太湖国际实验学校学生家长、教师数次讲话；

对太湖大学堂经史合参班第一期学员讲话、授课；

“音声法门”“音声与疾病诊断”答疑，指导学习《华严字母》；

台湾初版《列子臆说》；

大陆初版《我说参同契》（下）、《老子他说（续集）》、《维摩诘的花雨满天》（上、下）、《列子臆说》（上）；

韩国初版韩文译本《人生的起点和终站》。

### 2011 年　辛卯　94 岁

对太湖国际实验学校新生家长讲话；

台湾初版《孟子与公孙丑》；

大陆初版《列子臆说》（中、下）、《孟子与公孙丑》；

韩国初版韩文译本《定慧初修》（袁焕仙、南怀瑾合著）。

### 2012 年　壬辰　95 岁

讲“女性修养教育”“子女教育”“母仪修养”；

答复中国航天员科研训练中心航天员医监医保室管理及

研究人员，关于“航天员如何在未来二〇二二年空间站内停留几百天”等问题；

对太湖国际实验学校第一届学生毕业典礼致临别赠言；

对太湖国际实验学校家长讲话；

捐赠18亩土地使用权及个人稿费100万元人民币，资助修建吴江庙港老太庙文化广场；

以个人身体情状为例说明医理；谈病与12时辰经脉运行的关系、《验方新编》噎膈的理法方药、如何面对生死与疾病、如何面对人生的最后等问题；谈根本气；

辞世（9月29日16时29分）；

台湾初版《瑜伽师地论　声闻地讲录》《廿一世纪初的前言后语》《孟子与离娄》《孟子与万章》；

大陆初版《廿一世纪初的前言后语》《瑜伽师地论　声闻地讲录》；

韩国初版韩文译本《圆觉经略说》《漫谈中国文化》。

**先生辞世后**

南怀瑾文化事业有限公司在台湾设立；

台湾初版《孟子与尽心篇》、《孟子与滕文公、告子》、《太极拳与静坐》、《话说中庸》、《对日抗战的点点滴滴》、《大圆满禅定休息简说》、《我的故事我的诗》、《洞山指月》、《百年南师——纪念南怀瑾先生百年诞辰》（刘雨虹编）、《〈禅海蠡测〉语译》（南怀瑾著，刘雨虹语译）、《金粟轩纪年诗》（南怀瑾著，林曦注释）、《南师所讲呼吸法门精要》

（刘雨虹汇编）、《东拉西扯：说老人、说老师、说老话》（刘雨虹著）、《点灯的人——南怀瑾先生纪念集》（《点灯的人——南怀瑾先生纪念集》编写组编）、《云深不知处：南怀瑾先生辞世周年纪念》（刘雨虹编）、《跟着南师打禅七》（刘雨虹编）、《说不尽的南怀瑾》（查旭东著）、《说南道北：说老人、说老师、说老话》（刘雨虹著）、《南怀瑾与杨管北》（刘雨虹编）、《怀师之师：袁公焕仙先生诞辰百卅周年纪念》（刘雨虹编辑）；

大陆初版《孟子与离娄》、《孟子与万章》、《孟子与滕文公、告子》、《孟子与尽心篇》、《太极拳与静坐》、《话说中庸》、《历史的经验》增订本（附《对日抗战的点点滴滴》）、《孔子和他的弟子们》、《大圆满禅定休息简说》、《〈禅海蠡测〉语译》（南怀瑾著，刘雨虹语译）、《南师所讲呼吸法门精要》（刘雨虹汇编）、《禅门内外——南怀瑾先生侧记》（刘雨虹著）、《南怀瑾与金温铁路》（侯承业编著）、《东拉西扯：说老人、说老师、说老话》（刘雨虹著）、《点灯的人——南怀瑾先生纪念集》（《点灯的人——南怀瑾先生纪念集》编写组编）、《云深不知处：南怀瑾先生辞世周年纪念》（刘雨虹编）、《跟着南师的七天》（刘雨虹编）、《说不尽的南怀瑾》（查旭东著）；

大陆初版日文译本《论语别裁》（上、下）；

韩国初版韩文译本《老子他说》（上、下）、《禅与生命的认知初讲》、《楞伽大义今释》、《孟子与公孙丑》、《孟子旁通》、《庄子諵哗》（上、下）、《小言黄帝内经与生命科学》、《药师经的济世观》、《花雨满天　维摩说法》（上、下）、《孟子与尽心篇》、《楞严大义今释》、《南怀瑾谈历史与人生》（练性乾编）、《佛说入胎经》（南怀瑾指导，李淑君译）、《南师所讲呼吸法门精要》（刘雨虹汇编）；

法文译本初版《般若正观略讲》（即《定慧初修》之一部分）。

（源自南怀瑾学术研究会官方网站）

# 附录二　南怀瑾先生经典语录

**1、文化教育问题**

中国一百五十年来一切问题的根源，就是文化教育问题。

——《南怀瑾讲演录》

**2、汉字是中国文化的灵魂**

我们祖先，晓得人类的语言，三十年一变，如果用白话文把古文记下来，到现在五千年，这个书是没有办法读了！所以把语、文分开，把语言变成一种文字。因此我们五千年的文化，用古文保留下来，只要学两年的工夫，一个孩子学通了中国文字，就是“上下五千年，纵横十万里”，这个文化一下就懂了。所以，文字是独立的。像我们中国字是方块字，合起来，在《康熙字典》里面，大概接近五万个字。但是一个中国人，如果方块字认得有两千五百个的话，哦哟！这个学问是非常大的喽！大学教授教语文，教国文，还认不到一千五百个字呢。

——《南怀瑾讲演录》

**3、多读历史**

我还有个主张，希望大家为了自己国家民族的前途，研究这个经济政治问题，要多读历史才好。古人有两句话：“观今宜鉴古，无古不成今”，这是我们小时候读书背的，要了解现在时代的趋势，必须要懂得自己古代的历史。我们的国家民族，是怎么一步一步走到现在的？要研究几千年的演变，不管它走得好坏。“观今宜鉴古”，鉴，就是自己对着镜子看一样。观察现在个人事业的成功失败，要拿古代做镜子，反照自己，古代每个时代，是怎么失败的？怎么成功的？“无古不成今”，没有过去就没有现在，所以必须要懂得历史。我们当年读历史是最重要的课。

——《南怀瑾讲演录》

**4、何为中华道统**

譬如孟子的话“君子穷则独善其身，达则兼善天下”，告诉我们一个读书人、知识分子，如果倒霉，就把自己照管好就行了，不管外面的事。至于职业做什么都可以，职业跟学问根本是分开的。学问则是一生的事，学问不是知识，做人做事都是学问。“达则兼善天下”，如果有机会叫你出来做事呢，那就不是为个人，而是把自己贡献出去，为整个社会国家做贡献。这是孟子的教育。

——《南怀瑾讲演录》

**5、忧患意识是中国文化大传统**

我们中国传统文化，最害怕一辈子太享福、太顺利、太平安了，没有忧患意识，像吃了毒药一样，把自己毒死了。

——《南怀瑾讲演录》

### 6、能利人才是事业

什么叫作事业呢？出在孔子著的《易经系传》的一句话，叫作："举而措之天下之民，谓之事业。"一个人一辈子，做一件事情对社会大众有贡献，对国家民族，对整个的社会，都是一种贡献，这才算是事业。

——《南怀瑾讲演录》

### 7、中国传统教育的真谛

中国几千年教育的目的，不是为了谋生，是教我们做一个人，职业技术则是另外学的。而且教育从胎教开始，家教最重要，然后才是跟先生学习。人格教育、学问修养是贯穿一生的。所以社会除了政治、财富力量以外，还有独立不倚、卓尔不群的人格品格修养，作为社会人心的中流砥柱。

——《南怀瑾讲演录》

### 8、打开中国文化大门的钥匙

我们中国文化的财产太大了，古文不懂，繁体字不懂，等于丢了钥匙，这个财库的锁打不开了。

——《南怀瑾讲演录》

### 9、人生的最高境界

人生的最高境界是：佛为心，道为骨，儒为表，大度看世界；技在手，能在身，思在脑，从容过生活。三千年读史，不外功名利禄；九万里悟道，终归诗酒田园。

——《悦心语》

### 10、儒家是粮店，道家是药店，佛家是百货店

唐宋以后的中国文化，要讲儒、释、道三家，也就变成三个大店了。

佛学像百货店，里面百货杂陈，样样俱全，有钱有时间，就可去逛逛。逛了买东西也可，不买东西也可，根本不去逛也可以，但是社会需要它。

道家则像药店，不生病可以不去，生了病则非去不可。生病就好比变乱时期，要想拨乱反正，就非研究道家不可。道家思想，包括了兵家、纵横家的思想，乃至天文、地理、医药等无所不包。所以一个国家民族生病，非去这个药店不可。

儒家的孔孟思想则是粮食店，是天天要吃的。五四运动的时候，药店不打，百货店也不打，偏要把粮食店打倒。打倒了粮食店，我们中国人不吃饭，只吃洋面包，这是我们不习惯的，吃久了胃会出毛病。要深切了解中国文化历史的演变，不但要了解何以今天会如此，还要知道将来怎么办，这都是当前很重要的问题。

——《中国有文化》

### 11、文化是人类民族的灵魂

文化是人类民族的灵魂，尤其是一个国家民族，切不可自毁灵魂、但取躯壳地糟蹋文明，更不可自毁千秋的文化大业，而把后世的一家之言当作金科玉律。那是必有自忏孟浪，后悔莫及的遗憾啊！

——《原本大学微言》

## 12、只有淡泊才能宁静

孔明先生这两句话的要点，首先在于“淡泊明志”的“淡泊”上，既然肯淡泊，而又甘于淡泊，甚至享受淡泊，那当然可以“宁静致远”了！一个人淡泊到了如孔子所说的，“饭蔬食，饮水，曲肱而枕之”“不义而富且贵，于我如浮云”，那当然是人生修养达到一种高度的宁静意境。

——《原本大学微言》

## 13、人不自欺，天下无敌

“任何一个人，一生只做了三件事，便自去了。自欺、欺人、被人欺，如此而已。”……人因为有“自欺”，才会“欺人”，最后当然要“被人欺”。换言之，人要自爱，才能爱人，最后自然可被人爱。也可以说，人要自尊，才能尊人，这样才能使人尊你。

——《原本大学微言》

## 14、好情绪就是最好的养生

说一点养生学的理论。如说，愤怒伤肝，恐惧伤肾，好乐伤心，忧患伤肺。换言之，容易发怒或脾气不好的人，便是肝气不平和的现象。容易害怕，俗话所说胆小怕事的人，便是肾气（与脑有关）不平和。嗜好过分，特别如饮食、男女方面过分，可使心脏有问题。多愁善感，或遇家庭问题，其他等等事故，心多忧患，便由肺气不平和开始，影响内脏健康。

——《原本大学微言》

### 15、什么都能亡，不能亡文化

我常说，一个国家亡了不怕，是可以复国的；最怕自己国家民族的文化整个亡掉，那就翻不了身了。诸位青年同学千万要注意，将来的时代，我们的文化要你们年轻一辈的挑啊，不能使自己国家民族的文化种子断绝。

——《孟子与离娄》

### 16、身当其冲的要负起开继的责任

我们作为现代的一个人，既有很沉痛的悲惨遭遇，也有难逢难遇的幸运；使我们生当历史文化空前巨变的潮流中。身当其冲的要负起开继的责任。但是目前所遭遇的种种危难，除了个人身受其苦以外，并不足可怕。眼见我们历史传统的文化思想快要灭绝了，那才是值得震惊和悲哀的事！

——《论语别裁》

### 17、英雄与圣贤之别

“英雄能够征服天下，不能征服自己，圣贤不想去征服天下，而征服了自己；英雄是将自己的烦恼交给别人去挑起来，圣人自己挑尽了天下人的烦恼。”这是我们中国文化的传统精神，希望每个人能完成圣贤的责任，才能成为伟大的政治家。

——《论语别裁》

### 18、把人做好、把事做对，就是学问

学问不是文学，文章好是这个人的文学好；知识渊博，

是这个人的知识渊博；至于学问，哪怕不认识一个字，也可能有学问——做人好，做事对，绝对的好，绝对的对，这就是学问。

——《论语别裁》

### 19、君子不怨天尤人

人能够真正做到了为学问而学问，就不怨天、不尤人，就反问自己，为什么我站不起来？为什么我没有达到这个目的？是自己的学问、修养、做法种种的问题。自己痛切反省，自己内心里并不蕴藏怨天尤人的念头。拿现在的观念说，这种心理是绝对健康的心理，这样才是君子。

——《论语别裁》

### 20、固执己见，做不了大事

我们研究历史上一些成功和失败人物的性格，会发现很有趣的对比。有些人的性格，喜欢接受别人更好的意见；不过，能立刻改变，马上收回自己的意见，改用别人更好意见的人太少。刘邦是这少数人中的一个。而项羽对于自己的主意就绝对不会改变，绝对不接受别人的意见。

——《论语别裁》

### 21、少吹牛皮，多做实事

古今中外，人类的心理都是一样的，多半爱吹牛，很少见诸事实；理想非常的高，要在行动上做出来就很难。所以，孔子说，真正的君子，是要少说空话，多做实在的事情。

——《论语别裁》

### 22、先有态度，才有学问

讲到学问，就需两件事，一是要学，一是要问。多向人家请教，多向人家学习，接受前人的经验，加以自己从经验中得来的，便是学问。

——《论语别裁》

### 23、不平凡不是真正的涵养

一个人是应该清高的，但有人是苟求清高，或者为了标榜自己清高，因此只好忍痛牺牲。那就大可不必，这就不平凡，不平凡不是真涵养的精神。

——《论语别裁》

### 24、要复兴东西方固有文化的精华

人类正面临着一个新的危机……我们过分迷信科学的万能，以为自己可以超迈古人，而任意推翻传统，杜塞了几千年来，无数圣哲们替我们开发出来的教化源泉……要复兴东西方固有文化的精华，互相截长补短……更应谋东西方文化的交流与融会，以期消弭迫在眉睫的人类文化大劫。

——《中国文化泛言》

### 25、有缺陷才是正常

佛学叫这个世界“娑婆世界”，译为“堪忍”，说我们

这个世界是缺陷的世界。《易经》也说这个世界是缺陷的，让你有钱就不给你学问，有学问就没有钱；给你子孙满堂，就不给你别样了，所以总是有缺陷不圆满的。

——《老子他说》

**26、每当时代无可救药，总是道家出来拨乱反正**

凡是对任何一样东西，立场不同，观点就两样。自己站的角度不同，看到的印象就各异。我们看中国历史，汉、唐、宋、元、明、清开基立业的鼎盛时期，都是由“三玄”之学出来用世。而且在中国历史文化上，有一个不易的法则，每当时代变乱到极点，无可救药时，出来“拨乱反正”的人物，都是道家人物。不过，他们有他们的一贯作风——“功成，名遂，身退，天之道也。”帮助人家打好天下，成功了……然后自己飘然而去。如商汤时的伊尹、傅说，周朝开国时的姜太公，春秋战国时期的范蠡，汉朝开国时的张良、陈平，三国时的诸葛亮，都是道家人物。姜太公与范蠡，完全做到了“功成，名遂，身退”的“天之道”；张良则差一点，最后欲退而不能，本事不算大；至于诸葛亮，他的立身处事，完全是儒家的态度，“鞠躬尽瘁，死而后已”，恰如其分。

——《老子他说》

**27、两两相忘才是真**

天堂固然好，但却有人偏要死也不厌地狱。极乐世界固然使人羡慕，心向往之，但却有人愿意永远沐浴在无边苦海中，以苦为乐。与其舍一而取一，早已背道而驰。不如两两相忘，不执着于真假、善恶、美丑，便可得其道妙而逍遥自在了。

——《老子他说》

**28、享受寂寞才有境界**

一个人先要养成会享受寂寞，那你就差不多了，可以了解人生了，才体会到人生更高远的一层境界。

——《金刚经说什么》

**29、吃得了苦，才能享得了福**

实际上，好事跟痛苦是一体的两面而已，一个是手背，一个是手心。假使说，好事他能够真丢开的话，痛苦来一样可以丢开，所以痛苦也是一个很好的测验。如果一个人碰到烦恼、痛苦、逆境的时候丢不开，说他碰到好事能丢得开，那是不可能的。

——《金刚经说什么》

**30、学佛是大丈夫事**

古人说："学佛乃大丈夫事，非帝王将相所能为。"因为他的境界、气派、胸襟与众不同。这种不同的境界从哪里来呢？从实相般若而来，是道体上所产生的，自然而来的。因此，真悟道的人，智慧开发是无穷尽的，佛学的名词叫作无师智，也叫作自然智。自己本有的智慧仓库打开了，不是老师传授给你的，是你自己固有的智慧爆发了，天上天下，无所不知。这就是境界般若。

——《金刚经说什么》

### 31、做什么都有境界

一个人修道，或者读书，一步有一步的不同境界。像一个学艺术的人，今天有了一个新的灵感，或者画一张画，特别有一种心得，就是有它的境界。一个做水泥工的，今天突然一砖头下去，用水泥一抹，特别平，心里头很舒服，原来这样砌才好，这是他做水泥工时候的境界。所以，境界包含一切境界，修道人有一分的成就，境界就有一分的不同，有两分的成就，就有两分的不同。换句话说，人修到了某一种境界，人生的境界就开朗到某一种程度。

——《金刚经说什么》

### 32、一切修养方法，都只是三个字

不管儒家、佛家、道家，以及其他一切的宗教，人类一切的修养方法，都是这三个字——善护念。好好照应你的心念，起心动念，都要好好照应你自己的思想。

——《金刚经说什么》

### 33、佛、老庄、《易》，都为医心

《庄子》是医心的，不管西医中医，都只是医身体的。心是个什么东西？思想情绪这个心很难医……老庄讲的内容，就是医药。所有思想病、政治病、经济病，各种病，在《庄

子》里头提得非常多了，只看大家如何去研究。释迦牟尼佛的佛法，老庄以及《易经》都是治心的药，也是治心的方法。一般医生能够治身体的病，却不能治心。

——《小言黄帝内经与生命科学》

### 34、知生灭便是觉悟

生命就是这样，年年都有个春天，年年也有个冬天，这是生灭两头的现象；念头、细胞乃至一切物质也是有生有灭，永远都是这样。找到了生命能生能灭的根本，叫做成佛，叫证得菩提……为什么佛教到中国，很容易就被吸收呢？因为中国文化的老祖宗《易经》，也讲过这个道理。

——《人生的起点和终站》

### 35、佛家只说两个字——无常

佛学为什么讲无常？因为世界上的事没有永恒的。人的欲望，永远贪求永恒，想永远保持存在，那是永远不可能的，那是笨蛋，是看不清楚的人搞的。所以佛告诉你，积聚必有消散，崇高必有堕落，合会终须别离，有命咸归于死，那是必然的道理，这是大原则。

——《人生的起点和终站》

### 36、所有宗教的教主都是东方人

我也常常告诉西方人，你们讲宗教，世界上哪里有你们的宗教？五个教主都是东方人！孔子、老子、释迦牟尼佛，东方人；耶稣、穆罕默德，是中东人，也是东方，没有一个你们西方人。你们西方拼命反对东方，其实你们的文化思想大多是东方人所给的。

——《人生的起点和终站》

### 37、养生最应该重视的是脚底

衰老、死亡是先从脚底开始的，以前讲“寒从足底生”，老人冬天那个脚底心还发烫的，就会长寿。所以，我经常叫你们加衣服，尤其女人，裤子要穿厚些。我们小的时候看到祖母，两个裤腿都绑起来，所以妇科的病少。现在穿个三角裤，又穿裙子，要美丽，不怕冻，所以妇科病特别多。寒从足底生，精也从足底生，两腿、两足是非常重要的。

——《人生的起点和终站》

### 38、文以载道，道以化人

中国古人不轻易写书写文章，今日很多的文章、戏剧、新闻，写的是社会坏的一面，对小孩子有很坏的影响，这种文字对社会的影响比杀人还厉害。其实写的人未必有心教人学坏，也有写正面的，但是接受的人不看正面。古人对人类这种心理非常了解，所以下笔非常严谨。

——《维摩诘的花雨满天》

### 39、行善即是菩萨

我常说，中国宋明以后的理学家讲规规矩矩做人，是佛教的律宗，老庄道家是佛教的禅宗，讲解脱的。举这些例子，你说菩萨在哪里？不一定在庙子，不一定在宗教中，社会上很多人行的就是菩萨道。倒是穿上宗教外衣的人，常常听闻佛法的人，却做不到。社会上很多不信宗教的人，我看了肃然起敬，他们真是菩萨。

——《维摩诘的花雨满天》

### 40、万物有理，大道至简

宇宙间的任何事物，有其事必有其理，有这样一件事，就一定有它的原理，只是我们的智慧不够、经验不足，找不出它的原理而已。而《易经》的简易也是最高的原则，宇宙间无论如何奥妙的事物，当我们的智慧够了，了解它以后，就变得很平常、很平凡而且非常简单。

——《易经杂说》

### 41、成败悲喜，只是自然

以《易经》的道理去看人生，一举一动，都有相对、正反、交错，有得意就有失意，有人赞成就有人反对，人事物理都一定是这样的，离不开这个宇宙大原则。

——《易经杂说》

### 42、人最高的智慧

《易经》上告诉我们两个重点，科学也好，哲学也好，人事也好，做任何事，都要注意两件事情，就是“时”与“位”，

时间与空间 ……很好的东西，很了不起的人才，如果不逢其时，一切都没有用……还有就是得其“位”，如某件东西很名贵，可是放在某一场合便毫无用处，假使把一个美玉的花瓶，放在厕所里，这个位置便不太对，所以“时”“位”最重要，时位恰当，就是得其时、得其位，一切都没有问题……人最高的智慧要做到对自己、对人、对事，知道机会到了，要把握机会，应该做的就做。

——《易经杂说》

## 43、中华文明的基本模式

我们过去的文化历史，始终在帝王专制政体中，“内用黄老，外示儒术”的一个模式之下，度过了两千多年。也使孔孟的道统精神，依草附木式地攀附在帝王政体之下，绵延存续了两千多年。

——《孟子旁通》

## 44、出身不重要，器度才重要

在艰苦中成长成功之人，往往由于心理的阴影，会导致变态的偏差，这种偏差，便是对社会、对人们始终有一种仇视的敌意，不相信任何一个人，更不同情任何一个人。爱钱如命的悭吝，还是心理变态上的次要现象。相反地，有器量、有见识的人，他虽然从艰苦困难中成长，反而更具有同情心和慷慨好义的胸襟怀抱。因为他懂得人生，知道世情的甘苦。

——《孟子旁通》

### 45、古来圣贤皆寂寞

古今中外，许多被后世认为是多么伟大，能影响千秋万世的人物，在当时，大多数都是那么凄凉寂寞的。就因为他们在生前不重视短见的唯利是图，对自己个人，对国家天下事，都是以如此的人品风格来为人处世的。

——《孟子旁通》

### 46、任何时代，都是现实者多超脱者少

许多人都在感叹这个社会、这个时代，太重现实。其实，在任何时代，任何地区，人活在世间，就要生存；渐渐地，慢慢地，不知不觉就会重视现实……可是却有极少数的人，他始终漠视现实，为崇高的理想而努力，放弃自我而为天下人着想，不顾自己短暂一生的生活现实，而为千秋万代着眼。因此，也就受到人们一种超越的崇敬，称他为“圣人”了。

——《孟子旁通》

### 47、人有三个基本的错误不能犯

有三个基本的错误是不能犯的：

一是“德薄而位尊”，道德学问都不行，大家来恭维你，尤是出家人，小小的年纪出了家，人家看到你便拜，那真可怕得很！你以为头发剃了就得道了吗？不是那么回事。另外两项是“智小而谋大，力小而任重”。

——《易经系传别讲》

### 48、中国文化中的人生最高修养

中国文化对于人生最高修养的一个原则有四个字，就是“乐天知命”。乐天就是知道宇宙的法则，合于自然；知命就是也知道生命的道理，生命的真谛，乃至自己生命的价值。这些都清楚了，“故不忧”，没有什么烦恼了。

——《易经系传别讲》

### 49、做好自己就够了

“终身逌然，不知荣辱之在彼也，在我也”，这就是人生哲学。人为什么要外面人讲你好，你才觉得自己好呢？外面跟我毫不相干，在我自己，我认为好就好，爱笑就笑，爱哭就哭，跟别人毫不相干……

——《列子臆说》

### 50、好为人师是大毛病

孟子有句话讲得极好：“人之患在好为人师。”每个人都有傲慢好胜的心理，都想比人家好，都想教训别人，都想指导别人，这是人的毛病。

——《圆觉经略说》

# 附录三　南怀瑾先生荐书

我给你们开了一个书单，教你走捷路，可以快些进入中国文化的宝库，也可以懂一点西方文化。

（一）三百千千（《三字经》《百家姓》《千字文》《千家诗》）

（二）《文字画研究》（吕佛庭）、《御定康熙字典》（线装本）、《新修康熙字典》、《远东国语辞典》（台湾版）

（三）《幼学琼林》《古文观止》《龙文鞭影》

（四）《增广诗韵合璧》《古诗源》《宋元诗评注》《清诗评注》《随园诗话》

（五）《古文辞类纂》《续古文辞类纂》《经史百家杂钞》

（六）《儿童中国文化导读》（一至十八册）、《儿童西方文化导读》（一至四册，台湾老古文化公司编辑）

（七）《古今图书集成》

（八）《纲鉴易知录》

…………

我前面给同学们开的这个书单，你们现在要读这几部书，如果你们将来想做个国务卿啊，想做个国家第一流的领导人，你先把中国文字读好了，然后只要读一部书《古今图书集成》，这是康熙、雍正时期编的，他把中国文化几千年，经济归经济，政治归政治，医药归医药，都集中了资料，也被称为“康熙百科全书”。你们去研究。

另外，影响中国文化很大的，还有《古文辞类纂》，这是安徽桐城姚鼐编的，这个是捷路哦！里头有很多东西。

再有一部，《经史百家杂钞》，曾国藩编的，曾国藩并不以他的成功为满足哦！他想在学术界超过古人，想超过桐城学派。所以他用自己一生的学问编了一套书，如果你拿来好好读，你就把中国文化的精华都吸收了。我在书上曾提到曾国藩十三套学问，包括这一套《经史百家杂钞》。

你们人民大学国学院把这几套书一摸熟，我看未来中国就会在你们这一班人手上。可是，你们现在要好好去读书了。

但是，读这个书必须配合读历史。……

…………

那么，你们读历史读什么呢？《纲鉴易知录》，先把它读会，这部书是一部中国通史，作者吴楚才，编过《古文观止》，做私塾先生的。由《纲鉴易知录》配合前面的几部书，中国文化一定行了。我的书单也给你们了，你们诸位从北京那么远来，非常对不起，我只能奉献这一点。

——《漫谈中国文化》

有朋友说，古文很难念，我说古文很好念，繁体字更好念。中国的方块字，有边读边，没边的读中间，你这样读下去只要半年一年，古文也就懂了。……我常说的，我们小孩子读的《千字文》，只用一千个中国字，把上古到南北朝整个的文化大系，天文、地理、科学、政治，无所不包都讲了。所以过去有些外国人到我这里学中文，先学会这一本书，一年以后就行了，是真的。

——《小言黄帝内经与生命科学》

# 附录四　与南怀瑾先生有关的试题（部分）[1]

## 无锡市2014年初中毕业考查思想品德试题（第I卷）

一、单项选择题

15. 著名学者南怀瑾曾说过，一个国家的科技落后了，可以很快迎头赶上；一个国家的经济衰落了，也能补救。唯独一个国家的文化不复存在了，也就意味着亡国后，这个国家不可能复活了。这说明：

A. 中国文化走向世界是一种不可逆转的趋势

B. 传承传统文化是现代化建设的中心任务

C. 在国际竞争中，经济、科技的竞争已不太重要

D. 文化积淀着一个民族和国家的全部文明成果

## 南京大学网络教育（南大网院）管理学在线作业试题

6. （多选题）属于南怀瑾先生的文集有：

A．《论语》

1. 南怀瑾先生一生致力弘扬中华传统文化，著作等身，影响颇广。国内从小学到大学的各类试题中，时有先生之言与事，先生之文化影响可见一斑。本书特摘录部分以示之。该附录所收录试题保留原序号。

B. 《老子他说》

C. 《弟子规》

D. 《历史的经验》

E. 《论语别裁》

## 广东省揭阳市 2011 届高三第二次高考模拟考试语文试题

三、阅读下面的文字，完成 12—15 题。

### 毁与誉

子曰：吾之于人也，谁毁谁誉？如有所誉者，其有所试矣。斯民也！三代之所以直道而行也。

孔子说，我对于人，毁誉都不计较，即如说那个人说某人好，那个人说某人坏，很难据以定论。我的体验，不要轻易攻讦人，也不要轻易恭维人。人很容易上恭维的当。但是我总觉得恭维人比较对，只要不过分地恭维。对于自己要看清楚，没有人不遭遇毁的，而且毁遭遇到很多，即使任何一个宗教家，都不能避免毁。像耶稣被钉十字架而死，就是因为被人毁。而且越伟大的人物，被毁得越多，所以说“谤随名高”。一个人名气越大，后面毁谤就跟着来了。

曹操还没有壮大起来的时候，初与袁绍作战，情势岌岌可危，他的部下没有信心，认为会打败仗，很多人都和袁绍有联络，脚踏两条船，以便万一情势不对时，可以倒过袁绍那边去。他们往来的书信资料，曹操都派人查到，掌握在手里，后来仗打下来胜利了，曹操立刻把这些资料全部毁了，看都不看，问更不问。有人对曹操说，这些人都是靠不住的，应该追究。曹操说，跟我的人，谁不是为了家庭儿女，想找一点前途出路的？在当时是胜是败，连我自己都没把握，现在又何必追究他们？我自己信念都动摇，怎能要求他们？如果追究下去，牵连太广了，到最后找不到一个忠贞的人，不必去追问了。这也是曹操反用恕道，故意做到能够宽容人。

其次古人的句子："谁人背后无人说？哪个人前不说人？"人与人相见，三两句话就说起别人来了，这是通常的事，没有什么了不起。不过，如果作为一个单位主管，领导人的人，要靠自己的智慧与修养，不随便说人，也不随便相信别人批评人的话，所谓"来说是非者，便是是非人"。一个攻讦人的人，他们之间一定有意见相左，两人间至少有不痛快的地方，这种情形，做主管的，就要把舵掌稳了，否则就没有办法带领部下的。另外一些会说人家好话的人，中间也常有问题。李宗吾在他讽世之作的《厚黑学》里，综合社会上的一般心理，有"求官六字真言""做官六字真言""办事二妙法"，所谓"补锅法""锯箭法"，都是指出人类最坏的做法。有些人最会恭维人，但是他的恭维也是有作用的。

近代以来，大家都很崇拜曾国藩。其实，他当时所遭遇的环境，毁与誉都是同时并进的。因此他有赠沅浦九弟四十一生辰的一首诗："左列钟铭右谤书，人间随处有乘除。低头一拜屠羊说，万事浮云过太虚。”这是说他们当时的处境，左边放了一大堆褒扬令、奖状。右边便有许多难听而攻击性的传单。世间的是非谁又完全弄得清楚呢！多了这一头，一定会少了那一边，加减乘除，算不清那些账。你只要翻开《庄子》书中那段屠羊说（人名）的故事一看，人生处世的态度，就应该有屠羊说的胸襟才对，所谓“万事浮云过太虚”。

孔子这里说，听了谁毁人，谁誉人，自己不要立下断语；另一方面也可以说，有人攻讦自己或恭维自己，都不去管。假使有人捧人捧得太厉害，这中间一定有个原因。过分的言辞，无论是毁是誉，其中一定有原因，有问题。所以毁誉不是衡量人的绝对标准，听的人必须要清楚。孔子说到这里，不禁感叹：“现在这些人啊！”他感叹了这一句，下面没有讲下去，而包含了许多意思。然后他讲另外一句话：“三代之所以直道而行也”，夏、商、周这三代的古人，不听这些毁誉，人取直道，心直口快。走直道是很难的，假使不走直道，随毁誉而变动，则不能做人；做主管的也不能带人。所以这一点，做人、做事、对自己的修养和与人相处都很重要。

《庄子》也曾经说过：“举世誉之而不加劝，举世毁之而不加沮。”真的大圣人，毁誉不能动摇。全世界的人恭维他，不会动心；称誉对他并没有增加劝勉鼓励的作用；本来要做好人，再恭维他也还是做好人。全世界要毁谤他，也绝不因毁而沮丧，还是要照样做。这就是毁誉不惊，甚而到全世界的毁誉都不管的程度，这是圣人境界、大丈夫气概。

据历史上记载，有一个人就有这股傻劲，王安石就有这种书呆子的气魄。王安石这个人，过去历史上有人说他不好，也有人说他是大政治家，这都很难定论。但是王安石有几点是了不起的，意志的坚定，是一般人所不能。他有过“天变不足畏，人言不足惧，祖宗不足法，圣贤不足师”的倔劲。没有把古圣贤放在眼里，自己就是当代的圣贤，可见这种人的气象，倔强得多厉害。相反的，说他是魔道呢？但也难下断语。他一辈子穿的都是破旧的衣服，乃至他当宰相的时候，皇帝都看到他领口上有虱子。眼睛又近视，吃菜只看到面前的一盘，生活那么朴素，可是意志之戆，戆得不得了。他对毁誉动都不动，表面上的确不动，实际上内心还是动的。所以这一段可以作为我们的座右铭，能够做到毁誉都不心动，这种修养是很难的。

（选自南怀瑾著述《论语别裁》）

12. 下列各项中对原文信息筛选正确的两项是：

A. 不过分地恭维人是可取的。

B. 两个人互相攻讦，一定是由于他们看问题的角度不同。

C. 如果作为一个单位主管，就不能评论别人，也不能听信别人批评的话。

D. 曾国藩认为，世间的是非标准也弄不清楚，所以，也就无所谓谁是谁非了。

E. 作者说王安石具有“这种书呆子的气魄”指的是王安石“毁誉不惊，甚而到全世界的毁誉都不管的程度”。

13. 对文章最后一段的内容概括正确的一项是：

A．举王安石的例子，说明人要勇于做“当代圣贤”。

B．举王安石的例子，说明要成就一番事业，就要意志坚定，不计较个人得失。

C．举王安石的例子，说明虽然他敢于说“人言不足惧，圣贤不足师”，但也未能真正做到毁誉不惊，可见这种修养是很难达到的。

D．举王安石的例子，说明唯有王安石这样的“大丈夫”才能达到所谓“举世誉之而不加劝，举世毁之而不加沮”的圣人境界。

14. 作者为什么说曹操是“反用恕道”？请简要回答。

15. 曾国藩是怎样对待别人的毁誉的？请简要回答。

## 山东省枣庄市2012—2013学年下学期高三质量调研测试

### 六、阅读选做题

（二）阅读下面的文字，完成19—22题。

南怀瑾：谜一样的国学大家

周为筠

1918年，南怀瑾出生在浙江乐清古村。他从小接受严格的私塾教育，后来在他家附近的一座庙里自学，这让他一辈子与佛结下不解之缘。在这幽静的古庙里，南怀瑾除精研四书五经外，还遍及诸子百家，在这遗世独立的世界里过着宁静的读书生活。

十七岁，南怀瑾到浙江国术馆习武。1937 年，他以第一名的成绩毕业。这时，抗战烽烟四起。作为一个热血青年，南怀瑾也想凭借自己的一身武艺去杀敌报国，他毅然辞亲远游入川，到中央军校军官教育队担任武术教官。

当教官时，南怀瑾经常外出寻仙访道，结交名人，为求深入研究佛法。抗战胜利后，他远走康藏参访密宗各宗各派，对佛理有了更为精深的研究。1947 年底，南怀瑾回到阔别九年多的故乡，并隐居在西子湖畔。

1949 年，伴随解放军一路南下，归隐山林的南怀瑾本已闲散入定的心再也无法平静；但是南怀瑾受儒家思想影响很深，尽管不满国民党政权腐败无能，却不会跳出这个营垒反戈一击。1949 年 2 月 28 日，南怀瑾没来得及和家人告别，就匆匆地只身买好去台湾的船票。船到台湾基隆，回想出逃的狼狈经历，他感慨万千吟出：三百年来养士潮，为何文武尽皆逃？其实在 1947 年他曾回过老家，同家人商量，全家一起走。但南怀瑾最终没有说动父亲。他只好辞别了年迈的双亲和妻儿，离开家乡。他本打算自己先去台湾安顿好，再把全家老小接过去。谁知道这一去之后，亲人分离，生死两茫茫，直到双亲辞世他也没能见上一面。父母在，不远游。深受传统文化教育熏陶的他，对于自己未能尽孝而一直耿耿于怀。

在台湾，南怀瑾刚来时是一个无名小辈，迫于生计，做起了船运生意；但南怀瑾是秀才出身，不懂经营之道，又经常接济一些从大陆来的落魄流亡者，加之商船被国民党政府征用，终落得一贫如洗，南怀瑾不得不拖儿带女栖身于基隆一个陋巷中，一度靠典当衣物维持生计。

不久，南怀瑾举家迁居台北龙泉街。这里环境更为恶劣，污秽堆积的菜市场臭气熏天，吵吵嚷嚷，喧嚣终日。但南怀瑾充耳不闻，仍能安贫乐道，在资料极其缺乏的情况下，凭着惊人的记忆完成了《楞严大义今释》和《楞伽大义今释》两部传世之作。

20 世纪 60 年代后，台湾经济逐渐走向繁荣；但整个社会的道德价值观出现了问题，文化沙漠里需要一种理念和精神来支撑。在这样一个大环境中，南怀瑾的学问才有了市场。

随后，南怀瑾受聘于辅仁大学，正式开设《易经》课程。可是课只开了一年，南怀瑾就主动停止了。原来他讲课太受欢迎，每次上课学生一直挤到窗外，这与一些老师的课形成了强烈对比，为了避免造成别人的不愉快，南怀瑾急流勇退。

1966 年，声名鹊起的南怀瑾在蒋介石父子的邀请下，到高雄空军基地演讲，蒋介石听后感慨万千，即命令成立“复兴中华文化委员会”，请南怀瑾主持工作，但南怀瑾却婉言谢绝了。

1969 年，南怀瑾不忍中华传统文化日趋式微，振臂而起，创立以东西文化交流融合为目的的东西精华协会。课室里挂着南怀瑾自撰的一副对联：上下五千年，纵横十万里；经纶三大教，出入百家言。

1985 年 7 月 4 日，南怀瑾离开台湾，乘机抵达美国。

1986 年，南怀瑾在华盛顿成立了东西学院，致力于东西方文化沟通。古稀之年的南怀瑾，常因思乡夜不能寐，于是独自起身西望故园。泪眼婆娑地吟咏道：故园西望泪潸然，海似深情愁似烟。最是梦回思往事，老来多半忆童年。

在美国稍安定，南怀瑾便与大陆家乡的朋友们联系上了。1990 年 2 月 25 日，尹衍梁代表南怀瑾到上海签订了中外合资建设金温铁路的协议书。修铁路只是南怀瑾毕生的一个愿望，他真正要做的是为子孙后代修一条大道路，借用宋儒张载的话来说，便是：为天地立心，为生民立命，为往圣继绝学，为万世开太平。

本世纪初，南怀瑾又在太湖边的一片芦苇荡兴建起太湖大学堂。他就在这里居住、讲课。

（选自《名人传记》2012 年第 5 期，有删节）

19．南怀瑾对国学的继承与发展做了哪些方面的事情？请简要概括。

20．南怀瑾具有什么样的形象特点？请简要分析。

21．文章在材料组织方面有什么特点？这样组织材料有什么好处？

22．作者所说的南怀瑾“真正要做的是为子孙后代修一条大道路”具有丰富的内涵，请结合全文，谈谈你的理解。

## 2013年福建省漳州市普通高中毕业班质量检查语文试题

三、现代文阅读

（乙）实用类文本阅读

阅读下面的文字，完成13—15题

### 南怀瑾：手无金印，权倾天下

9月29日，南怀瑾在位于江苏庙港的太湖大学堂去世。终年95岁。他一生花费很多时间向外人讲述佛经、《易经》等超脱世俗的学问，但他并非一个全然的出世者，他对世俗权力世界的经略和游移也是其人生的主题之一。

采访过南怀瑾的记者注意到一个事实：无论这位被称为“国学大师”的人在哪里落脚，他的门外总有很多人等着，其中有商人、政客和学者。

这位老者影响了几代人。

南怀瑾的家曾被称为“人民公社”，几乎每晚都高朋满座，许多台湾政要都拜于他门下。有一天，他给这些弟子上课，突然发现这些人大都是肩膀上“戴星星”的军事要员。他数了一下，加起来一共有28颗。

近10年来，南方科技大学校长朱清时每年都去拜访南怀瑾4到5次，最近一次登门拜访是9月22日。这次拜访不同于以往，前一天朱清时收到短信，南老师因感冒引发肺炎，病情转重，朱清时接到“病危”短信后，便立即出发赶往庙港。

9月29日下午6时，朱清时再次收到短信，得知“南老师圆寂”的消息。在朱清时看来，这位老者影响了几代人，包括他自己。“我想我们失去了一位老师，一位在当今社会为我们引路的提灯人。”他对记者说。

人们称南怀瑾为国学大师、中国传统文化的积极传播者、实业家，但这些标签用于他身上，似乎都不算准确。他幼承庭训，少习诸子百家，精通国学、《易经》和佛学等，却没有一心成为学界权威；他在政界声名鹊起，享誉海峡两岸和香港，却对政治有一种先天的敏感，始终保持合理距离；他长袖善舞，虽时而在经贸领域度化，但从不沾染铜臭味。

南怀瑾推崇儒家思想，对朋友讲究“仁义”二字，因此朋友众多，遍布政商学界。

无论是在他过世前还是之后，怀念和追忆的只言片语在商界要人中不断出现。亚太交流与合作基金会执行副主席肖武男回忆起自己和南怀瑾的第一次见面时最深刻的印象是南对朋友热情相迎。当年，肖向南怀瑾的秘书提出见面请求，秘书要求肖武男提供生辰八字、出生年月，并告知他，南先生繁忙，未必能见。但半小时后，秘书又跟肖武男联系，告知南老师要他马上从上海赶去苏州见他。

南怀瑾一生从未谋得半官一职，但海峡两岸的政要均视他为关键人物。在大陆和台湾关系微妙的80年代，南怀瑾是促成两岸“汪辜会谈”的重要触媒。

1988年，南怀瑾移居香港，当年在成都军官学校时的老同事、民革中央副主席贾亦斌登门拜访。贾亦斌此行来香港正是希望借助南的影响力，在两岸间搭建一个新的密使平台。当年 4 月的一天，南怀瑾从香港打电话给他的学生苏志诚："志诚，你告诉叔叔，那边有贾亦斌带朋友来，你懂不懂朋友啊？"苏志诚答："听懂了。"南说："你告诉他，快派人过来！"1990 年 12 月 31 日，在南怀瑾的引荐下，时任中共中央对台办主任的杨斯德与李登辉办公室主任苏志诚在香港南怀瑾的家中见面。此后几年里，双方往来频繁。

与南有深交的阳光国际传媒董事长陈平曾在接受采访时回忆道："南老一直希望在两岸和平发展中起作用，实际上也起了部分作用。"

南怀瑾曾经亲笔起草《和平共济协商统一建议书》，交密使分别送达两岸最高当局，提出三条基本原则：一是和平共济，祥化宿怨；二是同心合作，发展经济；三是协商国家民族统一大业。但建议书发出后却没有得到有关方面的回复，最后流产。这成为他一生未了的心愿。

（选自《博客天下》杂志 2012 年第 28 期，有删改）

13. 下列对作品的概括和分析，不正确的两项是：

A. 南怀瑾一生花很多时间向外人讲述佛经、《易经》等出世的学问，但实际上他是以一个入世者的角度来讲出世的学问的。

B. 南怀瑾的家曾被称为"人民公社"，几乎每晚高朋满座，众多"戴星星"的军事要员来听他讲课，体现了人们对其依赖心理。

C. 朱清时对记者说的“我们失去了一位老师，一位在当今社会为我们引路的提灯人”，从侧面体现了南怀瑾的价值与影响。

D. “他长袖善舞，虽时而在经贸领域度化，但从不沾染铜臭味”这句话可作为他“并非一个全然的出世者”的一个形象阐释。

E. 本文记叙、描写与议论相结合，从文化的积极传播者、实业家的层面全方位地展示了国学大师南怀瑾超脱世俗的形象。

14. 文章写到南方科技大学校长朱清时两次收到短信，有何作用？

15. 南怀瑾作为一个学者可谓“手无金印”，而作者为什么说他“权倾天下”？请结合文本探析其原因。

## 2016 年长沙市初中毕业学业水平考试试题（文科综合历史）

五、**材料题**

40. 阅读下列材料，回答问题。

当代国学大师南怀瑾说：中国文化历史，在秦汉以前，主要是儒、墨、道三家，笼罩了全部的文化思想。到唐、宋以后，换了一家，成为儒、释、道三家，这三家又笼罩着中国文化思想。佛学像百货店，有钱有闲，可去逛逛，逛了买东西也可，根本不逛也可，但社会需要它；道家像药店，它包括了兵家、纵横家的思想，乃至天文、地理、医药，一个国家、民族生病，非去这个药店不可；儒家的孔孟思想像粮店，是天天要吃的，要深切了解中国文化历史的演变、将来怎么办，就要研究四书。

（1）“中国文化历史，在秦汉以前，主要是儒、墨、道三家”，请写出墨、道两家代表人物各一位。依据材料指出，唐、宋后“儒、释、道”三家中“释”是指什么。南怀瑾说“儒家的孔孟思想像粮店”，你从中获得了哪些精神食粮？（列出两点）

（2）有学者认为中国古代的治国思想主要也是三家，除了儒家和道家，另外还有哪家？其代表人物商鞅推行的哪项措施最能体现其变法性质？

（3）宋代时，儒学发展成为理学，请举出一位当时湖南有名的理学大师。

## 湖北省黄冈市2016届高三语文9月调研考试试题

**四、实用类文本阅读**

阅读下面的文字，完成下面的题。

### 国学大家南怀瑾

周为筠

南怀瑾的故乡是浙江温州乐清。1935年，南怀瑾离开家乡满腔热血地奔赴杭州，去浙江国术馆习武。1937年，他以第一名的成绩毕业于浙江国术馆，获得武术教官资格。

这时，进入全面抗战阶段，烽烟四起。作为一个热血青年，南怀瑾也想凭借自己的一身武艺去杀敌报国。那时南京已经沦陷，国民党的临时陪都在重庆。他毅然辞亲远游入川。后来他谋到了在成都中央军校军官教育队担任武术教官和政治指导员的公职。

1943 年，南怀瑾结识了袁焕仙，袁老先生乃川北禅宗大德，是一个名重一时的江湖高人。几次晤谈之下，袁焕仙与南怀瑾由忘年之交而成为师生。南怀瑾毅然辞去军校教官的工作，专心致志跟袁焕仙学佛学禅。

不久，南怀瑾奔赴峨眉山的大坪寺闭关。南怀瑾穿上僧衣三年闭关阅藏，青灯古佛旁日夜苦读佛家经典，通读佛教集大成典籍《大藏经》，遂至终身受益无穷。

1949 年，南怀瑾没来得及和家人告别，就匆匆只身买好去台湾的船票。微不足道的南怀瑾当时孤身一人流落台湾，身上带的不是黄金美钞，而是一大堆笨重的书籍。过了而立之年的他，在这儿所面临的首要任务是生存。

窘迫之极的南怀瑾为了生存，一度靠典当衣物维持生计。可难得的是他又捡起搁置很久的笔。1955 年，在窘困的处境下，南怀瑾完成并出版了他来台湾的第一本书——《禅海蠡测》。

不久，南怀瑾举家迁居台北龙泉街，住在一个菜市场附近。这里环境更为恶劣，污秽堆积的菜市场臭气熏天，贩夫走卒吵吵嚷嚷地喧嚣终日。但南怀瑾身居其中却充耳不闻。他经常右手执笔疾书，左手抱着幼子，双脚还要不停地蹬着摇篮，以防其中的婴儿哭闹。如此困顿境遇，南怀瑾仍能安贫乐道，恬淡为乐，在资料极其缺乏的情况下，凭着惊人的记忆完成了《楞严大义今释》和《楞伽大义今释》两部传世之作。

1963 年，位于台北的中国文化大学聘请南怀瑾担任教授。南怀瑾不喜欢任何行政职务的牵绊，但又盛情难却，最后接受了研究院教授的聘书，附加条件是不到学校上课，研究生到他的寓所受教。

随后，南怀瑾受聘于辅仁大学，他在辅仁大学正式开设了《易经》课程。可是课只开了一年，南怀瑾就主动停止了。原因是他讲课太受欢迎，每次上课学生一直挤到窗外，这与一些老师的课形成了强烈对比，为了避免造成别人的不愉快，南怀瑾急流勇退。

1966 年，声名鹊起的南怀瑾在蒋介石、蒋经国父子的邀请下，到台湾三军各驻地巡回演讲。有次演讲，蒋介石亲自到场聆听，听后感慨万千，回台北后即命令成立“复兴中华文化委员会”，蒋介石亲任会长，并请南怀瑾主持实际工作。这可谓天赐良机，很多人是求之不得。但南怀瑾却婉言谢绝了，因为他对蒋氏父子存有固定的看法，始终保持一定的距离。

1969 年，南怀瑾不忍中华传统文化日趋式微，振臂而起，创立以东西文化交流融合为目的的“东西精华协会”。

1985 年 7 月 4 日，南怀瑾离开居住了三十六年的台湾，乘机抵达美国。1986 年，南怀瑾在华盛顿单独成立了“东西学院”，致力于东西方文化沟通。

已到古稀之年的南怀瑾，离开故土多年，思乡之情越来越浓。1988年，南怀瑾移居香港，中共温州市委书记董朝才等来访，和他商讨关于金温铁路的事情。南怀瑾以苍生为念，为造福桑梓而不避艰险，挺身做了金温铁路的催生者。

几乎与催生金温铁路同时，南怀瑾的著作在大陆也开始掀起热潮。1990年，复旦大学出版社隆重推出他的《论语别裁》《禅与道概论》《历史的经验》。这些著作出版后，立即引起轰动，几经再版印刷，仍供不应求。次年冬月，上海佛学书局恢复伊始，便推出国内信众早已盼望的南怀瑾佛学专著——《观音菩萨与观音法门》《一个学佛者的基本信念》《楞严大义今释》……一本又一本的著作在大陆问世，将大陆“南怀瑾热”推向了新的高潮。

修铁路只是南怀瑾毕生的一个愿望，他真正要做的是为子孙后代修一条大道路，这便是修一条心路，一条使中华民族通向希望的心路：重整文化断层，推动儿童读经运动。有形的路再难也易修，而修这条心路要比有形的路更艰巨。

南怀瑾把希望寄予儿童，寄予未来。他以他的号召力吸引了一大批同道，一场轰轰烈烈的儿童读经运动开始在全球华人社会中推广。

（节选自《名人传记》，有删改）

1. 下列对材料有关内容的分析和概括，最恰当的两项是：

A. 南怀瑾空有一身武艺却不能报效祖国，所以他辞去了军校教官的工作，转而专心致志地研究佛法。

B. 在家徒四壁，要靠典当衣物维持生计的艰难处境下，南怀瑾完成并出版了他的第一本书——《禅海蠡测》。

C. 南怀瑾讲课特别受欢迎，这使得上其他老师的课的学生特别少，也造成了其他老师的不愉快，南怀瑾只好急流勇退。

D. 南怀瑾不仅是一个国学大师，致力于中华传统文化的研究和传承，而且还热心社会事业，比如筹资兴建金温铁路。

E. 重整文化断层，推动儿童读经运动，是南怀瑾要为子孙后代修的一条极为艰巨的心路。

2. 作为一名国学大家，南怀瑾在研究与传承传统文化方面做出了哪些贡献？请简要概括。

3. 如何理解“有形的路再难也易修，而修这条心路要比有形的路更艰巨”这句话？

4. 请结合本文简要分析南怀瑾这一人物形象，并谈谈你从中受到了哪些启示。

## 2017 届河北省涞水波峰中学、高碑店三中高三 12 月联考语文试题

二、现代文阅读（二）

国学大师南怀瑾

1918 年，一代奇才兼国学大师南怀瑾先生诞生于浙江乐清柳市的一个世代书香之家，从孩提时起即接受严格的传统

私塾教育。到17岁时，先生除精研儒家四书五经外，涉猎已遍及诸子百家，同时苦心研习文学历史、琴棋书画、医药卜算、天文历法诸学。

后来，年轻的南先生毅然辞亲远游，在峨眉山中访求多位岩穴高隐之士，虚心求教，学到了许多不传的法门和秘学。在峨眉山中峰顶的大坪寺闭关3年，苦读五六千卷佛家经典，披阅了全套《永乐大典》《四库备要》等经史典籍。

1945年春，先生经波历险，始来台湾。栖身基隆一陋巷中，阖家六口挤在一小屋内，瓦可漏月，门不闭风，生活甚为清苦。然先生素来超然物外，坦荡洒脱，穷而不愁，潦而不倒，依旧满面春风，恬淡为乐，安贫乐道。先生虽三餐不继，见邻居无米为炊，却人饥己饥，趁邻居夜半入睡之时，悄悄将偶得之米袋放在这户人家门口。

几年后，先生受聘于大学执教，且应邀到各处讲学，舌耕笔耕收入渐丰。1969年创立东西精华协会，致力讲说中华文化。先生讲学范围极广，除儒、释、道三家外，尚有中国文化大系、历代谋略学、中华医药、中国建筑与园林艺术、中国企业管理，以及诗词、书画、星相、卜易之学……前往听讲者极为踊跃，名流学子，贩夫走卒，靡不俱备，讲堂内外，均人满为患。先生的学生遍及各地，开花结果，桃李满天下，这也是先生最为欣慰的事情。

东西精华协会发展期间，南先生又创办了《人文世界》月刊，每期撰写文稿，揭示了几千年来修持的秘中之秘。不久，又创立了老古出版社，发行《知见》。虽日见繁忙，然先生矢志弘扬中华传统文化，夜以继日，挥毫写下系列传世之作，《论语别裁》《孟子旁通》《老子他说》《易经杂说》《易经系传别讲》《历史的经验》《新旧的一代》《中国佛教发展史略》《中国道教发展史略》《金刚经说什么》《道家、密宗与东方神秘学》《习禅录影》《禅观正脉研究》《一个学佛者的基本信念》《如何修证佛法》《药师经的济世观》《原本大学微言》等几十部大书，著作等身，蔚为奇观。

南先生是大家共同尊崇的长者，讲课、为人，幽默风趣。在众多的学生心目中，身材不高，平常总是身穿一袭简单的青衫、脚踏一双布鞋。不食烟酒，素食清茶，简单朴素。既是仙佛中人，又是学富五车、博大精深的学界泰斗，还是淡泊名利、宁静超脱的仁慈长者。“座上客常满，樽中酒不空”，凡来访宾客，无论男女老幼，地位高低，均留下就餐，就是送货的伙计、来收账的先生，南先生也要让他们吃完饭再走。

先生嗜书成癖，藏书之富，读书之多，世人难以企及。所藏之书，上自先秦，下至民国，经史子集、诗词曲赋、佛道经典、名人传记、世界经济、外国史地、哲学论著、各国政论、中西医药、当代科技，甚至中外美术、音乐、武侠小说，近 30 万册珍贵藏书，堪称收藏宏富的图书馆。先生读书既多且快，一目十行，过目成诵，随口引证，天纵之资，非常人所能及。

集中华传统文化之大成的南先生，其道德文章，名满天下。美、英、法、德、日、韩、加拿大、比利时、新加坡等国一些名牌大学的专家、学者和男女学生，纷纷登门拜访、学习。1985 年盛夏，南先生应邀赴美，在华盛顿成立东西学院，成立弗吉尼亚东西文化学院、加拿大多伦多中国文化书院，致力于东西方文化沟通，弘扬中华学术。

在多次演讲中，他对自己评价是八个字：一无长处、一无所是。对于一些人冠予他的“佛学大师”称号，南怀瑾也不曾接受过。他说：“不是，我够不上资格。我只会睡觉（笑），佛经上面写，一个修菩萨道的人要布施，众生如果需要你的眼睛，那就挖给他。头颅、脑血、全身、妻子、儿女、财产，都可以布施，我做不到。”

1988 年，他心系国家建设，投资 1.7 亿美元在祖国大陆的家乡兴建金温铁路（金华至温州）。该工程 1996 年 4 月完工，南怀瑾成了铁路老板，本可借此赚钱发大财，可他却一文也不要，还将全部股份转让给地方，并赋诗一首：“铁路已铺成，心忧意未平。世间须大道，何只羡车行。”

2005 年 9 月，南先生应邀为来自全国各地的工商界成功人士发表演讲，他精辟地指出：“举而措之天下之民，谓之事业。”他解释说：“一个人一生里做一件事情，对世界人类永远有功劳，永远有利益给大家，这才叫事业。像大禹治水，这叫事业，因此他为万世所崇仰，其功永不可没。上面最高到皇帝，下面最倒霉到讨饭的，都不是事业，那是职业。”他还说：人生有三个基本错误不能犯，一是德薄而位尊，二是智小而谋大，三是力小而任重。

2006 年定居在七都（庙港），开办太湖大学堂。在南怀瑾生命中最后 6 年光阴里，除了少量的外出授课，他基本都在七都镇太湖边的大学堂度过，在这里50次公开授课，受教者无数。而每天晚上，他都会抽出一个多小时为身边的弟子授课；一年365天，读书、修行、育人，从无懈怠。

直到2012年因感冒引发肺炎，于9月29日下午4时在苏州太湖大学堂逝世，享年95岁。在先生葬礼上，一位匿名的学生在给老师的挽联上写道：“国学大师，成就耀古今。”

1. 下面对传记有关内容的分析和概括，最恰当的两项是：

A. 南怀瑾先生早年寻访高士，闭关参悟、苦读佛学经典及其他经史典籍，加之不断参悟，所以在佛学方面有极高造诣。

B. 南怀瑾是集中华传统文化之大成者。他积极传播中国传统文化，言谈生动有趣、博大精深，对中国传统文化复兴与普及功不可没。

C. 南先生不食烟酒，素食清茶，简单朴素，淡泊名利，座上客常满，樽中酒不空。而看上去却谦逊甚至谦卑，先生三餐不继却悄悄帮助别人，使他颇具古侠义之风。

D. 南先生认为自己“一无长处、一无所是”，对“佛学大师”的称号也不接受，认为自己够不上资格，做不到对众生无私布施。

E. 本文以南怀瑾先生早年、中年、老年为线索，简要介绍了南先生的学术、教育方面的内容，表现了作者对先生的怀念和敬仰之情。

2. 简要概括南怀瑾先生是一个什么样的人。

3. 南怀瑾先生一生有哪些成就？请简要概括。

4. 南怀瑾先生说人生有三个不能犯的错误，请根据这个看法并结合原文，谈谈你对人生的认识。

## 2019年春安徽省宿州市砀山二中高一（下）第二次月考语文试题

### 三、现代文阅读

（二）文学类文本阅读

阅读下面的文字，完成下列小题。

#### 此生致力传国学

李　苑

1918年农历二月初六，南怀瑾出生于浙江乐清。他很小就被送到私塾学习。对先生摇头晃脑的吟诵，南怀瑾半是有趣半是懵懂地学着。私塾学习奠定了他传统学问的基础。

南怀瑾的父亲特别注重家风，不仅自己身体力行，也要求儿子学行一致、知行合一。良好的家风使他从小志存高远，正是在父亲的引导和影响下，他也养成了同样的品格。

年少时，南怀瑾曾思索读书为何。与祖母的一段对话，意外地改变了他“读书为官”的初衷。一天，他坐在祖母床边读《三国志》，祖母突然放下手中针线活，说：“孩子啊，读书可以，千万不要做官哪！”正看书看得心潮澎湃的南怀瑾惊诧万分，问："那我读书干什么呀？"祖母回答说："一代做官九代牛。"祖母的这句话，后来常被南怀瑾在课堂上引用，告诫学生读书不是为了做官，要有更大的目标。也是这句话开启了他"不问禄位问功德"的修行之路。

南怀瑾一生涉猎颇广，研究儒、释、道经典，皆有建树。他全心致力于传播中国传统文化，出版《论语别裁》《孟子旁通》等数百种著作，并被翻译成八种语言流通世界。但他最为著名，传播最广的著作当数《论语别裁》。

早在1975年4月，南怀瑾就开始了普及传统文化的探索。那时，社会上有人认为，传统文化僵硬老旧，不能用以解决现实问题。但南怀瑾一直主张，传统是随时可以创新的，并非简单地复古。南怀瑾讲《论语》，不复古。他说，朱熹注释的《论语》有些地方值得商榷。他一直试图还原孔子思想家的地位，让大家看到儒家思想是正向的。他说，那些强调纲常伦理类的东西，是后代儒生为了适应国家统治的需要而逐渐附加上的；于是，孔子的思想在发展中被曲解和误读得渐渐多了，孔子也成了一个被随意涂抹的偶像。

在此后的一年时间里，南怀瑾一直在讲《论语》。他充分考虑到从未深入接触过《论语》的普通人的感受，用通俗易懂的语言讲解，旁征博引，融合经史，将原文编成一个个历史故事，寓意深远而妙趣横生。一时间在台湾掀起了《论语》热。

半个多世纪以来，南怀瑾漂泊四方，一直为重整中国文化断层而奔走呼号。回到香港后，他开始着力推广儿童读经运动。读诵的内容，包括儒家、道家的基本经典。南怀瑾亲自为读经运动选编一套《儿童中国文化导读》教材。这一活动不仅在中国大陆及港澳台地区推广，甚至还影响到东南亚、北美、欧洲的华人社会。

2000 年，南怀瑾又在太湖边亲手创办了太湖大学堂，秉承宋明书院之教育，致力于优秀传统文化传道授业解惑，践行“为往圣继绝学，为天下开太平”的主张。

此生致力传国学，在南怀瑾将传统文化解读给大众之际，非议渐生。有人称其是“伪国学大师”，也有人说《论语别裁》根本就不是一部严谨的学术著作。

对此，台湾学者薛仁明的话，也许能说明一二。“他将文史哲艺道打成一片，不受学术规范所缚，也不受学术流派所限，更不管枝节末微的是非与对错；他行文论事，总信手拈来，左右逢源；言说之方式，更是不拘一格。因此，他的书可风动西方，也可让没啥学问的人读之欣喜。于是，明白者，知其汪洋闳肆、难以方物；不知者，便难免有‘随便说说’‘野狐禅’之讥了。”

“从学术视角看，有些人认为南怀瑾还称不上是一位国学大师。但是从坚持和传播传统文化方面看，今天又有哪一位学者能超过南怀瑾先生的社会影响呢？”中国佛教文化研究所所长楼宇烈对南怀瑾的贡献感佩不已。他还说起了南怀瑾和北大国学研究院之间鲜为人知的关系。20 世纪 80 年代，楼宇烈曾经两次去香港拜访南怀瑾。南怀瑾非常关心北大在传承传统文化方面的作用，多次建议北大能够成立一个中国传统文化研究中心，并表示自己可以出资支持。1992 年 1 月，北京大学传统文化研究中心成立，它就是北大国学研究院的前身。此后，南怀瑾如言，为研究中心提供经费予以支持。

南怀瑾之子南一鹏一语道出父亲的心思："不同于学院派中规中矩的思路，这就是他讲学的风格，大抵能引起人们关注传统的心思，父亲的目的就达到了。"

（摘编自《光明日报》2015 年 10 月 13 日第 11 版）

1. 南怀瑾先生"此生致力传国学"，文中有哪些具体表现？请简要概括。

2. 作为一位学者，南怀瑾先生身上有哪些优良的品质？请简要分析。

3. 南怀瑾先生的讲学风格有什么特点？请结合材料谈谈你对这种讲学风格的评价。

## 广东省揭阳市惠来一中 2020 届高三语文第四次月考试题

三、文学类文本阅读

阅读下面一篇散文，回答 14—16 题。

### 人品与器识的评鉴

各人有各人的品质，人之所以成功，自有他的器度，有优良的品质。而看人的器度好坏，也如同鉴定东西品质好坏，从外形上即可看出一样，从人的言默举止之间，即可看出此人之气质如何。如所谓“龙凤之姿，天日之表”等对帝王人物的评语，就是对器度的描写。如形容汉高祖的隆准、龙颜等等，表面像龙的那个样子，鼻子高高的，下面大大的像一颗独蒜头，嘴巴阔到耳根边，睁大了两个眼睛，好看不好看呢？不去管他。也有人说明太祖朱元璋的相很像猪，指现在故宫博物院收藏的那张朱元璋画像是假的，而在庐山天池寺的一张才是真的。我看过庐山天池寺那一张被指为真的明太祖画像，真的就像一个猪头，所谓五岳朝天，嘴唇特厚。在我看来，庐山那张是假的，故宫那张是真的才对，否则一个皇帝长成那个猪头样子，实在难看！事实上也不可能。这是讲历史故事的闲话。

大人物的情形如此，小人物也有小人物的气质。有这样一则笑话：清朝末年，国库空虚，于是鬻官卖爵，设立捐班，定下价格，捐多少钱，便可做多大的官，以资敛取。当时有一个发了横财的船夫，捐了一大笔钱，得了一个七品顶戴，也在礼部学了礼，大概用苦功学了一段时间，在场面上也能摆出一副官架子来了。可是有一次，和一些同一阶层的官员们在一起吃饭，这位捐班出身的大人，在拿起筷子来夹菜之间，仍不改他在船上吃饭时的习惯，右手拿的筷子往左掌心一戳，把两根筷子弄得齐平。他的这个小动作，被同席的人看见了，一猜就知道他是捐班出身，而且以前可能是做船夫的。这还是小事。饭后大家坐下来喝茶聊天，其中有一位进士出身的清廉县知事，穿的一双靴子破了，但他仍毫无愧色地伸在前面摆开了八字脚。这位捐班的船夫看见了，于是说，某大人！你的靴子破了。这位县知事听了不但没有难为情，反而举起脚来说："我这靴子的面子虽然破了，可是底子好得很。"船夫羞红了脸垂下头去。这就是气质的不同了。

可是看人的气度，有时也是不简单的。像这位船夫大人在手心里齐筷子，是很明显的所谓职业的习惯性动作，但也有时一些似是而非的外表，那可就要别具慧眼来辨别了。像《吕氏春秋》说的：相玉者，患石似玉。相剑者，患剑似吴干将。贤主患辨者似通人，亡国之君似智，亡国之臣似忠。

识人如辨物，那一种似是而非的赝品，最会把人难倒，玉和石，是很容易分辨得出来的。但是遇到一块很像玉的石头，那么珠宝店的专家，也感到头痛了。至于评断宝剑也是一样，普通的生铁所铸，锋刃不利的，一望而知。但是样子很像什么干将、莫邪的古代名剑，也会令古董商人头痛。物固如此，对人的认识就更难。因为人是活着的，是动的，会自我巧饰，所以一个很贤能的君主，也怕遇到那种耍嘴皮子能说善道的辩士，弄得不好就误认他是有真才实学的通人，予以重用而终于误国。历史上更有许多亡国之君，看来非常聪明；一些亡国之臣，看来非常忠心的。例如大家最崇拜的诸葛亮，也把马谡看走了眼，而自叹不如刘备的知人。

鉴识人，见其气度固难，即使是从言默举止有了认识，也是不够的，还必须要更深入地了解他的个性。在仲长统的《昌言》中，有一段讨论到气度的反面个性说："安舒沉重者，患在后世。"安于现实的人，一定不会乱来，但他往往是跟不上时代的落伍者。“好古守经者，患在不变。”尊重传统，守礼守常的，又往往会食古而不化，死守着古老的教条，于是就难有进步。“勇毅果敢者，患在险害。”现代语所谓有冲劲、有干劲的人，在相反的一面，又容易造成危险的祸害。

所以认识了一个人的气度，同时还要看他这一种气度在反面有什么缺陷，那么“事上”也好，“用下”也好，才能达到知人善任的目的。

孟子一见到梁襄王，就说他“望之不似人君”。这是孟子的善于识人。历史上的确有许多不像皇帝的职业皇帝，尤其是生下来就是太子的人，常有不像样的。野史的资料，记载朱元璋统一全国以后，有一次拿起元朝后代皇帝的画像来看，他说：“左看右看，只像是个牛医，哪里像个君临天下的帝王相。”牛医就是兽医的意思。清代最后一个皇帝宣统，有许多人是见过的，他的照片，大家差不多都看过，虽然清秀，但却带着点“我见犹怜”的味道，的确也是“望之不似人君”的一种典型。

从“望之不似人君，就之而不见所畏焉”这两句话，就知道孟子的心目中，已经认为这位魏国新王是扶植不起来的，这时也已经注定了孟子将要离开魏国的命运。

（选自南怀瑾著述《孟子旁通》，有删改）

14．下列对这篇文章的赏析，正确的两项是：

A．本文作者积累丰富，有深厚的国学功底，文章旁征博引，在娓娓道来中阐述人品与器识评鉴的方法及意义。

B．本文在材料的运用上独具匠心，按照由外形到气度再到人的个性的顺序组织材料，由表及里，思路清晰，内容充实，具有很强的说服力。

C．作者认为庐山那张朱元璋画像是真的，而故宫博物院收藏的则是假的，充分说明了人不可貌相的道理。

D．作者引用《吕氏春秋》的话，旨在阐明对似是而非的事物辨别的难度，进而阐述要准确评鉴一个人是不可能的。

E．文章的最后写到元朝后代皇帝的画像与宣统皇帝的照片，以及孟子见梁襄王的例子，旨在突出表现外形在评鉴人物时所起的重要作用。

15．“我这靴子的面子虽然破了，可是底子好得很。”这位县知事的话有什么深意，为什么会使船夫垂下头去？

16．在个人性格方面，有人因为怠惰简慢而自哀自怜，也有人因为优柔寡断而自怨自艾，“性格决定命运”这句话在社会上广为流传影响深远，你同意这个观点吗？请结合文意并联系社会实际作简要的分析。

## 浙江省嘉兴市凤鸣中学 2021 年高二语文模拟试题

### 一、现代文阅读

2. 阅读下面的文字，完成（1）—（4）题。

### 南怀瑾：传道解惑

韩 爽

1990 年，复旦大学出版社出版的《论语别裁》风靡一时，几年间发行即过百万册，堪称中国图书界的一个“神话”。

而处在这国学旋风中央的却是一位行事低调、颇有仙风道骨的学者——南怀瑾。

## 跌宕人生　传奇经历

南怀瑾1918年出生于浙江温州乐清，自幼接受传统私塾的严格教育。少年时期开始，他就遍读诸子百家，同时研习文学书法、诗词曲赋、天文历法诸学，这为其终身学业打下了坚实的基础。

进入全面抗战以后，他先是投笔从戎，入川任教于中央军校。后来他辞去教职，遍历名山大川，寻访高僧奇士，得到了多位著名高僧、活佛的传授，这令他终身受益。

从军、执教、经商、游历、考察、讲学的人生经历使得他对国学钻研精深、体认深刻，于中华传统文化之儒、道、佛皆有造诣，在中西文化界均颇受尊敬和认可。

而让南怀瑾真正从书斋走向普罗大众的是《论语别裁》。1974年4月初，台湾大陆工作会邀请南怀瑾每周三下午去给他们的员工讲《论语》，讲稿后来在报纸上连载。他“用时代的角度，白话的表达，加以经史的空前方式讲《论语》”，受到了大众的广泛追捧。讲稿随后以《论语别裁》为书名出版，引起轰动。

## 风靡大陆　扬名国际

南怀瑾的《如何修证佛法》在大陆印行后，深受大众欢迎。

此书是他于 1978 年春在台北闭关静修期间，抽暇为海内外弟子们所做的系列讲座，对实际学佛修证的步骤有精辟讲解和具体指引，对学佛者确是弥足珍贵。

该书于 1989 年在台正式出版，迄今已印行十余版之多。美国翻译界有名的两兄弟之一杰西·克里瑞将其译成英文在美出版。克里瑞兄弟从 1980 年便开始阅读南怀瑾教授的著作，认为南氏学术博大精深，融通各家，既有理论，又有实证，为当代所罕见。

在大陆的“南怀瑾热”中，北京燕山出版社印行了《道家、密宗与东方神秘学》，国际文化出版公司则出版了南先生的《孟子旁通》，中国世界语出版社和复旦大学出版社更是隆重推出了南先生系列著述，将大陆“南怀瑾热”推向了新的高潮……

## 身体力行　传播不倦

南怀瑾移居香港后，居处顿成热点，门生故旧往来如梭，政界名人亦不时来访，参禅修道者更是函电交驰，时时请教。先生一如往昔，热诚相待，有函必复，其情其景，甚为感人。虽然在台时，蒋经国先生曾向先生有所请益，台北政要如王升、马纪壮、萧政之等都曾拜于先生门下，然先生绝口不谈政治，唯以弘扬中华传统文化为己任，学而不厌，诲人不倦，以利益天下众生。

中国传统的儒、释、道三家之学中蕴藏着极为丰富的人体生命科学的内涵，如何使之在现代社会发扬光大，始终是中国文化事业上的一个重要课题。对此南怀瑾进行了数十年的探索与实践。1993 年厦门普陀寺的禅修活动，即南怀瑾以现代科学精神结合古代佛教禅七形式所进行的一次修持实践。与此同时，南怀瑾将他关爱的目光投向了直接关乎社会与经济发展的诸多领域。2004 年 10 月，清华大学在上海举办高层经理人研讨会，特邀南怀瑾前往演讲。一连四个小时，南怀瑾以古喻今、妙语连珠，对中国当代社会经济问题进行了深刻剖析，并提出了应对方略，他的真知灼见令全场与会嘉宾叹为观止。

## 结缘太湖　弘扬传统

南怀瑾倾力于复兴中华优秀文化，建立学堂，亲自讲解传授，为弘扬、传承民族文化之精髓，改善社会人心不遗余力、鞠躬尽瘁。其执着精神，感人至深。

南怀瑾在九十岁的时候，依然每天在太湖边讲学、会客、教拳、阅读、写作。东方出版社的编辑孙涵就曾经去太湖大学堂拜访过南怀瑾，她说："91 岁高龄的南怀瑾先生，依然保持他的生活习惯。每天下午 2 点以后到晚上 10 点以前是他的工作时间，他接待客人、处理事务，而他那里经常是高朋满座。10 点以后他开始读书写作，一直到凌晨 7 点睡觉。"

南怀瑾对中国传统文化的执着情结让孙涵深受感动。南先生在每天授课之余还义务指导儿童读经，每年夏天开办儿童读经的夏令营，并亲自给孩子们讲课。“他对中国传统文化有情结，他觉得中国文化太需要弘扬，这是他的信念和晚年要做的事情。”孙涵说。

（选自《人物周刊》2014 年第 9 期，有删改）

（1）下列对传记内容的分析和概括，最恰当的两项是：

A．传奇的人生经历使南怀瑾精研中华传统文化，广泛涉猎，在多个传统文化学术领域都颇有建树，受到尊敬、认可。

B．《如何修证佛法》一书是南怀瑾的成名之作，该书在佛学研究中具有重要地位，受到了国内外的广泛关注和欢迎。

C．南怀瑾在台时，多名台北政要拜于其门下，但先生以人民利益为重，专心弘扬中华传统文化，对政治避而不谈。

D．南怀瑾将国学研究成果应用于直接关乎经济与社会发展的领域，具体表现为剖析中国当代经济问题、发扬传统文化中的人体生命科学内涵。

E．本文兼用记叙、议论等表达方式，以时间为线索，全面地展现了南先生一生的事迹，表现了作者对南先生的敬意。

（2）试分析南怀瑾在国学领域取得杰出成就的原因。

（3）本文在直接记述南怀瑾事迹的同时，还引用了他人对南先生的描述和评价，这样安排有什么好处？

（4）本文开头部分提到南先生是一位“行事低调、颇有仙风道骨”的学者，他的学术成果恩泽后世，高尚品质也激励后人。请结合全文，概括南怀瑾先生的高尚品质，并谈谈给你的人生启迪。

## 广西防城港市上思县2021—2022学年五年级上学期期末语文综合复习试题

### 十一、课外阅读

南怀瑾拜师

兰　金

南怀瑾，1918年出生于浙江温州的农村，自幼年起就学习中国传统文化。他是中国文化的积极传播者，是著名的学者和诗人。

南怀瑾先生年轻时曾拜一位姓商的先生为师，学习古文。一天，他写了一篇文章，自觉字字珠玉，很是得意，就拿去给先生看。商先生看后满口称赞。南怀瑾就问："老师，假如我在从前参加科举考试，您觉得能考上吗？""没问题，没问题，"商先生说，"凭你的水平，考个举人、进士不在话下。"南怀瑾听得心花怒放。

后来，南怀瑾又拜大名鼎鼎的袁焕仙先生为师。一天，他拿了一篇得意之作兴冲冲地请教袁先生。先生接过，略扫一眼，就搁在一旁，全然不理。南怀瑾纳闷：老师怎么这种态度啊？过了几天，他又拿了一篇文章去请教。先生接过，仍旧往旁边一放。南怀瑾恭恭敬敬请教，袁先生这才冷冷地说："就你这水平，还配写文章？"南怀瑾不服气："老师，别的老师还夸我的文章写得好呢！"袁焕仙把胡子一抹，瞪了他一眼，说：“这事我听说了，你还真拿他的客套话当真？我问你，《史记》里的《伯夷叔齐列传》你读过没有？”南怀瑾回答：“读过不止一次，我还能背呢！”袁焕仙说：“你以为能背就真正懂了吗？”南怀瑾低头：“不敢，还请老师指教。”袁焕仙发话：“回去，给我读100遍，读完了来见我，我再告诉你！”南怀瑾从没有遇到过这样粗暴的老师，心里非常不痛快，但是师道尊严，他只能忍了。

南怀瑾回家后拿起《伯夷叔齐列传》读了三五遍，突然发现有好多新问题，以前都没有注意过。越读，觉得理解越深，感受越多。他按先生的要求，认真地读了100遍，觉得理解得差不多了，就高高兴兴地再去见袁焕仙：“老师，我读出道理来了，想讲给你听。”袁焕仙笑着说：“不需要再讲了，我相信你懂了。只有像这样读书，你才能掌握文章的精髓，写文章时才会独具慧眼。”

1. 联系上下文从文中找出相应的成语。

每一个字都像珍珠、宝玉那样珍贵值钱。形容文章写得好，词语十分优美。文中指南怀瑾认为自己的文章写得很好。

2. 短文写了南怀瑾先后拜________和________两人为师。这两位老师对待南怀瑾的得意之作态度截然不同，第一位老师读后____；第二位老师读后____，他对南怀瑾的指教是______。

3. 请用简短的话概括短文的主要内容。

4. 南怀瑾是一个什么样的人？下列说法不正确的一项是：

A. 南怀瑾第二次遭受袁先生的冷遇，却依然恭恭敬敬请教，看出他是个好学的人。

B. 从南怀瑾回答“读过不止一次，我还能背呢”可以看出他是个狂妄自大的人。

C. 袁先生让南怀瑾再读 100 遍，南怀瑾不痛快却忍着，看出他是一个尊敬老师的人。

D.“越读，觉得理解越深，感受越多。他按先生的要求，认真地读了 100 遍”，可以看出南怀瑾是一个好学的人。